Universale Offenbarung?

Werner Zager (Hrsg.)

Universale Offenbarung?

Der eine Gott und die vielen Religionen

EVANGELISCHE VERLAGSANSTALT
Leipzig

Bibliographische Information der Deutschen Nationalbibliothek
Die Deutsche Nationalbibliothek verzeichnet diese Publikation in der Deutschen Nationalbibliographie; detaillierte bibliographische Daten sind im Internet über http://dnb.dnb.de abrufbar.

Printed in Germany · H 7635

Das Buch wurde auf alterungsbeständigem Papier gedruckt.

Cover: Zacharias Bähring, Leipzig
Satz: Raphael Zager, Worms
Druck und Binden: Hubert & Co., Göttingen

ISBN 978-3-374-03298-3
www.eva-leipzig.de

Vorwort

Im Zuge der Globalisierung kommen immer mehr Menschen unterschiedlicher kultureller und religiöser Herkunft und Prägung miteinander in Kontakt. Dabei erweist sich der interreligiöse Dialog als von grundlegender Bedeutung für das gegenseitige Verstehen.

Will man in einem solchen Dialog nicht die eigene Religion und deren Wahrheitsansprüche verabsolutieren, und die anderen Religionen als Irrglauben abtun, stellt sich von einem religiösen Standpunkt aus die Frage einer universalen (weltweiten) Offenbarung, d.h. – christlich gesprochen – die Frage, ob sich Gott außer in Jesus Christus auch im Kontext anderer Religionen mitgeteilt hat oder mitteilt. Dabei gilt es, bisher gegebene Antworten zu bedenken – und zwar nicht nur solche aus dem Christentum, sondern auch aus anderen Religionen. Darüber hinaus werden in dem vorliegenden Band weiterführende theologische Perspektiven entwickelt.

Die Beiträge gehen auf Vorträge zurück, die im Rahmen der Jahrestagung des Bundes für Freies Christentum vom 21. bis 23. September 2012 in der Evangelischen Akademie Hofgeismar gehalten wurden. Die Tagung fand in Kooperation mit der Akademie und der Evangelischen Erwachsenenbildung Worms-Wonnegau statt.

Der Bund für Freies Christentum versteht sich als ein Forum für offenen religiösen Dialog und ist ein Zusammenschluss überwiegend protestantischer Christen, die sich für eine persönlich verantwortete undogmatische, weltoffene Form des christlichen Glaubens einsetzen und dabei ein breites Spektrum von Auffassungen zu integrieren suchen (Geschäftsstelle des Bundes: Felix-Dahn-Straße 39, 70597 Stuttgart; Homepage: www.bundfreies-christentum.de).

Eine willkommene Ergänzung der auf der Tagung gehaltenen Vorträge bietet der Beitrag von Wolfram Zoller. Die Frage nach einer universalen Offenbarung wird hier erweitert auf das Problem der Erfahrung von Transzendenz überhaupt, wobei der Bereich schöpferisch bildender Kunst und Literatur in den Fokus rückt.

Mein Dank gilt Frau Dr. Annette Weidhas für die Aufnahme des Bandes in das Programm der Evangelischen Verlagsanstalt und die gute Zusammenarbeit bei der Veröffentlichung. Herzlich danken möchte ich auch meinem Sohn stud. theol. Raphael Zager für die sorgfältige Erstellung der Druckvorlage und die Anfertigung des Personenregisters.

Frankfurt am Main, im März 2013 Werner Zager

Inhalt

Werner Zager

Konzeptionen einer universalen Offenbarung innerhalb der liberalen Theologie

Nathan Söderblom (1866–1931), der von 1901 bis 1914 als Professor für Allgemeine Religionsgeschichte und Religionsphilosophie in Uppsala und Leipzig lehrte und danach bis zu seinem Lebensende als Erzbischof von Schweden wirkte, erzählte einmal die folgende Anekdote:

»Ein kleiner Junge liest seine Lektion in der biblischen Geschichte: ›Und Gott sprach zu Mose.‹ Sein kritischer jüngerer Bruder, der noch nicht zur Schule geht, wirft ein: ›Wie dumm du bist! Gott kann nicht so mit einem Menschen sprechen!‹ [Der ältere wiederum entgegnet:] ›Sei du stille! Damals konnte er es.‹«[1]

In dieser kleinen Anekdote wird auf eindrückliche Weise ein gewichtiges theologisches Problem zur Sprache gebracht: Beschränkt sich Gottes Offenbarungshandeln auf längst vergangene Zeiten, wie es in der Bibel überliefert wird? Oder dauert Gottes Offenbarung fort und reicht auch bis in unsere Gegenwart? Und zugleich verknüpfen sich damit die weiterreichenden Fragen: Ist Gottes Offenbarung auf Israel, die Jüngerschar und das frühe Christentum beschränkt? Wenn nicht sogar nur auf Jesus Christus allein? Oder hat sich Gott auch im Kontext anderer Religionen und Kulturen geoffenbart?

Im Folgenden sollen Konzeptionen einer solchen universalen Offenbarung vorgestellt werden, wie sie vonseiten liberaler Theologie im Kontext eines freien Christentums entwickelt worden sind.

---

[1] Nathan Söderblom, Der lebendige Gott im Zeugnis der Religionsgeschichte. Nachgelassene Gifford-Vorlesungen, in Verbindung mit Christel Matthias Schröder u. Rudolf Hafner hg. u. mit einem Lebensbild Söderbloms versehen von Friedrich Heiler, München / Basel 1966, S. 338.

1. Wilhelm Bousset: Gottes Offenbarung in der Geschichte der Religionen

Hatte man in der Schule ALBRECHT RITSCHLS (1822–1889) gelehrt, dass Gott sich allein in Jesus Christus offenbare, widersprachen dieser Anschauung die Vertreter der sogenannten Religionsgeschichtlichen Schule. Für sie war ein historisch sachgemäßes Verstehen des Christentums nur möglich, wenn man dessen Verbindungen zu anderen Religionen berücksichtigt. So bestreitet der frühere Göttinger und spätere Gießener Neutestamentler WILHELM BOUSSET (1865–1920) die Auffassung, allein das Christentum sei die wahre Religion, während alle anderen Religionen als falsche Religion beurteilt werden müssten.[2] Stattdessen habe man die Religionsgeschichte insgesamt als ein »großes Werk Gottes« zu begreifen, als ein »ständiges Reden Gottes mit den Menschen und der Menschen mit Gott«, wobei freilich das Christentum die vollkommenste Religion darstellt.[3]

Für seine Position macht Bousset drei Argumente geltend:

1. Es handelt sich um eine »gottlose Betrachtung der Geschichte des menschlichen Lebens«, wenn Gottes Offenbarung auf das alt- und neutestamentliche Zeitalter beschränkt wird, während die außerchristlichen Religionen als Phantasieprodukte abqualifiziert werden.[4]
2. Die Geschichte des menschlichen Geisteslebens, an der die Religionsgeschichte teilhat, erweist sich – trotz manchen Stillstands oder Rückfalls – als ein stetiger Aufstieg.[5]
3. Die mannigfache Verflechtung von biblischer Religion mit der Religionsgeschichte der umgebenden Völker und Kulturen macht eine Unterscheidung von geoffenbarter und natürlicher Religion unmöglich.[6]

Halten wir hier kurz inne und fragen: Kann Boussets Argumentation auch heute noch Bestand haben?

Sehr klar hat Bousset die Gefahr einer christlichen Apologetik erkannt, die glaubt, andere Religionen ihres illusionären Charakters überführen zu können, und dabei übersieht, dass die christliche Religion sich im gleichen Boot befindet. Die religionsgeschichtliche Arbeit nach Bousset hat seine

---

[2] Vgl. WILHELM BOUSSET, Das Wesen der Religion, dargestellt an ihrer Geschichte. Mit Bildern von Arnold Busch, Halle/Saale ³1906, S. 5.

[3] S. a.a.O., S. 7.

[4] S. a.a.O., S. 6.

[5] Vgl. ebd.

[6] Vgl. ebd.

Sicht auf eindrucksvolle Weise bestätigt, dass man altisraelitische, frühjüdische und frühchristliche Religion historisch sachgemäß nur aus den vielfältigen Beziehungen zur religiösen Umwelt verstehen kann. Und auch darin werden wir Bousset Recht geben, dass wir nur dann überzeugend von göttlicher Offenbarung sprechen können, wenn wir diese nicht – wie der ältere Junge in Söderbloms Anekdote – auf eine längst vergangene Urzeit beschränken. Ohne Weiteres plausibel ist ferner die von Bousset betonte Teilhabe der Religionsgeschichte an der Geschichte des menschlichen Geistes.

Probleme dürfte uns dagegen der bei Bousset zum Ausdruck kommende Optimismus bereiten, die Geistesgeschichte sei als eine Aufwärtsbewegung zu begreifen. Wie sollen wir dies etwa mit den Erfahrungen des Dritten Reiches in Einklang bringen, das in nie dagewesener Weise Grausamkeit und Menschenverachtung hervorbrachte? Immerhin spricht Bousset, der die Katastrophe des Ersten Weltkrieges miterlebte, von wiederholtem Stillstand und mannigfachen Rückbildungen. Konzentriert man sich aber auf die Entwicklungslinien der christlichen Religion, die nach vorne weisen, dann ist mit Bousset durchaus »im Werden des Christentums eine ganz allmähliche immer reinere Erfassung der im Evangelium angelegten Religion des Geistes und der Wahrheit«[7] zu erkennen.

Der Verlauf der Religionsgeschichte stellt sich für Bousset als ein Prozess dar, der von den Stammesreligionen, über die Nationalreligionen bis zu den prophetischen Religionen reicht, die wiederum ihre Fortsetzung einerseits in den Gesetzes- und andererseits in den Erlösungsreligionen finden[8]. An den Gesetzesreligionen Judentum, Parsismus und Islam schätzt Bousset »die enge Verbindung des Moralischen mit dem Religiösen und die Überzeugung, daß Frömmigkeit gleichbedeutend sei mit Handeln nach dem Willen Gottes«[9]. Zugleich sieht er aber den religiösen Fortschritt bedroht durch Gesetzesobservanz, Fesselung an Sitte und Nation[10].

Die Erlösungsreligionen Buddhismus und Platonismus beurteilt Bousset positiv, insofern in ihnen deutlich wird, »daß in der Frömmigkeit prinzipiell höheres Leben sich entfalten soll«[11]. Indem hier aber höheres Leben und weltliche Existenz in einem schroffen Gegensatz gebracht werden, ver-

7 A.a.O., S. 7.

8 Vgl. a.a.O., S. 159.

9 Ebd.

10 Vgl. a.a.O., S. 131.

11 A.a.O., S. 159.

liere der moralische Faktor seine Bedeutung.[12] Weil das Christentum die Vorzüge der beiden Religionsarten vereinigt, gilt es Bousset als die vollkommenste Ausprägung der Religion.

Das Wesen des Christentums lässt sich Bousset zufolge nur aus dem Zeitalter des Hellenismus verstehen. Die hellenistische Sprache verband die Völker des Mittelmeers. Weltverkehr und -handel weiteten sich immer mehr aus. Kunst, Literatur und Wissenschaft erlebten eine Blütezeit.[13] Und was die religiöse Entwicklung betrifft, ist von großer Bedeutung, dass sich eine Reihe von Religionen begegneten, die Bousset wie folgt charakterisiert:

»Vor allem die spätgriechische an Plato sich anlehnende Religion der Gebildeten des griechisch-römischen Weltreichs mit ihrer Entgegensetzung einer idealen und einer empirischen Welt, mit ihrem hohen Lied von der ewigen Heimat der Seele; die babylonische Religion, die mit ihrem astrologischen Fatalismus und ihrer Mantik den Westen beeinflußt; die halb erstarrte ägyptische Religion mit ihrem niederen Zauberglauben wie mit ihrem, die Gedanken auf das Jenseits richtenden Isis-Osiris (Serapis)-Kult; die persische Religion, die als Mithrasreligion nach Westen zu dringen beginnt, und in allererster Linie die bedeutendste und folgenschwerste Erscheinung von allen: die jüdische Religion, die sich mit der Ausdehnung des jüdischen Volkstums in fast allen größeren Städten des römisch-griechischen Weltreichs festsetzt und eine ausgedehnte, erfolgreiche Propaganda betreibt – dann zwischen diesen Religionen Zwittergestalten, Mischbildungen aller Art.«[14]

Für die weitere religiöse Entwicklung ist nun von Bedeutung, dass diese Religionen an den Völkergrenzen nicht haltmachen und sich meist als Mysterienvereine organisieren.[15] Neben einer solchen Tendenz zum Universalismus ist auch eine zum Individualismus festzustellen, die sich im Glauben an eine jenseitige Vergeltung zeigt.[16] Hinzu kommen noch eine pessimistische Weltbetrachtung und der Erlösungsgedanke. Alle diese Tendenzen begegnen – mehr oder minder gebunden – im Judentum als der Mutterreligion des Christentums.[17]

---

12 Vgl. a.a.O., S. 159 f.

13 Vgl. a.a.O., S. 161 f.

14 A.a.O., S. 162.

15 Vgl. ebd.

16 Vgl. a.a.O., S. 162 f.

17 Vgl. a.a.O., S. 163.

Nach einem Durchgang durch die Geschichte der Religionen gelangt Bousset zu der »Überzeugung, daß das Christentum den Kulminationspunkt bisheriger religiöser Entwickelung darstelle«[18]. Bousset verdeutlicht dies anhand von sechs Punkten:

»1. Im Christentum ist jedes *spezifisch nationale Element* der Religion *endgültig überwunden* [...].
2. In der christlichen Religion kommt die *Religion* als solche, der einfache geistige Glaube an den lebendigen Gott *am reinsten und freiesten von allen Außendingen* (Kultus, Zeremonien) *zur Entfaltung.*
3. Das Christentum hat durch seine Befreiung der Religion vom Nationalen und Zeremoniellen (Kultischen) zugleich *die große Befreiung des einzelnen in der Religion* vollzogen und den Individualismus auf den stärksten und klarsten Ausdruck gebracht. Aber es vereinzelt wiederum den einzelnen nicht, sondern weist denselben mit der stärksten Energie in das menschliche Gemeinschaftsleben hinein.
4. Das Christentum ist daher in eminentem Sinn *moralische Religion.*
5. Das Christentum ist in eminentem Sinn *Erlösungsreligion.* Es weist auf ein höheres Leben hin und sagt, daß dieses Leben der Güter höchstes nicht sei. Aber wiederum – *es verneint dieses Leben doch auch nicht schlechthin.* Es entfaltet das schon in ihm vorhandene höhere Element und findet dieses nicht vorwiegend im Intellektuellen, sondern im Ethischen. So ist das Christentum *ethische Erlösungsreligion* und sein höchstes Gut: Vergebung von Sünde und Schuld und Entfesselung des guten Willens.
6. Weil das Christentum moralische Erlösungsreligion ist, hat es keine feindliche, sondern eine *fördernde Stellung zum Leben der Menschheit* und ihrer Kulturarbeit.«[19]

Bousset zufolge nötigt die moderne Geschichtswissenschaft dazu, die Entwicklung der christlichen Religion als ein Geschehen zu begreifen, das zum einen von der kulturellen Entwicklung abhängig ist und zum anderen mit anderen Religionen in Verbindung steht.[20] Dagegen sei es unmöglich geworden, von einer speziellen »Heilsgeschichte«, von einer besonderen Offenbarung zu sprechen, durch die Gott in das natürliche Geschehen eingreift. Jedoch verabschiedet sich Bousset nicht einfach vom Offenba-

---

[18] A.a.O., S. 201.

[19] A.a.O., S. 201-203.

[20] Vgl. a.a.O., S. 217 f.

rungsgedanken, sondern fasst diesen ganz neu, indem er eine »allgemeine Offenbarung«[21] annimmt. Danach gibt es einerseits in der Geschichte kein von dem menschenlichen unterscheidbares göttliches Wirken, und andererseits ist alles göttliches Wirken.[22]

Letztere Aussage erscheint mir problematisch, zumindest als stark interpretationsbedürftig. Will man nicht menschliches und göttliches Handeln identifizieren, bleibt meines Erachtens nur – um mit Andreas Rössler zu sprechen –: »Gott wirkt in, mit und unter dem irdischen Geschehen.«[23]

2. Ernst Troeltsch: Der Gedanke einer progressiven Offenbarung

Ernst Troeltsch (1865–1923) wird gerne als Systematiker der Religionsgeschichtlichen Schule bezeichnet. Von daher überrascht es nicht, dass sich sein Offenbarungsverständnis vielfach mit dem von Wilhelm Bousset berührt. Wenn Troeltsch das Christentum als »die höchste Gottesoffenbarung«[24] begreift, dann lässt das darauf schließen, dass er auch eine Offenbarung in anderen Religionen annimmt. In seiner »Glaubenslehre« führt er dies aber nicht näher aus, da er sich auf die Rechenschaft über den christlichen Glauben konzentriert. Immerhin ist hier von der brahmanischen Offenbarung die Rede, oder dem Neuplatonismus wird die Bedeutung zugesprochen, Leben aus Gott zu vermitteln.[25]

In seiner Abhandlung »Die Absolutheit des Christentums und die Religionsgeschichte« dagegen ist auch explizit von Gottes Offenbarung in nichtchristlichen Religionen die Rede. Troeltsch schreibt:

»Der Fromme bedarf der Gewißheit, auf dem richtigen Wege zu sein, dem richtigen Stern zu folgen. Wo verschiedene Wege zu Gott sich ihm darbieten, wird er den gehen, den ihm sein Gefühl und Gewissen als den richtigsten zeigt, und wird auf diesen alle zu führen versuchen, die mit ihm verstehen, was Religion ist, oder die zu diesem Verständnis erziehbar

---

21 A.a.O., S. 218.

22 Vgl. a.a.O., S. 219.

23 Andreas Rössler, Durch Kritik gereinigt. Panentheismus: Ein Gottesbild, das Zeitgenossen einleuchten kann, in: zeitzeichen, Jg. 13, H. 9 (September 2012), S. (8-11) 11.

24 Ernst Troeltsch, Glaubenslehre. Nach Heidelberger Vorlesungen aus den Jahren 1911 und 1912. Mit einem Vorwort von Marta Troeltsch, München / Leipzig 1925, S. 39.

25 Vgl. a.a.O., S. 50 f.

sind. Aber er wird nicht bedürfen, daß er allein die Wahrheit hat und sonst niemand, und ebensowenig wird er bedürfen, daß er die vollendete und fertige Wahrheit hat. Ihm genügt, daß er das Tiefste und Beste habe, was es gibt, und über das hinaus Höheres zu suchen zwecklos ist, da es nirgends existiert und er es selbst sich nicht erfinden kann. So wird er ein Christ sein, weil er hier die stärkste und einfachste Offenbarung der höheren Welt empfindet, und er wird im Christenglauben nicht die absolute, aber die normative, die für ihn und bis jetzt normative Religion erkennen. [...] Er braucht nicht zurückzuscheuen, wenn er das Christentum genährt findet aus vorausgegangenen und umgebenden Religionsentwicklungen [...]. Das sind alles auch ihrerseits lebendige religiöse Bewegungen, in denen Gott ist, und das Christentum hat sich genährt aus allen diesen ihm verwandten und entgegenkommenden Elementen. Ja es ist seine charakteristische Aufgabe gewesen, der Kristallisationspunkt des Höchsten und Besten zu werden, was in der inneren Welt des Menschen entdeckt worden war, und das es gerade durch seine überlegene Kraft an sich zu ziehen und zu stützen geeignet war.«[26]

In seiner »Glaubenslehre« legt Troeltsch dar, wie sich das Offenbarungsverständnis im Laufe der Kirchen- und Theologiegeschichte verändert hat. Bezeichnete die orthodoxe Theologie ursprünglich allein die Bibel als Offenbarung, so ließ sich diese Einschränkung der Offenbarung nicht halten, genauso wenig »wie die Auffassung der Bibel als göttliche Mitteilung irrtumsloser Lehrsätze«[27]. Sowohl im Katholizismus als auch in den mystischen und pietistischen Richtungen nimmt Troeltsch die Vorstellung einer »*progressiven Offenbarung*« wahr: sei es, dass eine »fortschreitende Offenbarung in der Kirche und *Tradition*« behauptet wird, oder sei es, dass man neben der Bibel der »*inneren Erfahrung*« oder dem Wirken des Heiligen Geistes, wodurch erst das Verstehen der Bibel ermöglicht wird, Offenbarungsqualität zuspricht.[28]

Troeltsch greift diese Entwicklungen im Offenbarungsverständnis positiv auf, indem er folgende Stufen der Offenbarung unterscheidet: die von der Bibel bezeugte Geschichte als die »*grundlegende und zentrale Offenbarung*«, die »kirchengeschichtliche Tradition und die moderne religiöse Ge-

---

[26] ERNST TROELTSCH, Die Absolutheit des Christentums und die Religionsgeschichte (1902), in: ders., Die Absolutheit des Christentums und die Religionsgeschichte und zwei Schriften zur Theologie, München / Hamburg 1969, S. (11-131) 95. 100.

[27] A.a.O., S. 39.

[28] S. a.a.O., S. 39 f.

fühlswelt« als die »*fortschreitende Offenbarung*« und das »gegenwärtige religiöse Erlebnis« als die »*gegenwärtige Offenbarung*«[29]. Die Christlichkeit eines solchen Offenbarungsglaubens wird nach Troeltsch dadurch gewährleistet, dass die einzelnen Stufen des Offenbarungsprozesses auf die grundlegende biblisch bezeugte Offenbarung zurückbezogen und auf ihre Kompatibilität untereinander geprüft werden.[30] Anders als BOUSSET beurteilt TROELTSCH die zu beobachtenden Wandlungen der Glaubensvorstellungen nicht »unter dem Gesichtspunkt der Vervollkommnung als unter dem einer lebendigen Anpassung an die jeweilige Umwelt«[31]. Damit nimmt er zweifellos eine weniger angreifbare Position ein.

Troeltsch hebt hervor, dass wir keinen direkten Zugang zur Offenbarung haben, sondern nur vermittelt durch Glaubensvorstellungen.[32] Dabei handelt es sich um »subjektive Ausdeutung eines zugrunde liegenden objektiven Offenbarungsimpulses«[33]. Aufgabe der Glaubenslehre ist zum einen, zu zeigen, inwiefern die Glaubensvorstellungen aus dem Offenbarungsimpuls hervorgehen oder sich von ihm entfernen. Zum anderen hat sie die Aufgabe, die innere Stimmigkeit der Glaubensgedanken aufzuweisen.[34]

Schließlich deutet Troeltsch in seinem kurz vor seinem Tod geschriebenen Vortrag »Die Stellung des Christentums unter den Weltreligionen«[35] den Begriff der Absolutheit gänzlich subjektiv: Das Christentum »ist das uns zugewandte Antlitz Gottes, die Art, wie wir in unserer Lage Gottes Offenbarung empfinden und fühlen, für uns verpflichtend und uns erlösend, für uns absolut, da wir etwas anderes nicht haben und in dem, was wir haben, die göttliche Stimme vernehmen. Aber es ist dadurch nicht ausgeschlossen, daß andere Menschengruppen im Zusammenhang völlig anderer kultureller Verhältnisse den Zusammenhang mit dem göttlichen

---

[29] S. a.a.O., S. 40.

[30] Vgl. ebd.

[31] A.a.O., S. 41.

[32] Vgl. a.a.O., S. 51.

[33] A.a.O., S. 54.

[34] Vgl. a.a.O., S. 55.

[35] ERNST TROELTSCH, Die Stellung des Christentums unter den Weltreligionen, in: ders., Fünf Vorträge zu Religion und Geschichtsphilosophie für England und Schottland. Der Historismus und seine Überwindung (1924) / Christian Thought. Its History and Application (1923), hg. v. Gangolf Hübinger in Zusammenarbeit mit Andreas Terwey (Ernst Troeltsch KGA 17), Berlin / New York 2006, S. 105-118.

Leben auf eine individuell ganz andere Weise empfinden und eine ebenso mit ihnen gewachsene Religion haben, von der sie sich nicht lösen können, so lange sie sind, was sie sind. Sie mögen mit voller Ehrlichkeit ihre eigene Absolutheit empfinden und ihr den von ihrer Religiosität aus geforderten Ausdruck geben.«[36] Zwischen den großen Weltreligionen verbieten sich daher Troeltsch zufolge »Bekehrung und Verwandlung«, vielmehr sollten sie allein um »Ausgleich und Verständigung« bemüht sein.[37] Streben sie doch »aus innerem Antrieb in eine unbekannte Höhe«, »wo allein erst die letzte Einheit und das Objektiv-Absolute liegen kann«[38].

3. Paul Tillich: Offenbarungen als Fundament der Religionen

Mit Bousset und Troeltsch stimmt Paul Tillich (1886–1965) überein, wenn er die supranaturalistische Auffassung von Offenbarung ablehnt, für die ein wunderbarer Eingriff Gottes in den natürlichen Zusammenhang des Seienden konstitutiv ist.[39] Aber auch ein rationalistisches Offenbarungsverständnis kommt für ihn wie für die beiden Vertreter der Religionsgeschichtlichen Schule nicht in Betracht, das Offenbarung als »Enthüllung des Transzendenten im natürlichen Verlauf des Geschehens«[40] begreift. Tillich begründet dies damit, dass Offenbarung »weder Vollzug noch Zerbrechung des Natürlichen, sondern seine Erschütterung und Umwendung« hin zum »Unbedingt Transzendenten«[41] bedeute.

Als Theologe bzw. Religionsphilosoph stellt sich Tillich die Frage, wie man Offenbarungsansprüche in anderen Religionen bewerten solle. Um hier zu einem sachgemäßen Urteil zu kommen, bedarf es einer Norm. Diese entnimmt er der christlichen Verkündigung des »Kreuzes Christi«. Daraus resultiert:

---

36 A.a.O., S. 115.

37 S. a.a.O., S. 116.

38 A.a.O., S. 117.

39 Paul Tillich, Offenbarung (1930), in: ders., Offenbarung und Glaube. Schriften zur Theologie II (GW 8), Stuttgart 1970, S. (40-46) 42 f. – Zum Folgenden vgl. auch Anton Knuth, Universale Offenbarung Gottes und partikulare Besonderheit des Christentums. Der Beitrag Kurt Leeses und Paul Tillichs für ein liberales Christentumsverständnis im 21. Jahrhundert, in: Werner Zager (Hg.), Liberales Christentum. Perspektiven für das 21. Jahrhundert, Neukirchen-Vluyn 2009, S. 103-126.

40 A.a.O., S. 43.

41 Ebd.

»Jede Offenbarung, in der der Offenbarungsträger durch sich selbst Unbedingtheit beansprucht, ist dämonisierte Offenbarung; denn Prinzip des Dämonischen ist Erhebung eines begrenzten Seienden zur Unbedingtheit, zur Würde des Unbedingt-Verborgenen. [...] Vollkommen ist eine Offenbarung, in der es nichts Unbedingtes gibt außer dem Unbedingt-Verborgenen selbst, das in ihr offenbar wird [...].«[42]

Damit hat Tillich einen Maßstab zur Beurteilung der Religionsgeschichte gefunden, den er aber zugleich auf die beurteilende Religion, d.h. das Christentum, angewandt wissen will.[43]

Darüber hinaus führt Tillich die Unterscheidung von geschichtlicher und ungeschichtlicher Offenbarung ein. Dabei versteht sich von selbst, dass jede Offenbarung, die geschieht, in der Geschichte geschieht.[44] Geschichtlich ist eine Offenbarung jedoch für Tillich »erst dann, wenn sie selbst als Geschichte wirklich ist, wenn also nicht nur einzelne unzusammenhängende Offenbarungen hier und dort in der Geschichte auftauchen, sondern wenn Offenbarung selbst als Geschichte auftritt, wenn es zum Offenbarwerden des Unbedingt-Verborgenen gehört, sich in einer Offenbarungsgeschichte für das Seiende zu verwirklichen«[45].

Auch wenn es Tillich nicht ausdrücklich sagt, so wird man bei der Offenbarungsgeschichte an das biblisch bezeugte Offenbarungshandeln Gottes zu denken haben. Von besonderem Interesse ist nun, wie Tillich Offenbarungsgeschichte und Religionsgeschichte aufeinander bezieht.

Er stellt zunächst zwei gegensätzliche Problemlösungen einander gegenüber, um sodann deren jeweiliges Ungenügen aufzuzeigen. Tillich wörtlich: »Die eine – idealistische – Auffassung, von Hegel und der liberalen Theologie vertreten, löst die Offenbarungsgeschichte in Religionsgeschichte auf; und da die Religionsgeschichte ein Element der allgemeinen Geschichte ist, so wird Offenbarungsgeschichte zur Geschichte überhaupt. Die entgegengesetzte Auffassung, von Kierkegaard und der dialektischen Theologie vertreten, stellt die Offenbarungsgeschichte als göttliche Tat in ausschließenden Gegensatz zur Religionsgeschichte als menschlichem Werk.«[46]

---

[42] A.a.O., S. 44.

[43] Vgl. ebd.

[44] Vgl. ebd.

[45] A.a.O., S. 44 f.

[46] A.a.O., S. 45.

Tillichs gegenüber der liberalen Theologie erhobener Vorwurf, sie löse die Offenbarungsgeschichte in Religionsgeschichte auf, dürfte in dieser pauschalen Form nicht zutreffen. Zwar kann Bousset so verstanden werden; Troeltschs Ausführungen in der »Glaubenslehre« können jedoch Tillichs Urteil nicht stützen.

Doch weiter zu Tillichs eigener Sicht! Gegenüber einer Gleichsetzung von Offenbarungsgeschichte und Geschichte macht er geltend, »daß Offenbarung Erschütterung und Umwendung aller menschlichen Möglichkeiten, auch der menschlichen Geschichte ist«[47]. Und gegenüber der Bestreitung von Offenbarung in der Geschichte der Religionen wendet er ein, dass die einem selbst zuteil gewordene Offenbarung nicht über Sein oder Nichtsein von Offenbarung anderswo entscheiden könne[48]:

»So wenig wir das Recht haben, irgendeiner Erscheinung die Möglichkeit abzusprechen, Offenbarung zu werden, so wenig haben wir das Recht, da über Offenbarung zu reden, wo wir keinen Anspruch erfahren; nur was mich unbedingt angeht, ist Offenbarung für mich: das trennt die Offenbarung von der Religionsgeschichte.«[49]

Tillich geht von der Einsicht aus, dass »Offenbarung, die uns gegeben wird, die uns ergreift und uns das letztgültige Kriterium für unsere Existenz schenkt«, »auf *einen* Augenblick beschränkt«[50] ist. Daraus folgert er einerseits, dass die an uns ergangene Offenbarung allein »uns für jegliches Denken und Handeln den Maßstab«[51] gibt. »Andererseits« könne »dieser eine Augenblick mit der in ihm gegebenen Offenbarung nur darum bedeutsam werden, weil in ihr die Botschaft früherer Offenbarungen ›aufgehoben‹ ist.«[52] Zu solchen mittelbaren Offenbarungen rechnet Tillich die mit der jüdischen Religion verbundenen Offenbarungen, während er die in den biblischen Texten verarbeiteten Stoffe nicht als Offenbarungen wertet.[53]

---

47 Ebd.

48 Vgl. ebd.

49 Paul Tillich, Die Idee der Offenbarung (1927), in: ders., Offenbarung und Glaube. Schriften zur Theologie II (GW 8), Stuttgart 1970, S. (31-39) 35.

50 Paul Tillich, Natürliche Religion und Offenbarungsreligion (1935), in: ders., Offenbarung und Glaube. Schriften zur Theologie II (GW 8), Stuttgart 1970, S. (47-58) 55.

51 Ebd.

52 Ebd.

53 Vgl. a.a.O., S. 55 f.

Jedoch ist Tillich nicht bei dem stehen geblieben, was er in den 1930er Jahren zum Thema Offenbarung und Religionsgeschichte schrieb, wobei er – wie wir gesehen haben – darauf bedacht war, sich sowohl von der dialektischen Theologie als auch der liberalen Theologie abzugrenzen. Seine letzte, kurz vor seinem Tod gehaltene Rede »Die Bedeutung der Religionsgeschichte für den systematischen Theologen«[54] lässt deutlich erkennen, wie er über seine frühere Position hinausgeschritten ist und sich darin als liberaler Theologe erweist.

So dürfte es nicht zufällig sein, dass er sich in dieser Rede dankbar der Religionsgeschichtlichen Schule und der durch sie bestimmten biblischen und kirchengeschichtlichen Studien erinnert. Tillich wörtlich:

»Ich erinnere mich daran, wie befreiend es war, die universal menschlichen Motive aus der Schöpfungsgeschichte, aus dem hellenistischen Existentialismus und aus der persischen Eschatologie in den späteren Teilen des Alten Testaments und im Neuen Testament wiederzufinden. Jene hatten die Symbole für die Erlösergestalten und das Drama der Erlösung geschaffen, die das Bild von Jesu Person und Werk im Neuen Testament bestimmten. Diese Dinge waren nicht vom Himmel gefallen, sondern waren durch eine lange Offenbarungsgeschichte vorbereitet worden, bis sie schließlich in dem *kairos*, der rechten, der erfüllten Zeit, das Erscheinen Jesu als des Christus möglich machten.«[55]

Vor allem lernte Tillich im Laufe seiner theologischen Entwicklung, auch die der biblischen Tradition ferner stehenden Religionen wertzuschätzen.[56] Das zeigt sich u.a. daran, dass er mit weltweiten Offenbarungserfahrungen rechnet, wobei die Offenbarungen das Fundament der Religionen bilden.[57] Weiterhin geht Tillich davon aus, dass es nicht nur einzelne Offenbarungserlebnisse gibt, sondern auch einen Offenbarungsprozess, der die Aneignung der Offenbarung kritisch begleitet.[58]

Im Unterschied etwa zu BOUSSET versteht TILLICH die Religionsgeschichte nicht als eine »endlos fortschreitende Entwicklung«[59]. Nach dem

---

[54] PAUL TILLICH, Die Bedeutung der Religionsgeschichte für den systematischen Theologen (1966), in: Werk und Wirken Paul Tillichs. Ein Gedenkbuch. Mit der letzten Rede von Paul Tillich, Stuttgart 1967, S. 185-203.

[55] A.a.O., S. 191 f.

[56] Vgl. a.a.O., S. 192.

[57] Vgl. a.a.O., S. 180.

[58] Vgl. a.a.O., S. 188.

[59] A.a.O., S. 194.

Urteil Tillichs verdanken sich die Religionen der »Erfahrung des Heiligen innerhalb des Endlichen«[60]. Das besondere Profil der einzelnen Religion ergibt sich daraus, in welcher Weise die folgenden drei Elemente in ihr zur Geltung kommen: 1. die »sakramentale Grundlage«, die die Begegnung mit dem Heiligen ermöglicht; 2. der Widerstand gegen die Verwandlung des Heiligen in ein handhabbares Objekt und 3. das »moralische oder prophetische Element«[61].

Eine Religion, in der diese drei Elemente eine Einheit bilden, nennt Tillich die »Religion des konkreten Geistes«[62]. Jedoch handelt es sich dabei um ein Ideal, das selbst vom Christentum nicht verwirklicht ist.[63]

4. Friedrich Heiler: Das Christentum als *die* Universalreligion

Im Rahmen einer Beschäftigung mit Konzeptionen einer universalen Offenbarung innerhalb der liberalen Theologie auf Friedrich Heiler (1892–1967) einzugehen, mag auf den ersten Blick überraschen. War doch Heiler ein Theologe einer »evangelischen Katholizität«, verwurzelt im katholischen Glauben, der 1919 bei Söderblom in Vadstena durch Abendmahlsempfang zur lutherischen Kirche übertrat, ohne sich ausdrücklich von der katholischen Kirche zu trennen[64]. Für eine Beschäftigung mit Heiler spricht aber, dass er Söderblom und Rudolf Otto wichtige Anregungen für seine religionsphänomenologische Forschung verdankte[65] und die religionsgeschichtliche Erforschung des Alten und Neuen Testaments seitens der Religionsgeschichtlichen Schule rezipierte.[66] Und nicht zuletzt ist von Interesse, dass Heiler dem Vorstand des Bundes für Freies Christentum angehörte.

---

60 Ebd.

61 S. a.a.O., S. 194 f.

62 A.a.O., S. 195.

63 Vgl. ebd.

64 Vgl. Heinz Röhr, Die »Theologie der Religionen« bei Rudolf Otto, Friedrich Heiler und Ernst Benz, in: Markus Witte (Hg.), Der eine Gott und die Welt der Religionen. Beiträge zu einer Theologie der Religionen und zum interreligiösen Dialog, Würzburg 2003, S. (257-273) 262.

65 Vgl. Friedrich Heiler, Erscheinungsformen und Wesen der Religion (RM 1), Stuttgart 1961, S. 12 f.

66 Vgl. a.a.O., S. 9.

Heiler hält an dem von der katholischen Kirche, auch noch von Luther vertretenen Anspruch des Christentums fest, »die letzte, höchste und abschließende Offenbarung an die Menschen zu bringen«[67], während er der liberalen Theologie zum Vorwurf macht, diesen Anspruch im Sinne einer Höherwertigkeit der christlichen Religion im Vergleich zu den anderen Religionen umgedeutet zu haben.[68]

Heiler zufolge sind es vor allem folgende fünf Erkenntnisse der vergleichenden Religionswissenschaft, die gegen den Absolutheitsanspruch eingewandt werden können:

1. der geistige Reichtum der außerchristlichen Religionen,
2. die Einheit aller Religionen in puncto äußere Erscheinungswelt, innere Vorstellungswelt, seelische Erlebniswelt und religiöse Sprache,
3. die Echtheit der Religionen trotz aller Unvollkommenheit,
4. die zahlreichen Analogien zentraler Wahrheiten und Werte des Christentums in anderen Religionen und
5. die außerchristlichen Religionen als Quelle christlicher Ideen und Kulturformen.[69]

Außerdem führt Heiler noch als sechsten Einwand das Faktum an, dass trotz 2000-jähriger Missionsarbeit nur etwas mehr als ein Drittel der Menschheit für das Christentum gewonnen werden konnte.[70]

Liegt es da nicht nahe, auf jeden Absolutheitsanspruch einer Religion zu verzichten und alle Weltreligionen anzuerkennen – so wie mystische Fromme in Indien und Persien, die verschiedene Religionen nebeneinander praktizierten? Heiler weist jedoch eine solche Konsequenz als eine »verführerische *universalistische* und relativistische Theorie«[71] zurück. Stattdessen plädiert er für einen *christozentrischen Universalismus*. Dabei knüpft er an die Lehre vom *logos spermatikos* der altchristlichen Apologeten an und bezieht diese auf die gesamte außerchristliche Religionswelt. D.h., Gott hat sich nicht allein im Alten Bund und in der griechischen Philosophie vorläufig offenbart, sondern darüber hinaus in allen Religionen,

---

[67] Friedrich Heiler, Die Frage der »Absolutheit« des Christentums im Lichte der Religionsgeschichte, in: Una Sancta. Zs. für ökumenische Begegnung, Jg. 30 (1951), S. (4-21) 5.

[68] Vgl. a.a.O., S. 10.

[69] Vgl. a.a.O., S. 11-13.

[70] Vgl. a.a.O., S. 13.

[71] Vgl. a.a.O., S. 14.

insbesondere in den Hochreligionen des Ostens.[72] Letztere sind nach Heilers Urteil »Glieder der umfassenden ›Vorschule Christi‹, sie sind Lehrmeister auf Christus hin, und zwar in noch höherem Maße als die griechische Dichtung und Philosophie, weil in ihnen, zumal im Hinduismus und Mahayana-Buddhismus die neutestamentlichen Heilswahrheiten der Gottesliebe, der Gnade, der Inkarnation und des stellvertretenden Leidens ungleich deutlicher erfaßt sind als in der griechischen Weisheit«[73].

Heiler lehrt eine universale Offenbarung, gemäß der sich Gott vom Anbeginn der Welt allen Menschen offenbart und ihnen die Gnade der ewigen Seligkeit anbietet.[74] Dies begründet Heiler zum einen mit dem weltweiten Wirken des ewigen Logos. Zum anderen begreift er die Erlösung als eine »ewige Tat Gottes«, die am Kreuz Christi nicht erst vollzogen, sondern lediglich offenbar geworden sei.[75] Von daher kann Heiler sagen:

»Unter den mannigfachen Heilandsgestalten der außerchristlichen Religionen verbirgt sich ebenso der ewige Christus wie unter der alttestamentlichen Vorstellung des ›Engels Jahwes‹, des ›Wortes‹ und der ›Weisheit‹ Jahwes wie unter dem Bild des messianischen Königs und des leidenden Gottesknechtes.«[76]

Unter Berufung auf Adolf von Harnack[77] vertritt Heiler die Auffassung, dass »das Christentum in seiner 1000jährigen Vorgeschichte und in seiner 2000jährigen eigenen Geschichte alle Erscheinungsformen der Religion umspannt«[78]. Für Heiler ist das Christentum »*die* Universalreligion«; und zwar sowohl in Gestalt der katholischen Kirche als auch des Protestantismus.[79] So kann er schließlich den Absolutheitsanspruch des Christentums mit folgenden Worten rechtfertigen:

»Wie das trinitarische Innenleben der Gottheit in polarer Weise die absolute Einheit und Einfachheit und die unendliche Mannigfaltigkeit und

---

[72] Vgl. a.a.O., S. 15.

[73] Ebd.

[74] Vgl. a.a.O., S. 16.

[75] S. ebd.

[76] Ebd.

[77] Adolf Harnack, Die Aufgabe der theologischen Fakultäten und die Allgemeine Religionsgeschichte, in: ders., Reden und Aufsätze, Bd. 2, Gießen [2]1906, S. 159-178.

[78] F. Heiler, Die Frage der »Absolutheit« des Christentums im Lichte der Religionsgeschichte (s. Anm. 67), S. 19.

[79] S. a.a.O., S. 19 f.

Lebendigkeit umspannt, so vereint das Christentum die Fülle der Wahrheiten und Werte der ganzen Menschheitsgeschichte mit der Konzentration und Strenge des neutestamentlichen Christusglaubens. Eben darum ist es ›universal‹ (auf eines gerichtet) im wahren Sinne des Wortes. Im Unterschied vom Hinduismus und Buddhismus ist es trotz aller Weite und Vielgestaltigkeit ganz einfach, im Unterschied vom orthodoxen Islam trotz aller Einfachheit unendlich weit und vielgestaltig. [...] Es ruft ganz exklusiv: ›Die Kirche ist die Fülle dessen, der alles in allem erfüllt‹ (Eph 1,23).«[80]

So faszinierend auch die Offenbarungskonzeption Heilers wirken mag, liberale Theologie heute wird sie sich kaum zu eigen machen können. Dagegen spricht nicht nur die unreflektierte biblizistische Argumentation, sondern vor allem auch die unkritische Rezeption der altkirchlichen Dogmen und der spekulativen Lehre vom *logos spermatikos*. Weiterhin ist mir fraglich, ob Heiler den Spezifika der verschiedenen Religionen gerecht wird, oder ob sie nicht vielmehr in unhistorischer Weise eingeebnet werden.

5. Hansjörg Jungheinrich: Konsequent-universales Offenbarungsdenken

Im Unterschied zu HEILER, der die Gotteserfahrungen in den nichtchristlichen Religionen in die Christusoffenbarung zu integrieren sucht, spricht sich der Frankfurter Pfarrer HANSJÖRG JUNGHEINRICH (1907–2000) – auch er Vorstandsmitglied des Bundes für Freies Christentum – für ein »konsequent-universales Offenbarungsdenken«[81] aus. Er begründet dies einerseits mit den »Weiten des astronomisch erkenn- und erforschbaren Universums«, mit dem sich das »heilsgeschichtliche Schema biblisch-kirchlicher Weltschau« nicht vertrage, welches von der Schöpfung, über den Sündenfall, die Erwählung Israels, das Christusgeschehen, die Geschichte der Kirche bis zu Weltende und Weltgericht reicht[82]. Andererseits hält er die Absolutsetzung einer Heilslinie bzw. Heilsgeschichte mit dem Kosmos der Religionen für nicht vereinbar.[83]

---

80 A.a.O., S. 20.

81 HANSJÖRG JUNGHEINRICH, Weltweite Offenbarung. Vom Schöpfungswunder und von der Unendlichkeit. Im Ringen um eine neue Glaubensgestalt, Stuttgart 1985, S. 278.

82 S. a.a.O., S. 278.

83 Vgl. ebd.

Damit ist jedoch keineswegs intendiert, religiöse Wahrheitsgehalte zu nivellieren; vielmehr will Jungheinrich religiöse Erfahrungen zu verschiedenen Zeiten sowie an verschiedenen Orten unserer Welt und die ihnen zugrunde liegende religiöse Wirklichkeit ernstnehmen.[84] Im Gegensatz zu Karl Barth, der nur das Christusgeschehen als die eine Gottesoffenbarung gelten lässt, rechnet Jungheinrich mit einer weltweiten Vielzahl von Offenbarungen. In eindrücklicher Weise hat er dies zur Sprache gebracht:

»Hinfällig wird hier das berühmt-berüchtigte ›Tangenten‹-Gleichnis Karl Barths: So wie diese mathematische Linie den Kreis nur in einem Punkt berühre, so auch gelte genau das gleiche für das Verhältnis des Ewigen zum Zeitlichen bzw. für die Gottesoffenbarung in dem einen Christusgeschehen! Dagegen setzen wir eine viel weiträumigere und Gott unendlich viel mehr zutrauende Bildaussage: Wie die Geysire des hohen Nordens an verschiedenen Orten aus der Erde emporschäumen, so ereignet es sich auch immer wieder, in uns völlig unfaßbarer und immer aufs neue wunderhaft erscheinender Weise, daß aus rätselhaften Tiefen des Seins Gottes Lebensströme hervorbrechen, uns überschütten mit begnadendem Licht.«[85]

Jungheinrich verschließt nicht die Augen davor, dass es in den Religionen »auch Entstellung, Verfälschung, ja regelrecht teuflische Verzerrung und Verfratzung des Göttlichen geben kann und gibt«[86]. In diesem Zusammenhang erinnert er an die Kinderopfer im Moloch-Kult und an die Menschenopfer zur Zeit der Azteken. Im Doppelgebot der Liebe erkennt er den »rechten Maßstab [...], um in aller außerchristlichen Religion das Echte vom Unechten zu unterscheiden«[87]. Jungheinrich zufolge verläuft »der Unterschied und Gegensatz zwischen Wahrheit und Nichtwahrheit, Licht und Dunkel« »weder zwischen den sog. ›Hochreligionen‹ noch zwischen diesen und den angeblich ›primitiven‹ Glaubenswelten der Naturvölker«, »sondern quer durch alle diese Ausprägungen und Erscheinungsformen«[88].

Es ist daher nur konsequent, wenn Jungheinrich Evangelium – verstanden als frohe Kunde vom göttlichen Heil – nicht nur im Christentum,

---

[84] Vgl. a.a.O., S. 272 f.

[85] A.a.O., S. 273.

[86] A.a.O., S. 274.

[87] Hansjörg Jungheinrich, »Was ist Wahrheit?« Das Christentum und die Weltreligionen (FFCh 24/25), Frankfurt a.M. 1957, S. 11.

[88] H. Jungheinrich, Weltweite Offenbarung (s. Anm. 81), S. 277.

sondern auch in anderen Religionen entdeckt.[89] Bei aller Verschiedenheit verbinde nämlich die Religionen im Tiefsten miteinander einerseits der Schauder vor dem Unbegreiflichen und andererseits die Erfahrung von Liebe und Güte.[90]

Die Frage der Absolutheit des Christentums beantwortet Jungheinrich im Anschluss an HERMANN MARHOLD (1897–1988): Das »Absolute« an Jesus mache nicht dessen Person aus, sondern die ewige Liebe, auf die dieser hindeutet.[91] JUNGHEINRICH schreibt:

»Dieser Jesus hat es nicht nötig, zur höheren Ehre seiner selbst als ›einziger‹ Offenbarungsträger hingestellt zu werden. Im Gegenteil: Wer von seiner Geistgewalt sich ergriffen und überwältigt weiß, der braucht nicht zu leugnen, daß es auch noch andere ›Spiegel-, Vor- und Durchscheinbilder‹ der gleichen Liebe gibt.«[92]

Für Jungheinrichs Konzeption einer universalen Offenbarung spricht, dass sie den Kosmos der Religionen in seiner Differenziertheit wahrnimmt, sich der Relativität des eigenen Glaubensstandpunktes bewusst ist und sich zugleich für Gottes weltweite Offenbarung öffnet. Dabei ermöglicht die Anerkennung unterschiedlicher »Offenbarungsströme«[93] einen Dialog der Religionen auf Augenhöhe, in gegenseitigem Geben und Nehmen, in Wertschätzung und Kritik.

Geradezu visionär klingen Jungheinrichs Worte: »Im Grunde also nur *eine* Offenbarung in allen Räumen und Zeiten – aber wiederum doch auch *viele* Offenbarungen! Das ist kein Widerspruch; in immer wieder neuer Weise bricht Licht aus dem Unendlichen hervor: Viele Ströme – und doch ein Meer, das sie alle aufnimmt! Viele Gottesbilder – doch hinter und in ihnen der *eine* Gott!«[94]

6. Resümee

Lassen Sie mich in sieben Punkten einige Einsichten zusammenfassen, die sich mir bei der Beschäftigung mit den vorgestellten Konzeptionen einer universalen Offenbarung innerhalb der liberalen Theologie erschlossen ha-

---

89 Vgl. a.a.O., S. 278.

90 Vgl. a.a.O., S. 279 f.

91 Vgl. a.a.O., S. 281.

92 A.a.O., S. 282.

93 H. JUNGHEINRICH, »Was ist Wahrheit?« (s. Anm. 87), S. 16.

94 H. JUNGHEINRICH, Weltweite Offenbarung (s. Anm. 81), S. 284.

ben und die meines Erachtens eine Grundlage für unser weiteres Nachdenken bilden können:

1. Ein sachgemäßes Verständnis des Christentums ist nur möglich im Kontext der Religions- und Geistesgeschichte bzw. der Geschichte überhaupt.
2. Angesichts der mannigfachen Verflechtungen der christlichen Religion mit anderen Religionen ist es nicht überzeugend, den Begriff der Offenbarung nur dem Christentum vorzubehalten. Darum ist es Ausdruck einer überholten christlichen Weltschau, Gottes Offenbarung auf Menschwerdung, Kreuz und Auferstehung Christi zu beschränken, einschließlich einer Vorbereitung dieses Geschehens in der Geschichte des alten Gottesvolkes Israel.
3. Der Größe Gottes entspricht es vielmehr, die Religionen als verschiedene Wege Gottes zum Heil zu betrachten.
4. Der einzelnen Religion eignet daher kein Absolutheitsanspruch.
5. »Absolut« ist eine Offenbarung Gottes, insofern sie den Menschen, den sie trifft, unbedingt angeht.
6. Gottes weltweite Offenbarung fordert die Religionen dazu heraus, sich auf das einander Verbindende zu besinnen, Unterschiede wahrzunehmen und zu respektieren, das Eigene in der Begegnung mit dem Anderen kritisch zu reflektieren und den eigenen Glaubenshorizont zu erweitern.
7. Mit den grundlegenden Offenbarungsimpulsen geht in den einzelnen Religionen ein Offenbarungsprozess einher, der zwar aufs Ganze gesehen zu Fortschritten in der religiösen Erkenntnis führt, aber immer wieder von Stagnation und Rückschritten bedroht ist.

Martin Bauschke

Die Vorstellung einer universalen Offenbarung aus der Perspektive von Judentum und Islam

1. Einleitung: Eine Fundamentalunterscheidung

Die Frage nach einer universalen Offenbarung stellt sich für das Judentum in einer völlig anderen Weise als für den Islam oder das Christentum. Dies hat mit einer Fundamentalunterscheidung zu tun: nämlich der Unterscheidung zwischen Volksreligionen und Universalreligionen.[1] Das Judentum zählt zu den sogenannten *Volksreligionen*, die in der Frühzeit der Religionsgeschichte entstanden sind. In Volksreligionen sind 1. die Volksgemeinschaft und die religiöse Gemeinschaft miteinander identisch – Träger der Religion ist die jeweilige Ethnie, die Ägypter, die Babylonier, die Griechen, die Hindus. Und 2. werden in Volksreligionen ein Gott oder viele Götter verehrt, doch über die Existenz bzw. Nichtexistenz anderer Götter in anderen Völkern nicht geurteilt. Beziehungsweise dachte man sich diese Götter als identisch mit den eigenen Göttern, nur dass sie eben andere Namen trugen. So war es auch kein Problem, sich bei der siegreichen Erweiterung des eigenen Territoriums die Tempel der besiegten Völker anzueignen und sie nun dem eigenen Gott oder Göttern zu weihen – also im Grund immer denselben Gottheiten, nur unter anderem Namen. Solche Namensketten könnte man viele bilden: Brahma – Marduk – Zeus – Juppiter (Göttervater oder Vatergott), oder: Shakti – Isis – Hera – Juno (Muttergöttin).

---

[1] Vgl. etwa Gustav Mensching, Die Religion: Erscheinungsformen, Strukturtypen und Lebensgesetze, München 1959, S. 58 ff.

Erst im Laufe der von KARL JASPERS sogenannten »Achsenzeit« ab ca. 700 v.Chr. entstanden die *Universalreligionen*, in denen nicht mehr das Volk, sondern der Einzelne im Mittelpunkt steht. In eine Volksreligion wird man hineingeboren, in eine Universalreligion tritt man ein – oder man konvertiert – durch einen Aufnahmeritus. Universalreligionen haben also keine Basis mehr in einem einzelnen Volk, sie suchen sich ihre Gläubigen aus allen Völkern, sie haben eine Tendenz zur Ausbreitung, zur Mission, zur Globalisierung. Bis in die jüngste Zeit entstehen neue Universalreligionen, wie etwa die Bahai-Religion im 19. Jahrhundert: die jüngste monotheistische, weltweit verbreitete Religion.[2]

Die Frage nach einer »universalen Offenbarung« ist also ein typisch universalreligiöses Thema – kein volksreligiöses! Ich werde darum zum Judentum in dieser Hinsicht weniger berichten können als zum Islam, der in gewisser Weise und etwas zugespitzt formuliert die »universalreligiöse Form des Judentums« darstellt: befreit von aller ethnischen Eingrenzung und Exklusivität und mit Muhammad statt Mose als prophetischer Führergestalt.

2. Das Judentum

Im Judentum als einer strukturellen Volksreligion von »universaler Offenbarung« zu sprechen, ist – wie angedeutet – schwierig. Selbstverständlich kann man in einem ganz allgemeinen Sinne das Judentum gemeinsam mit anderen (meist monotheistischen) Religionen als eine Offenbarungsreligion bezeichnen, sofern sie auf einen transzendenten göttlichen Ursprung oder Urheber von Offenbarungen verweist, welcher diese mittels seiner Boten (»Propheten«), aber auch z.B. durch Träume enthüllt bzw. kundtut. Und natürlich kann man Gottes Schöpfungshandeln – gepriesen etwa in den Schöpfungspsalmen (Ps 8; 19; 29; 33; 104) – auch als einen Akt seines Offenbarwerdens verstehen, obwohl das selten der Fokus dieser Geschichten oder Lieder ist. Die Schwierigkeit hat auch damit zu tun, dass es in der Hebräischen Bibel kein direktes Wort für »Offenbarung« gibt, auch nicht für »Geschichte« oder für »Gewissen«, die wichtige Aspekte universaler Offenbarungskonzepte bilden. Auch die normativ gewordenen dreizehn Glaubensartikel des MOSES MAIMONIDES (1138–1204), des vielleicht wichtigsten jüdischen Gelehrten überhaupt, enthalten den Offenbarungsbegriff

---

[2] Vgl. etwa JOHANN FIGL, Die Mitte der Religionen. Idee und Praxis universalreligiöser Bewegungen, Darmstadt 1993.

nicht.[3] Die zentrale Kategorie für das Handeln Gottes im Judentum ist überhaupt nicht Offenbarung oder dergleichen, sondern vielmehr *Erwählung.* Gottes Selbstkundgabe am Berg Sinai, die Übermittlung der Thora hat keinen weltweiten Anspruch, sondern galt einzig dem auserwählten Volk. Von daher hat sich das Judentum wie z.B. auch der klassische Hinduismus fast nie in seiner Geschichte als eine missionierende Religionsgemeinschaft verstanden, da der Träger der Religion – das Volk – ja vorhanden war. In zweierlei Hinsicht allerdings gibt es so etwas wie eine *universale Perspektive* im Judentum, doch nicht direkt mit Blick auf die Kategorie der Offenbarung: Einerseits wurde ein Ethos schon sehr früh unabhängig von der eigenen Religionszugehörigkeit gefordert; und andererseits erstrahlte die Heilszeit, die erhoffte Endzeit der Weltgeschichte, ebenfalls vor einem weltweiten Horizont. Auf diese beiden Aspekte möchte ich im Folgenden zu sprechen kommen.

2.1 Universales Ethos

Aus jüdischer Sicht »gibt es tatsächlich religiös universale Wahrheiten. Die hebräische Bibel bezeichnet sie als ›den Bund mit Noach‹. Die jüdische Tradition deutete ihn so, dass damit *sieben Grundgebote* gemeint seien: die Verbote von Götzendienst und Gotteslästerung, Mord, Diebstahl, sexuellem Übergriff und willkürlicher Grausamkeit gegen Tiere sowie das positive Gebot, ein Rechtssystem einzuführen. Das stellt einen gemeinsamen Verhaltenscodex der Menschheit dar, der aller religiösen Verschiedenheit vorausgeht und diese übersteigt.« Dies war ein Zitat nicht etwa von Hans Küng, sondern des britischen Oberrabbiners Jonathan Sacks, der zu den gegenwärtig wichtigsten Repräsentanten des orthodoxen Judentums zählt.[4] Schon der Talmud (Traktat Avot), aber auch der bereits erwähnte Maimonides, die größte Autorität nach Mose, waren der Ansicht, dass jeder Nichtjude, der diese »moralischen Universalien«, wie Jonathan Sacks sie nennt[5], bewahrt und hält, Anteil habe an Gottes künftiger Welt. Nach jüdischer Auffassung kann man auch ein Diener und Verehrer Gottes sein, ohne zugleich Jude sein zu müssen. Es reicht eine moralisch angemessene Lebensführung. Der liberale Rabbiner Walter Homolka, Leiter des Abraham-

---

3 Vgl. Schalom Ben-Chorin, Jüdischer Glaube, Tübingen ^{2}1979.

4 Jonathan Sacks, Wie wir den Krieg der Kulturen noch vermeiden können, Gütersloh 2007, S. 38 f. Vgl. in der Hebräischen Bibel Gen 9,1-17; Dtn 29,28.

5 A.a.O., S. 86.

Geiger-Kollegs in Potsdam für Rabbinerausbildung, schreibt: »Durch die sieben noachidischen Gebote als allgemeine Möglichkeit, vor Gott Gerechtigkeit zu erlangen, wird aus dem theologischen Begriff des Menschen als Geschöpf Gottes der politische Begriff des Mitmenschen, des Mitbürgers. Damit tritt die Idee der ›Frommen der Völker der Welt‹ in eine interessante Spannung zum jüdischen Erwählungsbegriff.« Von daher sehen viele Juden eine große Affinität zwischen dem »Projekt Weltethos« und den noachidischen Geboten, wie eine gemeinsame Publikation von Homolka mit Hans Küng dokumentiert.[6]

2.2 Messianisches Zeitalter

Eine universale Perspektive gibt es im Judentum, vom Ethos abgesehen, vor allem mit Blick auf die Zukunft und die erhoffte Endzeit der Weltgeschichte. So heißt es in den 35 Grundsätzen der *Union progressiver Juden in Deutschland* (Nr. 22): »Das traditionelle Judentum geht von dem Glauben an einen Messias aus, der eines Tages alle Juden aus dem Exil zusammenbringen und auf dem Thron einer wiederhergestellten davidischen Monarchie sitzen würde. Wir dagegen bekräftigen die Hoffnung der Propheten auf ein *universales, messianisches Zeitalter,* das dadurch entsteht, dass die gesamte Menschheit Gottes Willen annimmt.«[7]

Von einem »messianischen Zeitalter« hatten in der Tat einige Propheten gesprochen, allen voran der Erste Jesaja (9,1-6; 11,1-8), aber auch Micha (5,1-5) und Jeremia (23,5 f.): Auf Davids Thron werde eine Friedensherrschaft in Recht und Gerechtigkeit begründet werden von dem Davididen der Endzeit, dem Messias, dem Gesalbten Gottes. Erst in der ganz späten Nachexilsprophetie kann jedoch von einem »universalen messianischen Zeitalter« die Rede sein, etwa in Sacharja 9,9-10, wo es heißt: »Freue dich sehr, Tochter Zion, jauchze Tochter Jerusalem! Siehe, dein König kommt zu dir [...]. Er verkündet Heil den Völkern, und er herrscht von Meer zu Meer, vom Strom bis an die Enden der Erde.« Nach jüdischer Auffassung müssen auch im messianischen Zeitalter nicht alle Menschen Juden werden – aber sie müssen den Willen Gottes tun, also damit implizit zumindest Monotheisten sein. Man kann ein Diener Gottes sein, ohne zu-

---

6 Hans Küng / Walter Homolka, Weltethos aus den Quellen des Judentums, Freiburg i.Br. u.a. 2008, S. 44 f.

7 Zit. nach der Website: http://www.liberale-juden.de/uber-uns/35-grundsatze/grundsatze-17-35/ (Dez. 2012).

gleich Jude sein zu müssen, aber nicht, ohne zugleich wenigstens ein Theist zu sein, der die Herkunftsinstanz dieser Moral anerkennt.

2.3 Fazit: Ein partikularistischer Monotheismus

Es ist deutlich geworden: Im Judentum spricht man/frau lieber von *moralischen Universalien* als von universaler Offenbarung. Von einer solchen kann allenfalls am Ende der Zeiten die Rede sein. Denn das Judentum ist – im Unterschied zu Christentum und Islam – strukturell überhaupt keine Religion mit einem universalen Wahrheitsanspruch. Ich zitiere nochmals Jonathan Sacks: »Das Judentum [...] ist ein partikularistischer Monotheismus. Es glaubt an einen Gott, aber nicht an einen exklusiven Weg zur Erlösung. Der Gott der Israeliten ist der Gott der ganzen Menschheit, aber was er den Israeliten abverlangt, das verlangt er nicht von der ganzen Menschheit. Es gibt im Judentum keine Entsprechung zur Lehre *extra ecclesiam non est salus*, ›außerhalb der Kirche sei kein Heil.‹ Im Gegenteil: Die alten Weisen des Judentums vertraten, dass ›die Frommen der Völker Anteil an der kommenden Welt haben‹.«[8]

Mit seinem Buch, das eine wunderbare jüdische Antwort auf das Damokles-Schwert des »Kampfes der Kulturen« darstellt, ruft Sacks »*so energisch wie nur möglich zur Toleranz*« auf – und das bedeutet für den Oberrabbiner: an einer Theologie des Fremden, des Anderen zu arbeiten, die alle Aufspaltungen der Menschen in zwei Lager überwindet, weil es ihr um einen Gott geht, »*der sowohl auf deiner als auch auf meiner Seite steht*«.

3. Koran und Islam

Anders als im Judentum und mit viel größerer Unbefangenheit als im Mainstream-Christentum kann man vom Koran und vom Islam insgesamt sagen, dass sich hier der Glaube an eine universale Offenbarung Gottes selbstverständlich findet. Denn hier gibt es nicht die Grenzen, die aufgerichtet werden von einem volksspezifischen Erwählungsgedanken oder von der universalen Erbsünde, die das Licht der Offenbarung Gottes in der Schöpfung generell und im Gewissen des Einzelnen speziell verdunkelt und vernebelt habe. Anders als in der Hebräischen Bibel findet sich im Koran auch ein direkter *Begriff für Offenbarung* – nämlich *al-waḥy*. Dieser

---

8 Siehe J. Sacks, Wie wir den Krieg der Kulturen noch vermeiden können (s. Anm. 4), S. 81. Hervorhebung im Zitat wie im Original. Folgende Zitate im Text: a.a.O., S. 9 und S. 97.

kommt häufig vor im Sinne von »Eingebung, Inspiration, Intuition, Hinweisung, Andeutung«, aber etwa auch von »Instinkt«.[9] Diese breite Anwendung zeigt, dass die koranische Offenbarungsvorstellung nicht auf den Menschen begrenzt ist, sondern alle Lebewesen einbezieht – in diesem Sinne also universal ist. So heißt es beispielsweise in Sure 16,68-69, Gott habe *der Biene al-waḥy* gegeben, damit sie Häuser auf den Bergen, in den Bäumen und an den Bauten der Menschen machen und von allen Früchten essen könne. – Im Koran gibt es noch weitere Begriffe und Ansatzpunkte für die Überzeugung von einer universalen Offenbarung Gottes.[10]

3.1 Die Zeichen-Theologie als natürliche Theologie

Ein zentraler Begriff im Koran ist das arabische Wort *āya*. Es meint »Zeichen« im Sinne von Offenbarungszeichen oder von Hinweis auf Gott. Man kann von einer regelrechten Zeichen-Theologie im Koran sprechen. Diese besagt: Die gesamte Schöpfung ist voller »Zeichen« (arab. Plural: *āyāt*), die auf Gottes Güte und Allmacht verweisen. Diese Zeichen-Theologie folgt für den Bereich der Natur als Schöpfung Gottes derselben Intention wie die Prophetenlehre im Raum der Geschichte als Heilsgeschichte: nämlich zu zeigen, dass *sowohl die Natur als auch die Geschichte gleichermaßen Bereiche der Offenbarung Gottes sind.* Dies zeigt sehr schön z.B. Sure 30. Hier eine längere Passage daraus (Verse 17 ff.):[11]

»So sei denn Gott gelobt, am Abend wie am Morgen! Lobpreis sei ihm in den Himmeln und auf Erden, am Abend und zur Mittagszeit! Er bringt aus dem Toten das Lebende hervor und aus dem Lebenden das Tote. Er belebt die Erde nach ihrem Tod. Auf die gleiche Weise werdet [sc. auch] ihr hervorgeholt. Zu seinen Zeichen gehört es, dass er aus Erde euch erschuf,

---

9 SMAIL BALIĆ, Art. Offenbarung 3. Islamisch, in: Lexikon religiöser Grundbegriffe: Judentum – Christentum – Islam, hg. v. Adel Theodor Khoury, Wiesbaden 2007, Sp. (812-814) 813.

10 Ein anderer koranischer Begriff für Offenbarung, nämlich *tanzīl*, bleibt im Folgenden unberücksichtigt. *Tanzīl* bedeutet wörtlich »Herabsendung« und bezieht sich überwiegend auf die Offenbarung des Korans und der älteren Heiligen Schriften (die Tora, das Evangelium) durch Gott. Vgl. etwa Sure 5,44-49; 69,41 ff. In Sure 97,1 ff. sind Anklänge an die Weihnachtsgeschichte bzw. an die christliche Vorstellung der (Herab-) Sendung Jesu durch Gott erkennbar. Vgl. MARTIN BAUSCHKE, Der Sohn Marias: Jesus im Koran, Darmstadt 2012, Exkurs 2: Eine Weihnachtsliturgie im Koran?, S. 39 f.

11 Die Koranzitate folgen, wenn nicht anders angegeben, stets der Übertragung von HARTMUT BOBZIN, Der Koran, München 2010.

dann wart ihr plötzlich Menschen und habt euch ausgebreitet. Und zu seinen Zeichen gehört, dass er euch Gattinnen aus euch selber schuf, damit ihr bei ihnen Ruhe findet. Und er stiftete unter euch [sc. Männern und Frauen] Liebe und Barmherzigkeit. Siehe, darin liegen wahrlich *Zeichen für Menschen, die nachdenklich sind* (oder: die ihren Verstand gebrauchen). Und zu seinen Zeichen gehört die Erschaffung der Himmel und der Erde und die Verschiedenheit eurer Sprachen und eurer [Haut-] Farben. Siehe, darin sind wahrlich *Zeichen für die Wissenden.* Und zu seinen Zeichen gehört euer Schlafen bei Nacht und bei Tage – und euer Trachten nach seiner Gunst. Siehe, darin sind wahrlich *Zeichen für Menschen, die hören.* Und zu seinen Zeichen gehört, dass er euch sehen lässt den Blitz in Furcht und in Verlangen und dass er Wasser vom Himmel herniedersendet, so dass er damit die Erde nach ihrem Tod belebt. Siehe, darin sind wahrlich *Zeichen für Menschen, die begreifen.* Und zu seinen Zeichen gehört, dass Himmel und Erde beständig sind – auf sein Geheiß! Dann, wenn er euch herbeiruft aus der Erde – siehe, plötzlich kommt ihr hervor! Sein ist, wer in den Himmeln und auf Erden ist. Alles ist ihm demütig untertan. Er ist es, der die Schöpfung ein erstes Mal (oder: am Anfang) vollbringt und sie dann wiederholt – das ist für ihn ganz leicht! Ihm ist das Höchste zu vergleichen in den Himmeln und auf Erden, denn er ist der Mächtige, der Weise. [...] *So legen wir die Zeichen [denjenigen] Menschen aus, die begreifen.*«

Das ist *die natürliche, die universale Theologie des Korans*: Schlechthin alles, was ist, ist ein Fingerzeig auf Gott hin, damit der Sehende sehe, damit der Hörende höre, damit der Verständige seine Vernunft gebrauche, damit der Mensch anhand dieser Offenbarungszeichen Glaube und Dankbarkeit lerne. Die Natur als Gottes Schöpfung ist voller Spuren, die auf den Schöpfergott hinweisen. Und es ist die Aufgabe der Propheten seit den Tagen Noahs und Moses, die Menschen auf diese göttlichen Spuren zu verweisen, wie Sure 10,71 ff. ausführlich darlegt: »*Doch siehe, viele Menschen achten nicht auf unsere (Gottes) Zeichen.* [...] *Sei keinesfalls einer, der die Zeichen Gottes Lüge nennt, denn dann wirst du zu den Verlierern gehören*« (Verse 92 und 95). Auch *Jesus* wird im Koran mehrfach explizit ein göttliches Zeichen für die Welt bzw. die Menschen genannt. In Sure 19, der Mariensure, welche die koranische Weihnachtsgeschichte erzählt, heißt es (Vers 21): »*Auf dass wir ihn zu einem Zeichen machen für die Menschen und zu einer Barmherzigkeit von uns.*« Jesus ist aufgrund seiner jungfräulichen Empfängnis und Geburt ohne männlich-menschliches Mitwirken ein Zeichen für Gottes schöpferische Allmacht »allein durch das Wort«, wie er auch ein Zeichen ist für Gottes Güte, die Jesus gemäß diesem Vers geradezu zu personifizieren scheint.[12] Jesus hat dem Koran zufolge nicht nur Wunder als Zeichen der Allmacht und Güte Gottes vollbracht, sondern er selbst in seiner ganzen Person ist ein Zeichen dieser Allmacht und Güte. Jesus *ist* ein Fingerzeig Gottes. Aber eben ein Fingerzeig *Gottes*! Jesus weist stets, wie es im Wesen des Zeichens und auch des Gesandten begründet liegt, von sich selbst weg und hin auf Gott. Jesus – der Zeigefinger hin auf Gottes Güte und Allmacht, so kann man das Messiasbekenntnis des Korans zusammenfassen.[13]

3.2 Die Propheten-Theologie: Monotheistische Ur-Offenbarung

Dieser natürlichen Zeichen-Theologie, welche die Welt voller Offenbarungen Gottes sieht, korrespondiert im Raum der Geschichte eine *Propheten-Theologie.* Die Gesandten und ihre Zeichen, auf die sie verweisen oder die sie selbst mit sich bringen, sind der Spezialfall der allgemeinen Zeichen-Theologie. Hier wird in Worte gefasst, wovon nonverbal die ganze Welt zeugt: dass allein Gott der Schöpfer und Herr der Menschen sei. Im Wandel der Zeiten und der vielen Boten gibt es *die eine, zeitlose Botschaft des unwandelbaren Gottes*: den Götzen und der Unmoral abzuschwören und sich dem wahren Gott glaubend zuzuwenden und seinen Geboten gemäß zu leben. Die Auffassung einer solchen *monotheistischen Ur-Religion*, die im Laufe der Geschichte immer neu vergegenwärtigt wird und zur Formulierung diverser Prophetenreihen geführt hat, ist – traditionsgeschichtlich betrachtet – ein Erbe des Judenchristentums an den Islam. Zweimal wird im Koran ausdrücklich die – jedenfalls prinzipiell gültige – *gleiche Würde* der Propheten betont; alle sind sie Boten Gottes, denen geglaubt werden soll, wie Sure 2,136 (= Sure 3,84) sagt: »Sprecht: Wir glauben an Gott und was auf uns herabgesandt ward und was auf Abrahahm und Ismael, auf Isaak und Jakob und auf die Stämme [sc. Israels] herabgesandt ward. Und an das, was Mose und was Jesus überbracht ward und was überbracht ward den Propheten von ihrem Herrn. Wir machen zwischen keinem von ihnen einen Unterschied. Wir sind ihm ergeben!«

Solche anfänglich noch relativ kurzen *Prophetenreihen* kannte Muhammad bereits in der mekkanischen Zeit seiner Wirksamkeit. Sure 42,13 zählt Noah, Abraham, Mose und Jesus auf. Deutlich umfangreicher sind die

---

[12] An zwei weiteren Stellen werden Jesus und seine Mutter »ein Zeichen« genannt: Sure 21,91; 23,50.

[13] Vgl. M. Bauschke, Der Sohn Marias (s. Anm. 10), Kap. 14: Fazit: Jesus als Zeichen Gottes, S. 158 ff.

Prophetenreihen zur Zeit Muhammads in Medina (Sure 2,136; 3,84; 4,163 f.; 6,85; 33,7). Muhammads Kenntnisse über die jüdischen Propheten haben sich offenkundig angesichts seiner vielen Kontakte zu und Auseinandersetzungen mit den jüdischen Stämmen in Medina wesentlich erweitert. Sure 4,163 f. etwa zählt insgesamt zwölf Propheten auf: Noah, Abraham, Ismael, Isaak, Jakob, Jesus, Ijob, Jona, Aaron, Salomo, David und Mose. Solche Prophetenreihen sind, wie gesagt, erstmals im *Judenchristentum* aufgekommen. Dieses kannte große und kleine Prophetenreihen, z.B. eine Siebenerreihe: Henoch, Noah, Abraham, Isaak, Jakob, Mose, Jesus. Auch die Religion des *Manichäismus*, der von *Mani* (216–277) gestiftet wurde und zur Zeit Muhammads von Spanien bis China verbreitet war, kannte Prophetenreihen. Dies ist kein Zufall, da Mani gleichfalls judenchristliche Wurzeln hatte. Von Mani ist z.B. folgende Prophetenreihe bezeugt: Adam, Buddha, Zarathustra, Jesus, Mani. Ebenso sind im Talmud – natürlich ohne Jesus – Prophetenreihen bekannt, etwa die Sieben-Hirten-Reihe: Adam, Seth, Methusalem, Abraham, Jakob, Mose und David. *Gott offenbart sich also in allen Propheten – auch in geschichtlicher Hinsicht geht der Koran von einer universalen Offenbarung aus.* Kein Volk soll sich im Endgericht mit dem Argument aus der Affäre ziehen können, von Gottes Botschaft nie gehört zu haben.

Dass es sich bei dieser universalen Offenbarung zugleich um eine monotheistische *Ur-Offenbarung* handelt, belegt Sure 7,172: »Damals, als dein Herr aus Adams Kindern, ihren Lenden, ihre Kindeskinder nahm und sie gegen sich zeugen ließ: ›Bin ich nicht euer Herr?‹ – Da sprachen sie: ›So ist's; hiermit bezeugen wir's.‹ Damit ihr nicht am Tag der Auferstehung sagt: ›Siehe, wir wussten nichts davon!‹« Der liberale deutsche Muslim MUHAMMAD ASAD (1900–1992) bemerkt dazu in seinem wunderbaren Korankommentar: »Dem Qur'an zufolge ist die Fähigkeit, die Existenz der Höchsten Macht wahrzunehmen, der menschlichen Natur (*fitra*) angeboren; und es ist dieses instinktive Erkennen – das in der Folge durch Zügellosigkeit oder schädliche Einflüsse aus der Umgebung getrübt werden mag oder nicht –, das jeden geistig gesunden Menschen vor Gott ›Zeugnis über sich selbst geben‹ läßt.«[14]

Adam, gleichsam der Vater der Menschheit, gilt dem Koran zufolge bereits als der erste Prophet. Und Gott selbst hat in Adams Schoß die Menschheit befragt und lässt sich von ihr einen natürlichen Glauben an Gott bestätigen. »*Anima naturaliter christiana*« – die Seele des Menschen

---

[14] MUHAMMAD ASAD, Die Botschaft des Koran, Düsseldorf 2009, S. 301, Anm. 139.

sei von Natur aus christlich, behauptete einst der nordafrikanische Schriftsteller TERTULLIAN (ca. 160/170-nach 220) in einer Schrift zur Verteidigung der drangsalierten Christen (*Apologeticum* 17,6). Analog sprachen zur selben Zeit die indischen Upanishaden von der menschlichen Seele (skr. *Atmān*) und die Mahayāna-Buddhisten von der Buddha-Natur aller Wesen. Dieser Inanspruchnahme der menschlichen Natur bzw. Seele für die je eigene religiöse Überzeugung folgt auch der Koran, wenn er sinngemäß ein »*anima naturaliter muslimica*« behauptet, wie etwa in Sure 30,30 (Übersetzung Bobzin / Paret): »Und richte nun dein Antlitz auf die Religion, im rechten Glauben. Das ist die natürliche Art, in der Gott die Menschen erschaffen hat. Keinen Ersatz gibt es für die Schöpfung Gottes. Das ist die Religion, die Bestand hat. Aber die meisten Menschen wissen nicht Bescheid.« Für diese Auffassung einer *natürlichen Islamität* (*Gottesausrichtung*) *des Menschen* steht neben Adam im Koran noch eine weitere Gestalt: Abraham (arab. *Ibrahīm*). Er ist vielleicht der wichtigste Zeuge im Koran für die Lehre einer universalen Offenbarung.[15]

3.3 Abraham als Prototyp des universalen Gottsuchers

»*Abraham und die Sterne*« - was fällt Ihnen dazu ein? Bringt man Abraham in Verbindung mit der Betrachtung der Sterne, erinnern sich Bibelkenner an die Verheißung einer zahlreichen Nachkommenschaft durch Gott (Gen 15,5). Der Zusammenhang »Abraham und die Sterne« kommt auch im Koran vor, er hat hier jedoch eine völlig andere Akzentuierung erhalten. Hier geht es nicht um das Dilemma der Kinderlosigkeit Abrahams und Saras, sondern um Abrahams Suche nach dem, der wahrhaft Gott genannt zu werden verdient. Diese Sternengeschichte schöpft, historisch betrachtet, aus einem Erzählschatz, der zur außerbiblischen jüdischen Überlieferung gehört. In der *Sternengeschichte von Sure 6,75-79* wird anschaulich beschrieben, wie Abraham angesichts der Gestirne und mit Hilfe der ihm gegebenen Vernunft Gott erkennt:

»So ließen Wir Abraham das Reich der Himmel und der Erde betrachten und verstehen, auf daß er zu den fest überzeugten Gläubigen gehöre. Als ihn Nacht umgab, erblickte er einen Stern. Er sprach: ›Das ist mein Gott.‹ Als aber der Stern unterging, sprach er: ›Ich diene nicht gern denen, die untergehen.‹ Und als er den Mond erblickte, der aufgegangen war, sprach er: ›Das ist mein Gott.‹ Als er unterging, sprach er: ›Wenn mich

---

[15] Vgl. zu Abraham im Koran ausführlich: MARTIN BAUSCHKE, Der Spiegel des Propheten. Abraham im Koran und im Islam, Frankfurt a.M. 2008.

mein Herr nicht rechtleitet, werde ich sicher einer der Verirrten bleiben.‹ Und als er die Sonne erblickte, die aufgegangen war, sprach er: ›Das ist mein Gott. Das ist größer als die anderen Himmelskörper.‹ Als sie unterging, sprach er: ›Ihr Menschen! Ich bin an dem, was ihr Gott beigesellt, unschuldig.‹ Ich erhebe mein Antlitz zu Dem, Der die Himmel und die Erde erschuf, als Hanif, und gehöre nicht zu den Anhängern der Vielgötterei.‹«[16]

Dass Abraham und seine Vorfahren ursprünglich Heiden waren und »anderen Göttern dienten«, war aus der Hebräischen Bibel bekannt (Jos 24,2). In dieser Sternengeschichte wird ebernfalls von Abraham, dem Heiden, berichtet, der Gott sucht und findet. Es ist die ihm von Gott gegebene und ihn rechtleitende Vernunft, die ihn nicht schlagartig, sondern erst allmählich, von Irrtum zu Irrtum, weiterschreiten lässt zur wahren, vollen Gotteserkenntnis. Dreimal hält Abraham gleichsam in aufsteigender Hierarchie ein Gestirn – erst einen Stern, dann den Mond und schließlich die Sonne – für Gott und erkennt, dass es jeweils noch etwas Größeres – einen Größeren – geben muss. Das ist das Ziel und der Kern der abrahamischen Glaubens- und Vernunfterkenntnis (vgl. auch Sure 29,16 ff.): Gott kann nur der unvergängliche Schöpfer des Himmels und der Erde sein, nicht aber seine vergänglichen Geschöpfe, seien es die Gestirne des Himmels, seien es ihre von Menschen gemachten Abbilder auf Erden.

Im Schlussvers der Sternengeschichte heißt es (Sure 6,79): »*Ich [Abraham] erhebe mein Antlitz zu Dem, Der die Himmel und die Erde erschuf, als Hanif, und gehöre nicht zu den Anhängern der Vielgötterei.*« Bei dem arabischen Begriff *ḥanīf* handelt es sich um ein Lehnwort aus dem Syro-Aramäischen. In dieser von Christen gesprochenen Sprache bedeutet das Wort *hanpa* abschätzig »Heide«. Im Koran jedoch wird dieses Wort aufgewertet und erhält eine völlig neue, ganz und gar positive Bedeutung. Aus der Bedeutung »Heide« für *hanpa* ist in der arabisierten und islamisierten Form *ḥanīf* der Gottessucher, der wahrhaft Gläubige geworden. Die Konversion des Begriffes wird in der Person und Konversion Abrahams verkörpert. *Aus dem Heiden Abraham ist der Ur-Monotheist Abraham geworden.* Damit sind wir bei einem weiteren Aspekt des koranischen Bildes von Abraham angelangt.

---

16 Das Koranzitat folgt der Ausgabe: Al-Muntakhab. Auswahl aus den Interpretationen des Heiligen Koran. Arabisch – Deutsch, übers. v. Moustafa Maher, hg. vom Religionsministerium und dem Obersten Rat für Islamische Angelegenheiten Ägypten, Kairo 1999.

3.4 Abraham als Prototyp des wahrhaft Gläubigen

Anfänglich war der Begriff *hanīf* – also Gottsucher, Ur-Monotheist – gleichbedeutend mit Muslim (Anhänger Muhammads) und der Ausdruck *hanīfiyya* ein Synonym für die Religion des Islams. Insgesamt achtmal wird Abraham im Koran *hanīf* genannt, häufig in Verbindung mit dem Ausdruck »Religion Abrahams« (*millat Ibrahīm*). Sure 2,135 ff. (vgl. auch Sure 3,65 ff.) sagt über die drei monotheistischen Religionen (Übersetzung nach Maher): »Die Juden sagen: ›Seid Juden, so geht ihr den richtigen Weg!‹ Die Christen sagen: ›Seid Christen, so geht ihr den richtigen Weg!‹ Sage du (Muhammad) ihnen: ›Eher sollte man sich zur Religion Abrahams, des Hanifen, bekennen, der Gott nichts beigesellte.‹ Sagt: ›Wir glauben an Gott, an den uns herabgesandten Koran, an die Offenbarungen, die Abraham, Ismael, Isaak, Jakob und Jakobs Kindern herabgesandt wurden, an das, was Moses, Jesus und den Propheten offenbart wurde. Wir machen keinen Unterschied zwischen den Propheten, und wir ergeben uns Gott allein.‹ Wenn sie an das glauben, woran ihr glaubt, dann haben sie den richtigen Weg eingeschlagen. Wenn sie sich davon abwenden, so bleiben sie mit euch im Streit. Gott wird dich vor ihnen beschützen. Gott hört alles, und Er ist der Allwissende. Das ist Gottes Rechtleitung. Kann es eine bessere geben? Wir dienen Ihm allein. Sprich: ›Führt ihr mit uns Streitgespräche über Gott? Er ist unser Gott und euer Gott. Wir haben unsere Werke, für die wir verantwortlich sind, und ihr habt eure, für die ihr verantwortlich seid. Gott sind wir treu.‹ Ihr sagt: ›Abraham, Ismael, Isaak, Jakob und Jakobs Kinder waren Juden oder Christen.‹ Sprich: ›Wisst ihr besser darum als Gott?‹ Niemand tut mehr Unrecht als derjenige, der ein Zeugnis über die von Gott offenbarte Wahrheit geheimhält. Gott entgeht nichts von euren Taten.«

Für den Koran ist ganz klar: Die Berufung der Juden und der Christen auf Abraham – also auf den ersten (»alten«) und den zweiten (»neuen«) Bund Gottes – nützt ihnen nichts, wenn ihr Glaube und ihre Taten nicht rein sind. Schon der Apostel Paulus, der Begründer des nichtjüdischen, mithin universalisierten Christentums, hatte eine bestimmte jüdische Auffassung vom Heil, die sich allein auf die genealogische Zugehörigkeit zur Nachkommenschaft Abrahams über Isaak zum Volk des Bundes sowie auf die sogenannten »Verdienste der Väter« beruft, zurückgewiesen.[17] Damit

---

[17] Vgl. im Neuen Testament etwa Röm 9,6-8: »Denn nicht alle, die aus Israel stammen, sind Israel; auch sind nicht alle, weil sie Nachkommen Abrahams sind, deshalb schon seine Kinder, sondern es heißt: Nur die Nachkommen Isaaks werden deine Nachkommen heißen. Das bedeutet: Nicht die Kinder des Fleisches sind

hatte Paulus das Christentum als einzig wahre Religion Abrahams definiert: als eine Religion des Glaubens, also einer spirituellen Kindschaft oder Nachkommenschaft Abrahams. In vergleichbarer Weise lehnt nun auch der Koran einseitige Wahrheits- und Heilsansprüche mit Berufung auf Abraham ab, und zwar sowohl gegenüber den Juden als auch den Christen. *Von Abraham »abzustammen« - sei es genealogisch oder theologisch - oder sich lediglich auf ihn zu berufen, impliziert keine exklusive und keine automatische Freundschaft mit Gott*!

Damit definiert nach Paulus nun auch der Koran die einzig wahre Religion Abrahams - freilich nicht wie der Paulus des Galaterbriefes oder der Jesus des Johannesevangeliums in einem exklusiven Sinne für eine bestimmte Religionsgemeinschaft allein. Die Berufung auf Abraham ist auch für den Islam kein Monopol, sie begründet auch für die Anhänger Muhammads keinen Absolutheitsanspruch (von islamistischen Überzeugungen abgesehen). Vielmehr steht sie prinzipiell allen monotheistischen Richtungen offen, sofern ihre Berufung legitim ist. Und was ist das Kriterium einer rechtmäßigen Berufung auf Abraham, das Kriterium authentischen Gottesglaubens? Der Koran ist der Ansicht: *Freunde Gottes können alle werden, die sich in Theorie und Praxis, also mit ihrer Glaubensweise und entsprechenden Taten an dem exemplarischen Gottesfreund orientieren.* Diese Auffassung des Korans erinnert an das kritisch gegen Paulus gerichtete Abrahambild des Jakobusbriefes im Neuen Testament, das von einem Judenchristen abgefasst wurde.[18] Für diese Position eines legitimen, also von Gott gewollten religiösen Pluralismus steht im Koran der Begriff des *hanīf Ibrahīm.* Aus der institutionellen Ungebundenheit der Ur-Monotheisten, der Gottsucher, der Hanifen in vorislamischer Zeit macht der Koran eine Unabhängigkeit der Muslime von Judentum und Christentum - freilich bei

---

Kinder Gottes, sondern die Kinder der Verheißung werden als Nachkommen anerkannt.« Oder Gal 3,6-10: »Von Abraham wird gesagt: Er glaubte Gott, und das wurde ihm als Gerechtigkeit angerechnet. Daran erkennt ihr, dass nur die, die glauben, Abrahams Söhne sind. Und da die Schrift vorhersah, dass Gott die Heiden aufgrund des Glaubens gerecht macht, hat sie dem Abraham im Voraus verkündet: Durch dich sollen alle Völker Segen erlangen. Also gehören alle, die glauben, zu dem glaubenden Abraham und werden wie er gesegnet. Alle aber, die nach dem Gesetz leben, stehen unter dem Fluch.«

18 Vgl. Jak 2,21-23: »Wurde unser Vater Abraham nicht aufgrund seiner Werke als gerecht anerkannt? Denn er hat seinen Sohn Isaak als Opfer auf den Altar gelegt. Du siehst, dass bei ihm der Glaube und die Werke zusammenwirkten und dass erst durch die Werke der Glaube vollendet wurde. So hat sich das Wort der Schrift erfüllt: Abraham glaubte Gott, und das wurde ihm als Gerechtigkeit angerechnet, und er wurde Freund Gottes genannt.«

gleichzeitiger Selbstbindung der Muslime an das auch für sie normative Vorbild Abrahams.

Doch geht es um mehr! Die Ausrichtung auf *hanīf Ibrahīm* wird zur Richtschnur nicht allein für die von Muhammad neu gestiftete Religion des Islams, sondern zum Kriterium für alle drei Religionen gleichermaßen: ob sie in den Augen Gottes – mithin in Wort und Tat – wahrhaftige und rechtschaffene Juden, Christen und Muslime sind. Abraham als Kriterium der Rechtgläubigkeit bedeutet: *Juden, Christen und Muslime sollen nicht nur mit Abraham glauben, sondern auch wie Abraham glauben, denn für sie alle miteinander ist sein Vorbild der entscheidende Maßstab.* Dies wird in Sure 4,125 deutlich: »*Nichts Besseres kann ein gläubiger Mensch tun, als sich Gott innig hinzugeben, Gutes zu tun und dem Weg Abrahams, des Hanifen, zu folgen.*« So könnte und so sollte nach dem Vorbild Abrahams der Dialog von Juden, Christen und Muslimen nicht nur ein Streiten über gemeinsame und unterschiedliche Glaubensinhalte sein; er könnte vielmehr weiterschreiten zu einem ethischen Wettbewerb der Glaubenden im Hinblick auf die Taten ihres Glaubens. Dies beschreibt sehr schön eine Passage in Sure 5,44-48. Hier ist von einem *ethischen Pluralismus der drei monotheistischen Religionen* die Rede, welche das Urbild der Ringparabel in Lessings dramatischem Bühnenstück »Nathan der Weise« (1779) mehr als 1000 Jahre später wurde (Sure 5,48):

»Wir haben jedem Volke sein Gesetz gegeben
Und eine Laufbahn für sein Streben.
Hätt' es gewollet Gottes Macht,
Er hätt' Ein Volk aus euch gemacht.
Allein, daß er euch prüf' im Leben,
Hat er Besondres euch gegeben.
So eilet nun im ganzen Chor
Einander euch im Guten vor.
Zu Gott ist euer aller Fahrt.
Da wird euch werden offenbart,
Worüber ihr uneinig wart.«[19]

Die entsprechende Passage aus der Ringparabel von Gotthold Ephraim Lessing lautet:

»So glaube jeder sicher seinen Ring
Den echten. – Möglich; daß der Vater nun
Die Tyrannei des *einen* Rings nicht länger
In seinem Hause dulden wollen! – Und gewiß;

---

[19] Zit. nach: Der Koran in der Übersetzung von Friedrich Rückert, hg. v. Hartmut Bobzin, Würzburg 1995.

Daß er euch alle drei geliebt, und gleich
Geliebt: indem er zwei nicht drücken mögen,
Um einen zu begünstigen. – Wohlan!
Es eifre jeder seiner unbestochnen
Von Vorurteilen freien Liebe nach!
Es strebe von euch jeder um die Wette,
Die Kraft des Steins in seinem Ring' an Tag
Zu legen! [...]
Und wenn sich dann der Steine Kräfte
Bei euren Kindes-Kindeskindern äußern:
So lad' ich über tausend tausend Jahre,
Sie wiederum vor diesen Stuhl. Da wird
Ein weisrer Mann auf diesem Stuhle sitzen,
Als ich; und sprechen.«[20]

4. Schluss: »Nomaden des Glaubens«

Aus meiner Sicht kommt es darauf an, dass gläubige Menschen *theologisch unterwegs bleiben* je auf ihren eigenen Wegen zu Gott. Abraham ist für Muslime, Christen und Juden gleichermaßen derjenige, der den Aufbruch wagt und zum Wanderer wird zwischen den Welten, Religionen und Kulturen auf dem Weg einer wahrhaftigen Gottessuche und konsequenten Gotteshingabe. Doch wer ist dieser Gott? Und wer vermag Ihm/Ihr zu begegnen? Der jüdische Religionsphilosoph Martin Buber (1878–1965) antwortete darauf: »Ein Gott, dessen Licht nicht erlischt. Ein Gott, dem man vertraut, weil man von ihm angeredet worden ist. Es ist ein Gott, der einem *sagt,* daß er einen führt. Aber wohin führt er einen? Nicht, wohin man kommen wollte. Er schützt, wie er schützen will, und er führt, wohin er führen will. Er führt einen, wohin er einen schickt. Er bringt einen sicher nach Haran, man läßt sich hier nieder, man will hier bleiben, aber er will es anders, er schickt einen hinweg, führt einen hinweg – vom Vaterhaus

---

20 Nathan der Weise, 1779, 3. Aufzug, 7. Auftritt. Dass die Ringparabel Lessings über diverse Stationen bis auf den Koran selbst zurückgeht, zeigt Karl-Josef Kuschel in seinem Buch: Vom Streit zum Wettstreit der Religionen. Lessing und die Herausforderung des Islam, Düsseldorf 1998, Kap. V: Die Vision eines Miteinanders von Juden, Christen und Muslimen: Die Ring-Geschichten, S. 264 ff. Vgl. auch Hans Küng, Karl-Josef Kuschel u. Alois Riklin (Hg.), Die Ringparabel und das Projekt Weltethos, Göttingen 2010.

hinweg in die Fremde: in die Fremde, die er verheißt. Er macht einen zum Nomaden des Glaubens.«[21]

Genau das haben viele Gläubige verlernt: *Nomaden des Glaubens* zu bleiben und immer wieder aufzubrechen. Stattdessen sind sie sesshaft geworden, haben Grenzen gezogen, Mauern gebaut und sich in ihrer traditionellen, wenn nicht gar fundamentalistischen Theologie auf Kosten »der Anderen« bequem eingerichtet. Ist es wirklich das, was Gott will? Die Sesshaftigkeit, Saturiertheit und Selbstgenügsamkeit derer, die an ihn glauben? Da ist jedes Konzept einer universalen Offenbarung ein unbequemer »Stachel im Fleisch«.

---

[21] Martin Buber, Der Glaube der Propheten, Heidelberg ^{2}1984, S. 61.

Perry Schmidt-Leukel

Die Vorstellung einer universalen Offenbarung aus der Perspektive von Hinduismus und Buddhismus

Fragt man danach, ob innerhalb des Hinduismus und Buddhismus so etwas wie »universale Offenbarungsansprüche« erhoben werden, dann stellen sich mehrere methodologische Probleme: Zum einen ist der Begriff der »Offenbarung« elementar mit dem Selbstverständnis der drei abrahamischen Religionen Judentum, Christentum und Islam verknüpft. Zudem wird dort der Begriff der »Offenbarung« keineswegs einheitlich verwendet, sondern es findet sich eine ganze Reihe unterschiedlicher Vorstellungen von dem, was mit »Offenbarung« gemeint sein soll. In einem ersten Punkt wird daher zu klären sein, in welchem Sinn im Kontext von Hinduismus und Buddhismus überhaupt von »Offenbarung« gesprochen werden kann. In einem zweiten Punkt werde ich skizzieren, was man im weiteren Sinn als hinduistische und buddhistische Offenbarungskonzepte bezeichnen kann. Erst von daher lässt sich dann im dritten Punkt fragen, ob und wie einem solchen Offenbarungsverständnis eine universale Dimension eignet.

1. Zum Offenbarungsbegriff im Kontext von Hinduismus und Buddhismus

Ein »Offenbarungsbegriff« *á la* Karl Barth – als Gegenbegriff zu »Religion« – scheidet für unser Thema aus, da aus einer solchen Perspektive Hinduismus und Buddhismus *per definitionem* keine Offenbarung enthalten. Als religionswissenschaftliche Kategorie findet der Offenbarungsbegriff heute ebenfalls kaum noch Verwendung, da er einer sich immer weiter von der Theologie entfernenden Religionswissenschaft als zu sehr theologisch geprägt gilt.[1] In der älteren, phänomenologisch geprägten Religionswissenschaft, etwa bei FRIEDRICH HEILER oder GUSTAV MENSCHING, hat man gerne zwischen »Naturreligionen«, »mystischen Erlösungsreligionen« und »prophetischen Offenbarungsreligionen« unterschieden. Zu den Naturreligionen rechnete man die prähistorischen Religionen sowie die kleineren Stammesreligionen, während man die »Weltreligionen« oder »Hochreligionen« in die beiden Gruppen der mystischen Religionen und der prophetischen Religionen einteilte. Zur Gruppe der »mystischen Religionen« zählten dann in der Regel der Hinduismus, Buddhismus und Daoismus, zu den »prophetischen Offenbarungsreligionen« der Zoroastrismus und die drei abrahamischen Religionen.

Diese Einteilung ist allerdings ebenfalls problematisch. Zum einen ist eine saubere phänomenologische Unterscheidung von mystischen und prophetischen Religionen insofern schwierig, als sich hier doch zu viele Überschneidungen finden. Das heißt, die sogenannten »mystischen Religionen« enthalten etliche Züge, die man als charakteristisch für Offenbarungsreligionen betrachtete, und umgekehrt gibt es in den sogenannten »prophetischen Religionen« zahlreiche mystische Erscheinungsformen. Zum anderen kann man angesichts der Existenz unterschiedlicher Konzeptionen von »Offenbarung« die berechtigte Frage aufwerfen, ob nicht jede Religion in gewisser Weise eine »Offenbarungsreligion« darstellt, nämlich in dem Sinn, dass sich die Religionen mit ihren Glaubensannahmen, Wertvorstellungen und Handlungsanweisungen auf eine nicht-menschliche bzw. transzendente Quelle zurückführen.[2] Das gilt sogar noch für den ansonsten primär diesseitig orientierten Konfuzianismus, wenn es etwa in den Gesprächen des Konfuzius heißt: »Der Himmel ist die Quelle der Tugend, die in mir ist.«[3] Nur mit einem solchen, weit gefassten Verständnis von »Offenbarung«, lässt sich danach fragen, in welcher Form dieses auf Hinduismus und Buddhismus anwendbar ist.

Dabei sind allerdings noch zwei weitere Unterscheidungen zu berücksichtigen. Was die *transzendente Quelle* von Offenbarung betrifft, so ist zwischen personalen und nicht-personalen Transzendenzvorstellungen zu

---

[1] So fehlt bezeichnenderweise der Begriff »Offenbarung« in dem fünfbändigen »Handbuch religionswissenschaftlicher Grundbegriffe« (unter Mitarb. v. GÜNTER KEHRER u. HANS G. KIPPENBERG hg. v. HUBERT CANCIK, BURKHARD GLADIGOW u. MATTHIAS LAUBSCHER, Stuttgart 1988–2001).

[2] Vgl. hierzu beispielsweise GERNOT WIESSNER, Art. Offenbarung I. Religionsphänomenologie, in: TRE 25, Berlin / New York 1995, S. 109-117.

[3] Lunyu 7:23.

unterscheiden, also zwischen der letzten Wirklichkeit im Sinne einer personalen Gottheit und der letzten Wirklichkeit im Sinne einer nicht-personalen Größe. »Nicht-personal« meint hier nicht die auch in theistischen Religionen bekräftigte Unsagbarkeit und Unvorstellbarkeit der letzten Wirklichkeit, sondern vielmehr ihre konkrete Darstellung durch andere als personale Begriffe, also etwa durch Begriffe wie Sein, Wahrheit, Kraft, Ordnung, Harmonie, ein besonderer Ort, eine Dimension etc. Die zweite Unterscheidung betrifft den *Offenbarungsbegriff*, insofern Offenbarung sowohl »instruktionstheoretisch« als auch »kommunikationstheoretisch« verstanden werden kann.[4] Im instruktionstheoretischen Sinn ist »Offenbarung« primär als Offenbarung von Wahrheiten, Lehren oder Texten konzipiert, die sich nach dem Verständnis der jeweiligen Religionsgemeinschaft von einer transzendenten Quelle herleiten. Im kommunikationstheoretischen Sinn bezeichnet »Offenbarung« nicht primär die Mitteilung von Texten, sondern die Selbstmitteilung einer übernatürlichen Wirklichkeit, die sich im und durch den Akt der Offenbarung dem Menschen erschließt.

Im Hinblick auf mein Thema werde ich den »Offenbarungsbegriff« so weit fassen, dass er *erstens* sowohl ein instruktionstheoretisches als auch ein kommunikationstheoretisches Verständnis einschließt, und dass er *zweitens* in beiden Formen sowohl mit einer personalen Gottesvorstellung als auch mit einer impersonalen Transzendenzvorstellung verbunden sein kann. Etwas schematisch bedeutet dies:

Im Kontext von Hinduismus und Buddhismus soll im Folgenden »Offenbarung« für vier unterscheidbare Konzeptionen stehen:

(1) Eine personal gefasste Gottheit offenbart einen Text bzw. die in einem Text enthaltene Wahrheit.
(2) Eine personal gefasste Gottheit offenbart sich selbst.
(3) In einem Text offenbart sich eine übernatürliche Wahrheit.
(4) In einer bestimmten Erfahrung offenbart bzw. erschließt oder manifestiert sich eine nicht-personal gefasste transzendente Wirklichkeit.

Alle vier Konzeptionen spielen, wie nun zu zeigen ist, in den verschiedenen Formen von Hinduismus und Buddhismus eine Rolle.

---

4 Diese Unterscheidung spielte in den Reflexionen zum Offenbarungsbegriff innerhalb der Theologie des 20. Jahrhunderts eine gewichtige Rolle. Vgl. beispielsweise Max Seckler, Der Begriff der Offenbarung, in: ders., Walter Kern u. Hermann Josef Pottmeyer (Hg.), Handbuch der Fundamentaltheologie, Bd. 2: Traktat Offenbarung, Freiburg i.Br. / Basel / Wien 1985, S. 60-83.

2. Offenbarungskonzeptionen im traditionellen Hinduismus und Buddhismus

2.1 Hinduismus

Weit verbreitet ist im Hinduismus die Unterscheidung zwischen *śruti* und *smṛti*, was häufig als Unterscheidung von Offenbarung (*śruti*) und Tradition (*smṛti*) übersetzt wird. Wörtlich bezeichnet *śruti* das »Gehörte« und *smṛti* das »Erinnerte«. »Gehört« bzw. vernommen wird etwas, das nicht vom Menschen gemacht ist, wohingegen dessen Erinnerung, das heißt seine Weitergabe und Interpretation innerhalb der Tradition, durchaus als das Werk von Menschen gilt. Unumstritten ist innerhalb der verschiedenen Richtungen des Hinduismus, dass es sich bei den Veden um *śruti*, also um »Offenbarung« handelt. Durchaus unterschiedlich wird jedoch die Frage beantwortet, was genau zu den als Offenbarung geltenden Veden gehört, und vor allem die Frage, ob es über die Veden hinaus noch weitere Offenbarung bzw. Offenbarungsschriften gibt. Ebenfalls ist es umstritten, ob das Geoffenbartsein der Veden im Sinne von Offenbarungskonzept (1) oder (3) zu verstehen ist, also ob hierbei ein personaler Gott eine aktive Rolle spielt. Die Schulen des Pūrva Mīmāṃsā und des Advaita Vedānta vertraten traditionell energisch Konzeption (3). Das heißt, die Veden sind nicht von einer Person abgeleitet oder hervorgebracht (*apauruṣeya*), weder von einer göttlichen, noch von einer menschlichen. Sie haben keinen Autor, sondern sind ewige, ungeschaffene Wahrheit. Empfangen bzw. vernommen wurden sie von »Sehern« (*ṛṣis*), die sich durch die Erzeugung von innerer Energie (*tapas*) für die Wahrnehmung der Veden geöffnet haben (vgl. *Manusmṛti* 11:244). Selbst dem Schöpfer der Welt, so sieht es die *Manusmṛti* (1:21 ff.), ein wichtiges Werk der brahmanischen Orthodoxie, ist die Wahrheit der Veden vorgegeben: Erst aus den Worten der Veden erschafft der Schöpfer die Welt. Ja letztlich, so dasselbe Werk (12:97 ff.), sind die Veden selbst schöpferisch und bilden den ewigen Grund aller kosmischen Ordnung. Andere Schulen des Hinduismus wie die Schulen des Nyāya, Vaiśeṣika und Yoga sehen demgegenüber die Veden als ein Werk Gottes an.[5] Insbesondere aber die späteren großen theistischen Traditionen des Shivaismus und des Vishnuismus verstehen die Veden nicht nur als Gottes Werk, sondern

---

[5] Vgl. Barbara A. Holdrege, Dharma, in: Sushil Mittal u. Gene Thursby (Hg.), The Hindu World, New York / London 2007, S. (213-248) 214; s. auch Wilhelm Halbfass, Dharma in the Self-Understanding of Traditional Hinduism, in: ders., India and Europe, Albany 1988, S. 310-333.

eben als eine durch Gott, also entweder *Śiva* oder *Viṣṇu*, ergangene Offenbarung.

Veda heißt wörtlich »Wissen«, und es sind die Brahmanen, die über dieses geoffenbarte Wissen verfügen, es tradieren, lehren und anwenden. Was nun den Inhalt dieses Wissens betrifft, so offenbart sich in den Veden nach älterer Auffassung die ewige Ordnung (*ṛta*) in und hinter allen Dingen: die Ordnung der Natur, der Götterwelt, der Menschenwelt und der religiösen Praxis. Die beiden zuletzt genannten Bereiche betreffen vor allem die Kastenordnung und die herausgehobene Stellung der Brahmanen als Hüter der Offenbarung. Damit zeigt sich in den Veden zugleich der von den Brahmanen gelehrte *dharma*, das heißt das, was die kosmische Ordnung trägt und erhält, nämlich das dieser Ordnung gemäße Leben und Verhalten.[6] Später überlagert der Begriff des *dharma* den des *ṛta* so sehr, so dass er diesen absorbiert bzw. ihm äquivalent wird. Offenbarung dient nach diesem Konzept dem Wohlergehen der Welt durch die Beachtung des *dharmas* (vgl. *Manusmṛti* 1:31).

Einen deutlich anderen Akzent setzen jedoch die Upanishaden, die letzten und jüngsten Teile der Veden, die diesen erst später angehängt wurden. Sie verstehen sich als die Erschließung des eigentlichen und tieferen Sinns in und hinter den Veden. In ihnen geht es nicht mehr um die Offenbarung zum Erhalt der kosmischen Ordnung. Ein Leben gemäß dieser Ordnung bringt letztlich nur vergänglichen Lohn. Denn, so lehren es die Upanishaden, auf jeden Tod folgt eine neue Geburt mit einem neuen Tod. So geht es den Upanishaden um das Ziel einer endgültigen Befreiung aus allem Vorläufigen und Vergänglichen durch die Erfahrung der Einheit mit dem göttlichen Urgrund, dem *brahman*. Ursprünglich bezieht sich *brahman* auf den wirkmächtigen Klang des vedischen Wortes. Aufgrund des metaphysischen Ranges der Veden als Grund der Welt konnte *brahman* so zur Bezeichnung einer Art pantheistischer Wirklichkeit werden.[7] Ein zentrales Thema der Upanishaden ist die Gegenwart des *brahman* in jedem ein-

---

6 B. A. HOLDREGE, Dharma (s. Anm. 5), S. 215 f. u. W. HALBFASS, Dharma in the Self-Understanding of Traditional Hinduism (s. Anm. 5), S. 315 f.

7 In vedischer Zeit, so WILKE und MOEBUS im Rückgriff auf PAUL THIEME, bezeichnete *brahman* »a certain, especially impressive way of formulating language and likewise the evocative power inherent in such a formulation« (ANNETTE WILKE u. OLIVER MOEBUS, Sound and Communication. An Aesthetic Cultural History of Sanskrit Hinduism, Berlin / New York 2011, S. 363). Aufgrund der Vorstellung einer »cosmogonic function of language« (vgl. a.a.O., S. 414 ff.) konnten die Veden und damit *brahman* zum Ursprung der Welt avancieren (a.a.O., S. 333).

zelnen Menschen als dessen innerstes und eigentliches Selbst, dem *ātman*. Diese Gegenwart des *brahman* als *ātman* bildet die metaphysische Grundlage für die Erlösung. Offenbarung dient hier also nicht mehr dem innerweltlichen Wohlergehen, sondern einem höheren, außerweltlichen Heilsziel. Die Veden, so heißt es beispielsweise in der *Muṇḍaka Upaniṣad* (1:1:5-7), vermitteln nur ein niederes »Wissen«. Die eigentliche, höhere Erkenntnis ist das in den Upanishaden gelehrte Wissen vom Unvergänglichen, das in der unmittelbaren Erfahrung von *brahman-ātman* erlangt wird.

Nach den Upanishaden geht alles aus dem *brahman* hervor, auch die Veden (vgl. *Bṛhadāraṇyaka-Upaniṣad* 2:4:10). Die theistischen Systeme identifizierten das in den Upanishaden zumeist nicht-personal gedachte *brahman* mit Gott und konnten solche Aussagen dann dahingehend interpretieren, dass es Gott ist, der die Veden geoffenbart hat. Zugleich aber hat Gott auch solche Schriften geoffenbart, die über die Veden hinausgehen und in den theistischen Schulen als grundlegend gelten. Die erlösende Erkenntnis bzw. Erfahrung der Einheit von *ātman* und *brahman* wird in den theistischen Richtungen des Hinduismus meist im Sinne einer Liebeseinheit von Mensch und Gott verstanden, deren metaphysische Voraussetzungen mal dualistisch und mal eher im Sinne eines modifizierten Non-Dualismus gedacht werden.[8] In jedem Fall ist Gott bzw., genauer gesagt, die Liebe und das Erbarmen Gottes, die eigentliche Triebkraft hinter der Offenbarung. Nachdem die Offenbarung letztlich auf die liebende Vereinigung von Gott und Seele abzielt, gewinnt Offenbarung hier die Qualität einer personal gedachten Selbsterschließung Gottes. Besonders im Vishnuismus geschieht die Selbsterschließung Gottes auch dadurch, dass Gott dem Menschen entgegenkommt, indem er sich als *avatāra* (Herabkunft) in menschlicher Gestalt, also etwa als *Rāma* und als *Kṛṣṇa*, inkarniert. Zugleich bleibt es aber auch die Aufgabe eines *avatāras*, den *dharma* wieder neu aufzurichten, wenn dieser nicht mehr beachtet wird. In den Upanishaden und in ihren theistischen Ausdeutungen begegnen uns somit neben der Fortsetzung instruktionstheoretischer Offenbarungs-Konzepte auch nicht-personal und personal gefasste Formen eines Verständnisses von Offenbarung als Selbsterschließung von Transzendenz.

---

[8] So in den beiden rivalisierenden Schulen des Dvaita-Vedānta und des Viśiṣṭādvaita-Vedānta.

2.2 Buddhismus

Im Kontext des Buddhismus wird »Offenbarung« üblicherweise als unpassende Kategorie verworfen. Der zeitgenössische japanische Buddhist SHINRYO TAKADA hat gar vom »Schock der Offenbarung« gesprochen, da dieses Konzept dem Buddhismus durch und durch fremd sei.[9] Der Buddhismus, so Takada, sei keine Religion der Offenbarung, sondern eine »Religion der Erleuchtung«[10]. Es kam somit quasi einem Tabu-Bruch gleich, als PETER MASEFIELD 1986 eine Studie zum frühen Buddhismus unter dem Titel »Divine Revelation in Pali Buddhism«[11] publizierte.[12] Auch wenn man manchen der Thesen von Masefield mit Recht kritisch gegenüberstehen mag, so hat er doch in dieser Hinsicht meines Erachtens etwas Richtiges gesehen. Die Möglichkeit, auch im Hinblick auf den frühen Buddhismus in einem weiteren Sinn von »Offenbarung« zu sprechen, wird deutlich, wenn man bedenkt, wie er sich zum frühen Hinduismus bzw. zur vedischen Religion positioniert.

Der frühe Buddhismus formuliert seine grundlegenden Ansprüche in polemischer Absetzung von und gleichzeitig in enger Analogie zum Brahmanismus. Erst der Buddha, so heißt es, habe durch seine Erleuchtung den *dharma* entdeckt und verkündet. Denn der wahre *dharma* war verloren und vergessen wie eine vom Dschungel überwachsene alte Stadt (vgl. *Saṃyutta Nikāya* 12:65). Die Veden wurden von Menschen verfasst, die in der Meditation keinen Erfolg hatten (*Dīgha Nikāya* 27:23). Ja, die vedischen »Seher« waren in Wahrheit »blind«, und wer ihnen folgt, der gleicht Blinden, die sich von Blinden führen lassen (*Dīgha Nikāya* 13, *Majjhima Nikāya* 95). So ist der allein auf Überlieferung beruhende Glaube der Brahmanen grundlos. Dagegen ist der vom Buddha verkündete *dharma* wohl fundiert, da er auf dessen eigener, unmittelbarer Erfahrung beruht

---

9 Vgl. SHINRYO TAKADA, Is »Theology of Religions« Possible in (Pure Land / Shin) Buddhism? The »Shock of Nonbeing« and the »Shock of Revelation«, in: Jerald D. Gort, Henry Jansen u. Hendrik M. Vroom (Hg.), Religions View Religions. Explorations in Pursuit of Understanding, Amsterdam / New York 2006, S. 21-44.

10 A.a.O., S. 22.

11 PETER MASEFIELD, Divine Revelation in Pali Buddhism, London 1986.

12 In einem späteren Interview hat MASEFIELD allerdings vermerkt, der Titel sei ihm vom Verleger aufgezwungen worden. Das Problem für Masefield ist dabei aber nicht der Begriff »revelation«, sondern das Attribut »divine«, das er nicht im Sinne eines Schöpfergottes missverstanden wissen will. Vgl. The Roar of the Timeless Beyond. An interview with Peter Masefield, in: Enlightenment 14 (1998). Online unter: http://www.enlightennext.org/magazine/j14/masefield.asp?page=2.

(*Majjhima Nikāya* 95). An die Stelle der Veden tritt für die Buddhisten somit die Lehre des Buddha bzw. der vom Buddha gelehrte *dharma*. Jeder ältere buddhistische Text beginnt mit den Worten: »So habe ich gehört«, offensichtlich eine deutliche Anspielung auf die Bezeichnung der Veden als das »Gehörte« (*śruti*).[13] Dementsprechend bezeichneten sich die frühen Buddhisten als die »wahren Brāhmaṇen«.[14] Der Anspruch der Brahmanan, aus dem Mund des göttlichen *puruṣa* oder *brahmā* geboren zu sein (*Ṛg-Veda Saṃhitā* 10:90), wird in polemischer Weise lächerlich gemacht (*Majjhima Nikāya* 93), während die Buddhisten sich selbst als jene bezeichnen, die »aus dem Mund des Buddha geboren sind«, »dessen Körper der *dharma* ist, der den Körper Brahmās hat, der mit *dharma* und mit Brahmā eins geworden ist« (*Dhīgha-Nikāya* 27:9). Ein Kenner oder Meister der »Drei Veden« – also wörtlich der »Drei Wissen« – ist nach buddhistischer Auffassung nicht jemand, der die vedischen Texte der Brahmanen zu rezitieren vermag, sondern der, der wie der Buddha das dreifache Erleuchtungswissen erreicht hat (Kenntnis der früheren Geburten, Einsicht in das Karma-Gesetz, Wissen um die Erlösung) (*Aṅguttara-Nikāya* 3:59).

Der Buddha bezieht seine Autorität somit aus seiner eigenen Erfahrung der letzten Wirklichkeit in der Erleuchtung. Damit wird zugleich die Ebene des bloßen Wortes überschritten. Denn mit der Erleuchtung, durch die Siddhartha Gautama erst zum Buddha, zum »Erwachten« wird, wird er gleichzeitig zu einer Verkörperung des *dharmas*. »Wer mich sieht, sieht den *dharma* und wer den *dharma* sieht, sieht mich« (*Saṃyutta Nikāya* 22:87). Die in der Erleuchtung erfahrene unbedingte und unvergängliche Wirklichkeit des *nirvāṇas* findet, so heißt es explizit, ihren sichtbaren Ausdruck im Erleuchteten (*Aṅguttara-Nikāya* 3:55).

Angesichts solcher Aussagen in den kanonischen Schriften können Gegenüberstellungen, wie sie Takada vornimmt, wenn er von der »Religion der Erleuchtung« im Unterschied zu den »Religionen der Offenbarung« spricht, insofern hinterfragt werden, als der Erleuchtung des Buddhas ganz offensichtlich selbst eine Offenbarungsqualität eignet. Gilt doch der Buddha und mit ihm jeder Erleuchteter als sichtbarer Ausdruck – wenn man

---

13 So auch Arvind Sharma, Religious Studies and Comparative Methodology, Albany 2005, S. 69. Die traditionelle buddhistische Erklärung dieser Formel bezieht sich auf den wohl als legendarisch einzustufenden Bericht, wonach alle Sūtren im Anschluss an den Tod des Buddha beim »Konzil von Rājagaha« von 500 erleuchteten *bhikkhus* und besonders von Ānanda als zuverlässigem »Ohrenzeugen« vorgetragen und dadurch kanonisiert wurden. Vgl. *Cullavagga* 11:1.

14 Vgl. *Majjhima-Nikāya* 93; *Dhīgha-Nikāya* 27:9; *Dhammapada* 383 ff.

so will als »Offenbarung« – von *dharma* und *nirvāṇa*. Wenn die Veden aber »Offenbarung« bzw. *śruti* sind, weil sich in ihnen die ewige Wahrheit des *dharma*s zeigt, so kann der Anspruch des frühen Buddhismus durchaus im Sinne einer alternativen, mit den Veden konkurrierenden Offenbarung gedeutet werden, die zugleich ein inhaltlich anderes Verständnis des *dharma*s mit sich bringt. Diese inhaltliche Veränderung liegt allerdings wiederum parallel zu jener Veränderung, die sich innerhalb der brahmanischen Tradition in den Upanishaden vollzieht. Zwar nimmt der frühe Buddhismus gegenüber der Brahman-Ātman-Lehre der Upanishaden eine radikal ablehnende Haltung ein. Doch besteht sowohl in den Upanishaden als auch im Buddhismus der wahre oder höchste *dharma* in jenem Verhalten, das zur Erlösung, zum Erlangen des Unvergänglichen führt.

Die Offenbarungsqualität, die der Erleuchtung Buddhas, seiner Lehre, ja seiner ganzen Person als Verkörperung von *dharma* und *nirvāṇa* eignet, wird in den weiteren Entwicklungen des um die Zeitenwende herum entstehenden Mahāyāna-Buddhismus noch deutlicher und expliziter. In dem frühen und immens einflussreichen mahāyānistischen Lotus-Sūtra präsentiert sich der Buddha als eine transzendente, überzeitliche Gestalt, die von Ewigkeit her den *dharma* verkündet, indem er von Zeit zu Zeit zum Schein irdische, zeitlich begrenzte Gestalt annimmt.[15] Die sich bereits in den frühen buddhistischen Texten findende Vorstellung vom Buddha als Verkörperung des ewigen *dharma*s und des unvergänglichen *nirvāṇa*s führt somit im Lotus-Sūtra dazu, dass der Buddha selbst zu einer ewigen und transzendenten Größe erhoben wird. Dieser Ansatz wird in späteren Texten des Mahāyāna zur Lehre von den »Drei Leibern« (*tri-kāya*) des Buddha weiterentwickelt. Demnach existiert ein Buddha auf drei Ebenen: Im höchsten Sinn ist er identisch mit der absoluten Wirklichkeit des *dharma*s. In diesem Sinn ist sein »Leib«, seine Wirklichkeit, der *dharma* (*dharmakāya*). Der an sich formlose und unbegreifbare höchste *dharma* manifestiert sich nun in doppelter Form: nämlich zum einen in Gestalt von himmlischen, übernatürlichen Buddhas (*saṃbhogakāya*), die dann wiederum – ähnlich wie im Lotus-Sūtra – irdische Verkörperungen (*nirmāṇakāya*) hervorbringen.

Der in Wahrheit transzendente Status des Buddhas wird im Lotus-Sūtra von ihm selbst geoffenbart. Zudem findet sich im Lotus-Sūtra die weitere wichtige Offenbarung, dass jedes Wesen nicht einfach nur nach

---

15 Vgl. hierzu besonders das 15. Kapitel des Lotus-Sūtras in der Sanskritversion (Saddharmapuṇḍarīka Sūtra [Sacred Books of the East, Vol. XXI], Oxford 1884, S. 298-310).

der Erleuchtung streben soll, sondern danach, einst selber zum Buddha zu werden. Damit impliziert das Lotus-Sūtra, dass jedes Wesen hierzu auch das Potential in sich trägt. Diese Lehre wird im Mahāyāna-Buddhismus weiter entfaltet zur Lehre von der allgemeinen Buddha-Natur. Das heißt, alle Wesen im Wiedergeburtenkreislauf tragen in sich den Keim zukünftiger Buddhaschaft bzw. sind bereits Buddhas in einem embryonalen Sinn (*tathāgatagarbha*). Diese allgemeine Buddha-Natur wurde zugleich mit dem *dharmakāya*, also mit dem höchsten der drei Leiber bzw. Wirklichkeitsebenen des Buddhas identifiziert. Das heißt, die letzte, absolute Wirklichkeit macht nicht nur das innerste Wesen des Buddhas aus, sondern ist zugleich in jedem Wesen als Buddha-Keim präsent. Damit hat sich der Mahāyāna-Buddhismus strukturell stark der Brahman-Ātman-Lehre der Upanishaden angeglichen. Ja, einige zentrale Texte, die die allgemeine Buddha-Natur lehren, bezeichnen den Buddha-Keim denn auch explizit als den Ātman, grenzen sich aber vom Hinduismus durch den Hinweis ab, dass dort das Wesen des Ātman nicht richtig verstanden sei.[16]

Nach diesen Bemerkungen zum Offenbarungsverständnis in Hinduismus und Buddhismus können wir uns nun der Frage zuwenden, ob und wie diesen Konzepten eine universale Dimension eignet und zwar insbesondere im Hinblick auf die daraus resultierende Einschätzung anderer Religionen.

3. Zur Frage der universalen Dimension von Offenbarung in Hinduismus und Buddhismus

3.1 Hinduismus[17]

Im traditionellen Hinduismus gilt das in den Veden geoffenbarte Wissen um den *dharma* als das spezifische und exklusive Merkmal eines bestimmten Volkes, den *Āryas*, als den Bewohnern eines bestimmten Landes, *Āryā-*

---

[16] Vgl. SHENPEN K. HOOKHAM, The Buddha Within, Albany 1991, S. 100 ff.

[17] Vgl. zum Folgenden auch die vorzüglichen Übersichten in: GERHARD OBERHAMMER, Die Überlieferungsautorität im Hinduismus, in: ders. (Hg.), Offenbarung. Geistige Realität des Menschen. Arbeitsdokumentation eines Symposiums zum Offenbarungsbegriff in Indien, Wien 1974, S. 41-92; WILHELM HALBFASS, India and Europe. An Essay in Understanding, Albany 1988, S. 334-348. 403-418; DERS., Tradition and Reflection. Explorations in Indian Thought, Albany 1991, S. 51-86; FRANCIS X. CLOONEY, Hindu Views of Religious Others: Implications for Christian Theology, in: TS 64 (2003), S. 306-333.

varta (mehr oder weniger gleich Indien). Die Kenntnis des *dharmas* ist gebunden an eine bestimmte Sprache, nämlich die Sprache der Veden (*vedavacana*). Andere Sprachen können dieses Wissen nicht erschließen. Gerade ihre Rolle als Bewahrer des *dharmas* unterscheidet die *Āryas* von anderen Völkern, die summarisch als *mlecchas*, Barbaren, betrachtet werden[18]. »Nahezu unterschiedslos«, so das Urteil von Wilhelm Halbfass, »werden nicht-indische religiöse Phänomene einfach ignoriert oder, weniger häufig, explizit abgelehnt [...].«[19] Dazu passt, dass die älteren Formen des Hinduismus auch keinen missionarischen Anspruch zeigen. Zwar hat sich der Hinduismus zu bestimmten Phasen der Geschichte auch in Gebiete außerhalb des hinduistischen Subkontinents ausgebreitet, doch kam es hierzu primär durch den Wunsch der jeweiligen Herrscherdynastien in den außerindischen Ländern.[20]

Sind also gegenüber außerindischen Völkern und Religionen entweder Stillschweigen oder Ablehnung anzutreffen, so stellt sich die Situation anders dar, wenn es um die wechselseitige Einschätzung der unterschiedlichen Richtungen des Hinduismus sowie um die Beurteilung der nicht-hinduistischen indischen Religionen, wie etwa des Buddhismus oder Jainismus, geht. Die Anerkennung der Autorität der Veden dient hierbei als das zentrale Abgrenzungskriterium. Aus orthodoxer vedischer Sicht unterteilte man alle religiösen und philosophischen Richtungen nach diesem Kriterium, das heißt in Bejaher (*āstikas*) der Veden und in ihre Verneiner (*nāstikas*). In der *Manusmṛti* (2:11) heißt es, dass jeder, der die Veden und die vedische Tradition ablehnt und sich stattdessen auf die Logik verlässt, aus der Gemeinschaft der Rechtschaffenen ausgeschlossen sein soll. Alle außervedischen Lehren, so dieselbe Schrift, sind übel, bringen nach dem Tod keine Frucht und basieren auf der Finsternis (12:95).

Diese Urteile betrafen natürlich vor allem Buddhisten, Jainas und die indischen Materialisten, die alle drei explizit die Offenbarungsautorität der Veden verwarfen. Kumārila (8. Jh.), einer der Hauptvertreter der orthodo-

---

[18] Vgl. B. A. Holdrege, Dharma (s. Anm. 5), S. 221 u. W. Halbfass, Dharma in the Self-Understanding of Traditional Hinduism (s. Anm. 5), S. 320.

[19] W. Halbfass, Tradition and Reflection (s. Anm. 17), S. 53 (meine Übersetzung).

[20] Hinduistisch geprägte Reiche existierten vom 2. bis 15. Jahrhundert in Vietnam (Champa), vom 9. bis 12. Jahrhundert in Kambodscha (Ankor) und schon früh in verschiedenen Teilen Indonesiens (besonders auf Java), wo bis heute in Bali die Mehrheit der Bevölkerung hinduistisch ist, oder auch im Norden und Osten Sri Lankas unter den dort ansässigen Tamilen. In Vietnam und Kambodscha hingegen wurde der Hinduismus weitgehend vom Buddhismus verdrängt bzw. aufgesogen.

xen Mīmāṃsā-Schule, war zwar bereit, andere Lehren zu akzeptieren, solange diese nicht explizit im Widerspruch zu den Veden stehen, aber dieses Prinzip ließ sich eben auf Buddhisten und Jainas nicht anwenden. Ebenfalls inakzeptabel war für ihn die Behauptung weiterer Offenbarungsquellen, selbst wenn dabei gleichzeitig die Veden anerkannt wurden. Aus diesem Grund waren für Kumārila die theistischen Systeme im Hinduismus nicht akzeptabel.[21] Auch Śankara (8. Jh.), der wichtigste Vertreter der Advaita Vedānta-Schule, vertrat in dieser Hinsicht eine ähnliche Position: Nichts ist gültig, was den Veden widerspricht und weitere Offenbarungsquellen akzeptiert.[22]

Insbesondere die Vertreter der so kritisierten theistischen Traditionen nahmen in dieser Hinsicht freilich andere Positionen ein. Sie akzeptierten nur den ersten Teil des genannten Kriteriums, das heißt die Nicht-Widersprüchlichkeit zum Veda. Grundlegend für die Theisten ist der Gedanke, dass Gott die Veden aus Liebe bzw. Erbarmen mit den Wesen offenbart, um ihnen den Weg zu Heil und endgültiger Befreiung zu zeigen. Wenn nun weitere Schriften außerhalb des vedischen Textkorpus dieses Motiv bezeugen und gleichzeitig nicht im Widerspruch zu den Veden stehen, dann können auch sie als göttliche Offenbarung anerkannt werden. Entscheidend ist bei dieser Argumentation die Voraussetzung eines gemeinsamen göttlichen Ursprungs solch unterschiedlicher Offenbarungsschriften. Dies setzt wiederum voraus, dass sich verschiedene Gottheiten wie Viṣṇu und Śiva miteinander identifizieren lassen.[23] So stoßen wir denn auch im 9. Jahrhundert auf die Vorstellung, dass der eine Gott der Urheber unterschiedlicher Offenbarungstexte ist, dass er im Hinblick auf die karmischen Unterschiede der Menschen vielfältige Heilswege bzw. Heilsmittel bereitstellt und unter verschiedenen Namen gekannt wird.[24] In dieser Auffassung fließen nun sowohl einige vedische als auch nicht-vedische Motive zusammen: Denn schon in einer berümten Stelle des Ṛg-Veda (1:164:46) wird gesagt, dass das, was die Menschen mit vielen Götternamen belegen, von den Weisen als nur eine einzige Wirklichkeit erkannt wird. Und in der Bhagavadgītā, die dem außervedischen Schrifttum entstammt, verkündet

---

21 Vgl. W. Halbfass, Tradition and Reflection (s. Anm. 17), S. 60 f. u. F. X. Clooney, Hindu Views of Religious Others (s. Anm. 17), S. 310 f.

22 Vgl. W. Halbfass, Tradition and Reflection (s. Anm. 17), S. 55 ff.

23 Vgl. G. Oberhammer, Die Überlieferungsautorität im Hinduismus (s. Anm. 17), S. 62-87.

24 Diese Auffassung vishnuitischer Theologen referiert der Shivait Jayanta (9. Jh.). Vgl. a.a.O., S. 87.

Kṛṣṇa, ein Āvatar Viṣṇus, dass der Glaube an andere Götter und der vermeintlich von diesen gewährte Lohn in Wahrheit nur von ihm allein stammen (7:21 f.).

Neben einem harschen Exklusivismus gegenüber den nicht-indischen Völkern und ihren Religionen sowie gegenüber den die Veden ablehnenden Religionen des Buddhismus und des Jainismus finden wir im traditionellen Hinduismus also auch starke inklusivistische Strömungen, die – wenn auch in Grenzen – andere Religionsformen als untergeordnete Varianten der jeweils eigenen Religion betrachten.[25] Eine besondere Bedeutung kommt dabei dem Prinzip des *adhikāra-bheda*, den »Unterschieden in den Fähigkeiten« zu. Seinen Ursprung hat dieses Konzept in den unterschiedlichen Bestimmungen und Fähigkeiten der Mitglieder verschiedener Kasten. Doch es avancierte zu der Idee, dass die Existenz unterschiedlicher religiöser Systeme letztlich in den individuellen Unterschieden der Menschen bzw. in ihrer durch ihr persönliches Karma geprägten unterschiedlichen Auffassungskraft liegt. Kennzeichnend bleibt dabei jedoch ein hierarchisches Denken. Das heißt, die je eigene Schule oder Religion entspricht der absoluten Wahrheit, wie sie von den spirituell am höchsten entwickelten Menschen erkannt wird, während andere Religionen pädagogische Instrumente darstellen, die der weniger entwickelten Auffassungskraft anderer Menschen entsprechen, mit dem Ziel, diese schrittweise an die höchste Wahrheit heranzuführen.[26] Solche Fortschritte, wenn sie denn nicht in diesem Leben durch Konversion erfolgen, können sich dabei durchaus auf verschiedene Wiedergeburten erstrecken. Das heißt, wer jetzt noch nicht der besten Religion angehört, der hat die Chance dazu in einem späteren Leben, wenn er oder sie sich entsprechend weiterentwickelt.

Im Neo-Hinduismus des 19. und 20. Jahrhunderts wird diese Art, mit der innerindischen Religionsvielfalt umzugehen, auf die Vielfalt der Religionen insgesamt übertragen[27] – ein Prozess, der sich bereits in den diver-

---

[25] Zu der in diesem Beitrag verwendeten Einteilung in exklusivistische, inklusivistische und pluralistische Haltungen gegenüber anderen Religionen vgl. Perry Schmidt-Leukel, Gott ohne Grenzen. Eine christliche und pluralistische Theologie der Religionen, Gütersloh 2005, S. 62-87.

[26] Vgl. W. Halbfass, Tradition and Reflection (s. Anm. 17), S. 72 f.

[27] Hinsichtlich der Einstellung von Neo-Hindus zum religiösen Pluralismus vgl. Harold G. Coward (Hg.), Modern Indian Responses to Religious Pluralism, Albany 1987; Glyn Richards, A Source-Book of Modern Hinduism, London / Dublin 1985.

sen *sant*-Bewegungen ankündigt.[28] Im Neo-Hinduismus entfaltet sich der Gedanke, dass es einen je spezifischen *dharma* für alle Menschen gibt und dass dieser *dharma* in Gestalt der unterschiedlichen Religionen greifbar wird.[29] Dem Hinduismus kommt dabei allerdings eine Sonderstellung zu, die Vivekananda treffend beschreibt, wenn er vom Hinduismus als der »Mutter aller Religionen« spricht.[30] Die Religionen der Welt entsprechen dabei den unterschiedlichen Religionsformen innerhalb des Hinduismus, wohingegen der Hinduismus *an sich* quasi die Rahmentheorie bietet, die dieser Vielfalt von Religionen Erklärung und Legitimation verleiht.[31] *De facto* bewegen sich solche Erklärungen jedoch durchaus innerhalb der Vorstellungen einer bestimmten hinduistischen Richtung oder Schule – bei Vivekananda beispielsweise innerhalb der Lehren des Advaita Vedānta. In solchen neo-hinduistischen Modellen erscheint der Hinduismus somit als die eigentliche und höchste Ausprägung des *dharma*s, als der *dharma* in seiner universalen und unwandelbaren Form, als *sanātana dharma* bzw., wie wir dies nun auch übersetzen könnten, als die »universale Religion«. Der Pluralismus der Neo-Hindus ist somit eine Art *primus-inter-pares*-Pluralismus, bei dem die Superiorität des Hinduismus auf einer Metaebene erhalten bleibt.

In der sogenannten Hindutva-Bewegung, die in der indischen Politik des späten 20. Jahrhunderts starken Einfluss erlangt hat, zeigt sich die Problematik eines solchen Konzepts. Es dient hier nämlich, paradoxerweise, der Legitimation einer intoleranten und restriktiven Religionspolitik. Der Hinduismus mit seiner Botschaft von der Einheit in aller Vielfalt, so wird argumentiert, ist von unschätzbarer Bedeutung für die Menschheit. Er ist Indiens Botschaft für die Welt. Daher ist es die Pflicht Indiens, den Hinduismus zu schützen und zu bewahren, insbesondere vor der Ausbreitung der absolutistischen Religionen des Islams und des Christentums. Im

---

28 Vgl. hierzu Venkatarama Raghavan, The Great Integrators: The Saint-Singers of India, Delhi 1966; David N. Lorenzen, Praises to a Formless God. Nirguṇī Texts from North India, Albany 1996. Ausdrücklich weist Raghavan auf die Bedeutung der *adhikāra-bheda*-Lehre für die Entwicklung indischer Deutungen religiöser Vielfalt hin. Vgl. Raghavan, The Great Integrators, S. 76.

29 Vgl. W. Halbfass, India and Europe (s. Anm. 5), S. 334-347.

30 So Vivekananda in seiner berühmten Ansprache auf dem Weltparlament der Religionen in Chicago 1893: The Complete Works of Swami Vivekananda. Mayavati Memorial Edition, Vol. I, Calcutta 1994, S. 3.

31 Vgl. W. Halbfass, India and Europe (s. Anm. 5), S. 346.

Namen der legitimen Vielfalt der Religionen sind dieser somit in Indien selbst enge Grenzen zu ziehen.[32]

Es fehlt in Indien nicht an kritischen Stimmen gegenüber der Hindutva-Ideologie. Doch gibt es kaum Ansätze, die starken inklusivistischen Obertöne im Pluralismus des Neo-Hinduismus zu überwinden. So finden sich denn derzeit auch vergleichsweise wenige hinduistische Stimmen, die sich kreativ am weltweiten interreligiösen Dialog und der Diskussion um eine angemessene Deutung religiöser Vielfalt beteiligen. Die wenigen Namen, die sich hier nennen lassen, wie etwa der Amerikaner Jeffery Long[33] oder der aus Trinidad stammende Anantanand Rambachan[34], kommen bezeichnenderweise nicht aus Indien. Von diesen Beispielen abgesehen, werden zumeist lediglich neo-hinduistische Positionen wiederholt und die Absolutheitsansprüche anderer Religionen kritisiert. Dennoch liegt im Neo-Hinduismus ein starkes pluralistisches Potential. Das heißt, der Hinduismus könnte zu einer echten Anerkennung anderer Religionen als gleichwertig kommen, wenn er diesen Religionen zugestünde, dass sie in sich dieselbe Möglichkeit zu einer positiven Würdigung religiöser Vielfalt tragen wie der Hinduismus.

3.2 Buddhismus[35]

Auch der Buddhismus erhebt traditionell einen starken exklusivistischen Anspruch. Einzig der vom Buddha verkündete »Edle Achtfache Pfad« ist es, der zu Heil und Erlösung führt (*Dhammapada* 273 f.). Andere religiöse Lehren und Lehrer wären nur dann akzeptabel, wenn sie denselben Weg lehrten. Doch – so die ältere buddhistische Auffassung – es gibt nur einen einzigen Buddha pro Welt (vgl. *Aṅguttara Nikāya* 1:25). Die bei anderen

---

32 Vgl. hierzu Perry Schmidt-Leukel, Der Hinduismus: eine pluralistische Religion? (in Vorbereitung).

33 Vgl. Jeffery D. Long, A Vision for Hinduism. Beyond Hindu Nationalism, London / New York 2007.

34 Vgl. Anantanand Rambachan, What Difference does Religious Plurality Make?, in: Current Dialogue 34 (February 2000) (online: http://wcc-coe.org/wcc/what/interreligious/cd34-09.html); ders., A Diversity of Interreligious Relationships, in: Hans Ucko (Hg.), Changing the Present, Dreaming the Future. A Critical Moment in Interreligious Dialogue, Genf 2006, S. 66-69.

35 Vgl. hierzu auch Kristin Kiblinger, Buddhist Inclusivism, Aldershot 2005; Perry Schmidt-Leukel (Hg.), Buddhist Attitudes to Other Religions, St. Ottilien 2008; ders. (Hg.), Buddhism and Religious Diversity, 4 Bde., London / New York 2013.

religiösen Lehrern bestenfalls vorhandene Teilerkenntnis des *dharma*s reicht nicht aus, um darauf einen effektiven Heilsweg zu gründen.[36] Dies ist im Übrigen auch die Pointe der buddhistischen und eventuell ursprünglichen Version des berühmten Gleichnisses von den Blindgeborenen und dem Elefanten. Die Position des Buddhas entspricht der des sehenden Königs, der den Elefanten in seiner Ganzheit erblickt, während die anderen Lehrer in der Position der Blinden sind, die sich aufgrund ihrer eingeschränkten Wahrnehmung des Elefanten untereinander über dessen Aussehen streiten und deren Erkenntnis, so wörtlich, nicht hinreicht zur Befreiung (*Udāna* 6:5 f.).

Der buddhistische Exklusivismus betraf, wie bereits angesprochen, zunächst und vorwiegend die Brahmanen als Vertreter der vedischen Religion.[37] In der Gestalt der ursprünglich schroffen Ablehnung der Brahman-Ātman-Lehre und der ebenfalls geläufigen Ablehnung eines theistischen Schöpfergottes erstreckte sich dieser Exklusivismus auch auf die nichttheistischen und theistischen Religionssysteme, die sich innerhalb des Hinduismus entwickelten. Allerdings entfaltete der Buddhismus gegenüber dem Hinduismus zumindest in Ansätzen auch inklusivistische Züge. Im Theravāda-Buddhismus wurde die Verehrung und Anrufung hinduistischer Gottheiten in weltlichen Belangen akzeptiert. Teilweise konnten hinduistische Gottheiten auch als Beschützer des buddhistischen *dharma*s verehrt werden.[38] Allerdings haben diese Gottheiten aus buddhistischer Sicht keinen absoluten Status. Es sind vielmehr selbst erlösungsbedürftige Wesen, die wie alle anderen auch in den Wiedergeburtenkreislauf, den *saṃsāra*, eingebunden sind. Insofern sind sie der Gestalt des Buddhas deutlich und wesentlich untergeordnet.

Im Mahāyāna-Buddhismus treffen wir gelegentlich auf die Vorstellung, dass hoch entwickelte Bodhisattvas, das heißt Wesen, die sich auf dem Weg zur Verwirklichung der Buddhaschaft befinden und ihrem Ziel bereits sehr nahe gekommen sind, auch die Gestalt hinduistischer Gottheiten annehmen.[39] Dahinter steht folgende Idee: Ein Bodhisattva stellt sein gesam-

---

36 Vgl. hierzu auch die Analysen in Andreas Grünschloss, Der eigene Glaube und der fremde Glaube. Studien zur interreligiösen Fremdwahrnehmung in Islam, Hinduismus, Buddhismus und Christentum (HUTh 37), Tübingen 1999, S. 189-230.

37 Vgl. hierzu P. Schmidt-Leukel, Buddhist-Hindu Relations, in: ders. (Hg.), Buddhist Attitudes to Other Religions (s. Anm 35), S. 143-171.

38 Vgl. John C. Holt, The Buddhist Viṣṇu. Religious Transformation, Politics, and Culture, Columbia 2004, bes. S. 62-153.

39 Vgl. P. Schmidt-Leukel, Buddhist-Hindu Relations (s. Anm. 37), S. 155.

tes Wirken aus Mitleid in den Dienst aller anderen Wesen, um deren Leid zu lindern und sie schrittweise der Erlösung näher zu bringen. Hierzu entfaltet der Bodhisattva die »Geschicklichkeit in den Mitteln« (*upāyakauśalya*). Das heißt, er passt sein Handeln und Lehren den Erfordernissen der jeweiligen Situation an und insbesondere den Erfordernissen der unterschiedlichen spirituellen Auffassungskraft der verschiedenen Menschen. Daher kann ein sehr hoch entwickelter, übernatürlicher Bodhisattva auch die Gestalt hinduistischer Gottheiten annehmen, um so besser auf deren Verehrer einwirken zu können - eine Idee, die von Mahāyāna-Buddhisten dann später auch auf nicht-hinduistische Gottheiten in außerindischen Kulturen wie z.B. Tibet, China, Korea oder Japan angewendet wurde. Das Konzept der »Geschicklichkeit in den Mitteln« erfüllt also innerhalb des Mahāyāna-Buddhismus eine durchaus vergleichbare Funktion wie das Konzept der »Unterschiede in den Fähigkeiten« innerhalb des Hinduismus.[40]

Deutlich ausgeprägter sind inklusivistische Haltungen jedoch innerhalb der innerbuddhistischen Beziehungen.[41] Der Theravāda-Buddhismus sieht sich selbst traditionell als die einzige buddhistische Richtung, die die Lehre des Buddha in ihrer originalen und ursprünglichen Form bewahrt hat. Die verschiedenen Formen des Mahāyāna-Buddhismus und des tantrischen Buddhismus werden in aller Regel als häretisch beurteilt. Das Entstehen dieser Häresien wird traditionell darauf zurückgeführt, dass sie zu stark hinduistischem Einfluss erlegen seien. Umgekehrt betrachten die Anhänger der unterschiedlichen Schulen des Mahāyāna und des buddhistischen Tantrismus alle anderen Schulen als niedrigere Vorstufen zu der allein in der eigenen Schule anzutreffenden höchsten Form der buddhistischen Erkenntnis. In China haben sich aus diesem Ansatz ausgeprägte Hierarchien der jeweiligen buddhistischen Lehrsysteme (*panjiao*) entwickelt, die die gesamte Vielfalt buddhistischer Richtungen detailliert der je eigenen Schule zu- und unterordnen.

Im Unterschied zum Hinduismus entfaltete der Buddhismus schon früh eine starke missionarische Dynamik. Es ist sogar so etwas wie ein »Missionsbefehl« überliefert: Der Buddha sendet seine Mönche aus mit den Worten, sie sollen seine Lehre aus Mitleid mit den Wesen und zum Wohl

---

40 Vgl. A. Sharma, Religious Studies and Comparative Methodology (s. Anm. 13), S. 11-21.

41 Vgl. Peter Harvey, Between Controversy and Ecumenism: Intra-Buddhist Relationships, in: P. Schmidt-Leukel (Hg.), Buddhist Attitudes to Other Religions (s. Anm. 35), S. 114-142.

der Welt verkünden (*Mahāvagga* 1:11:1). Er erlaubt ihnen die Übersetzung seiner Lehre in alle Sprachen, mit Ausnahme des vedischen Sanskrit (*Culavagga* 5:33:1).[42] Bei der Ausbreitung des Buddhismus außerhalb Indiens stellte sich explizit die Frage nach der Deutung anderer Religionen. Grundsätzlich wurden dabei jene Modelle übernommen, die der Buddhismus gegenüber dem Hinduismus ausgebildet hatte. Das heißt, er begegnete diesen Religionen entweder mit einer exklusivistischen oder einer gemäßigt inklusivistischen Haltung. Als der Buddhismus nach China kam, wurde darum gerungen, wie die chinesischen Religionen des Daoismus und Konfuzianismus einzustufen seien. Beispielsweise urteilte noch der vierte Patriarch der chinesischen Hua-yen-Schule CH'ENG-KUAN (738-839), dass Konfuzianismus und Daoismus ihre Anhänger zu einer Wiedergeburt in der Hölle führen. Sein Schüler und Nachfolger TSUNG-MI (780-841) jedoch ordnete diese beiden chinesischen Religionen den üblichen buddhistischen Lehrhierarchien zu bzw. genauer gesagt: er ordnete sie diesen vor oder unter. Das heißt konkret, Daoismus und Konfuzianismus werden auf der allertiefsten Ebene der Lehren angesiedelt, noch unterhalb der Ebene der buddhistischen Laienethik. Aber immerhin erscheinen sie dadurch als Vorformen der buddhistischen Ethik, für die sie, so der Gedanke, in einigen Aspekten vorbereitend wirken können.[43] Innerhalb der weiteren Entwicklung des chinesischen Buddhismus wurde das Verhältnis von Konfuzianismus, Daoismus und Buddhismus immer mehr im Sinne der Theorie von der »Harmonie der drei Lehren« bestimmt.[44] Diese Harmonie wurde jedoch in aller Regel von den Vertretern aller drei Systeme nicht als volle Gleichwertigkeit, sondern nach wie vor in hierarchischen Strukturen gedeutet. Das heißt, die Lehren ergänzen einander, aber im Rahmen einer graduellen Stufung. Aus buddhistischer Sicht konnte man dann beispielsweise davon sprechen, dass der Konfuzianismus den Umgang mit der Welt

---

42 Vgl. auch MADHAV M. DESHPANDE, Language and Legitimacy: Buddhist and Hindu Techniques, in: Venkateswarier Subramanian (Hg.), Buddhist-Hindu Interactions from Śakyamuni to Śankarācarya, Delhi 1993, S. 22-46.

43 Vgl. PETER N. GREGORY, An Inquiry Into the Origin of Humanity. An Annoted Translation of Tsung-mi's *Yüan jen lun* with a Modern Commentary, Honolulu 1994, bes. S. 80-104.

44 Vgl. JOACHIM GENTZ, Buddhism and Chinese Religions, in: P. Schmidt-Leukel (Hg.), Buddhist Attitudes to Other Religions (s. Anm. 35), S. 172-211.

lehrt, der Daoismus das Vergessen der Welt und der Buddhismus – im Sinne des Höhepunktes – die Transzendierung der Welt.[45]

Auch in der Gegenwart finden sich, was die Einstellung von Buddhisten zu anderen Religionen betrifft, vornehmlich exklusivistische und inklusivistische Tendenzen, wobei die inklusivistischen Positionen stärker im Mahāyāna- als im Theravāda-Buddhismus anzutreffen sind. Der Grundgedanke ist, dass andere Religionen – wenn sie denn positiv bewertet werden – gewisse Elemente des buddhistischen Heilspfades enthalten. Insofern können deren Anhänger, wenn sie diese Elemente ernsthaft praktizieren, einen begrenzten spirituellen Fortschritt machen, der sie zu einer besseren Wiedergeburt führt. Zugleich spielt im Mahāyāna-Buddhismus nach wie vor das Konzept der »Geschicklichkeit der Mittel« eine wichtige Rolle. Die unterschiedlichen Religionen erscheinen dann als adäquat im Hinblick auf die jeweiligen spirituellen Bedürfnisse ihrer Anhänger. Das besagt jedoch nicht, dass verschiedene Religionen in objektiver Hinsicht als dem Buddhismus gleichwertig zu betrachten seien, auch wenn es manchmal so klingt. Beispielsweise schreibt der XIV. DALAI LAMA: »Wir können nicht behaupten, [...] dass eine bestimmte Religion die beste sei. [...] Wir können nicht generell sagen, dass der Buddhismus am besten ist. Für bestimmte Menschen ist das Christentum viel einflussreicher als der Buddhismus und so ist für sie das Christentum am besten.«[46] Dies ist allerdings im Sinne der unterschiedlichen Angemessenheit der Religionen für den jeweiligen Entwicklungsstand ihrer Anhänger zu verstehen.[47] In charakteristischer Weise überträgt der Dalai Lama das innerbuddhistische inklusivistisch-hierarchisierende Denken auf nicht-buddhistische Religionen, wenn er schreibt: »Wer die Fähigkeit dazu hat, sollte auf einem nicht-irrigen Pfad fortschreiten; eignet sich für jemanden ein anderer Pfad, so ist dieser der richtige. Für eine Person, die zum Beispiel nicht fähig ist, das Madhyamaka zu üben, die aber das Cittamātra praktizieren kann, ist das Cittamātra nicht-irrig. Das gleiche gilt in bezug auf nicht-buddhistische Lehren. Auch

---

[45] Vgl. TIMOTHY BROOK, Rethinking Syncretism: The Unity of the Three Teachings and Their Joint Worship in Late-Imperial China, in: Journal of Chinese Religions 21 (1993), S. 13-44.

[46] TENZIN GYATSO, THE FOURTEENTH DALAI LAMA, Universal Responsibility and the Good Heart, New Delhi ^{4}1995, S. 26 (meine Übersetzung).

[47] Vgl. hierzu auch die treffenden Analysen von GAVIN D'COSTA, The Meeting of Religions and the Trinity, Maryknoll 2000, S. 74-95.

andere Lehrer, ihre Lehren und die, die sie praktizieren, können eine Zuflucht sein – wenn auch keine endgültige.«[48]

Solche Positionen liegen somit parallel zu Einschätzungen religiöser Vielfalt wie wir sie auch im Neo-Hinduismus finden. Sie klingen pluralistisch, haben aber ganz deutlich inklusivistische Obertöne. Doch auch hier muss ähnlich wie beim Neo-Hinduismus geurteilt werden, dass das Potential zu einer echten Anerkennung anderer Religionen als verschieden und doch gleichwertig durchaus vorhanden ist. Es müsste hierzu auf buddhistischer Seite eingeräumt werden, dass die Vielfalt der geschickten Mittel nicht zwangsläufig hierarchisch strukturiert ist, sondern dass es durchaus auch Mittel bzw. Religionen gibt, die zwar unterschiedlich, aber gleichermaßen gut geeignet sind, zur Erkenntnis der letzten, alle Lehren übersteigenden Wirklichkeit hinzuführen.[49]

---

[48] Tenzin Gyatso, Der Vierzehnte Dalai Lama, Das Wesen des Tantra, in: Jeffrey Hopkins (Hg.), Tantra in Tibet, Düsseldorf / Köln 1980, S. (11-79) 33 f. Bezeichnend ist auch, dass der Dalai Lama in seiner jüngst veröffentlichten buddhistischen »Religionstheologie« die Einheit der Religionen primär auf ethischer Ebene sieht, während er sich hinsichtlich doktrinärer Fragen erstaunlich bedeckt hält. Vgl. His Holiness, The Dalai Lama, Towards the True Kinship of Faiths. How the World's Religions Can Come Together, London 2010.

[49] Ansätze finden sich beispielsweise bei Buddhadāsa, Thich Nhat Hanh, Masao Abe u.a. Vgl. hierzu auch P. Schmidt-Leukel (Hg.), Buddhism and Religious Diversity, Vol. 4: Religious Pluralism, London / New York 2012.

Wolfgang Pfüller

Viele Religionen – viele Offenbarungen?

Sinn und Unsinn der Rede von göttlichen Offenbarungen*

Der Begriff der Offenbarung wird von christlichen Theologen als »Schlüsselbegriff« nicht nur der neuzeitlichen und gegenwärtigen Theologie,[1] sondern des christlichen Selbstverständnisses überhaupt verstanden. »Als solcher bezeichnet er die radikale und totale Selbstmitteilung Gottes an die

---

* Zuerst veröff. in: Wolfgang Pfüller, Interreligiöse Perspektiven. Studien zur Religionstheologie und zur Komparativen Theologie (Interreligiöse Begegnungen, Bd. 10), Berlin 2012, S. 83-104. Der Nachdruck erfolgt mit freundlicher Erlaubnis des Lit Verlags.

1 »Seit der zentrale Inhalt des christlichen Glaubens aufgrund der Auseinandersetzung mit der europäischen Aufklärung als Selbstoffenbarung Gottes verstanden wird, also seit ca. 200 Jahren, versteht sich die Systematische Theologie beider christlicher Konfessionen insgesamt als Offenbarungstheologie. [...] Offenbarung ist aufgrund dieser Neuinterpretation in der gegenwärtigen Theologie eine Schlüsselkategorie geworden, die für die Legitimation und Glaubensverantwortung unverzichtbar ist und systembildende Funktion hat.« (Klaus von Stosch, Offenbarung [UTB 3328], Paderborn u.a. 2010, S. 7) – Auch für Siegfried Wiedenhofer besitzt der Begriff der Offenbarung in der christlichen Theologie eine zentrale Bedeutung. »Nach außen hin fungiert er als erkenntnistheoretische und transzendentale Grundkategorie, d.h. als letztes Legitimations- und Abgrenzungskriterium in Bezug auf andere Religionen und Weltanschauungen, auf Vernunft, Philosophie und Wissenschaft [...], nach innen hin dient er als hermeneutische Grundkategorie, d.h. als letztes Interpretationskriterium in Bezug auf die christliche Glaubensüberlieferung.« (Siegfried Wiedenhofer, Art. Offenbarung, in: Peter Eicher [Hg.], Neues Handbuch theologischer Grundbegriffe. Erw. Neuausg., Bd. 3, München 2005, S. [283-301] 284)

Welt in der Menschwerdung Jesu von Nazareth.«[2] Dabei wird die göttliche Offenbarung dezidiert als *Selbst*offenbarung verstanden; Gott offenbart also nicht *etwas* von sich, sondern »unüberbietbar *sich selbst* in seinem Wesen«[3]. Zugleich wird in diesem Offenbarungsverständnis die ausschlaggebende Differenz zu anderen Verständnissen von Offenbarung gesehen. »Damit setzt sich der christliche Offenbarungsbegriff von allen nichtchristlichen, religionswissenschaftlichen wie auch nichtreligiösen und etymologischen Verständnissen von Offenbarung ab.«[4]

Sowohl den somit angezeigten Wandel vom instruktions- zum kommunikationstheoretischen Offenbarungsverständnis wie die Behauptung der Einzigartigkeit des so gearteten christlichen Offenbarungsverständnisses werde ich im Folgenden genauer untersuchen (s. 2). Zuvor jedoch möchte ich den Offenbarungsbegriff allgemein genauer analysieren, der ersichtlich auch dem spezifisch christlichen Offenbarungsverständnis zugrunde liegt (s. 1). Weiterhin werde ich die Verbindung zwischen Offenbarungs- und Endgültigkeitsanspruch kritisch reflektieren, wobei ich besonderes Augenmerk auf den Vergleich zu jüdischen und islamischen Ansprüchen richte (s. 3). Schließlich werde ich dafür plädieren, den Offenbarungsbegriff aufzugeben, da er nachweislich mehr Unsinn als Sinn enthält, d.h. vor allem, da die mit ihm verbundenen Ansprüche weder aufrecht zu erhalten noch dem interreligiösen Dialog dienlich sind (s. 4).

1. Zum Offenbarungsbegriff

Offenbarung bezeichnet sinnvollerweise die Enthüllung bzw. Ent-bergung von andernfalls Unzugänglichem. Dabei wird gleichsam der Schleier von einer Person oder einem Sachverhalt entfernt, so dass man daraufhin ihrer

---

[2] Smail Balić, Art. Offenbarung, in: Adel Theodor Khoury (Hg.), Lexikon religiöser Grundbegriffe. Judentum – Christentum – Islam, Wiesbaden 2007, Sp. (803-814) 808.

[3] A.a.O., Sp. 809. Wie weit diese Entwicklung von der Philosophie Hegels bestimmt ist, kann hier dahingestellt bleiben. Nach Michael Bongardt spielt Hegel jedenfalls eine zentrale Rolle. »So gibt Hegel, indem er den Offenbarungsbegriff neu bestimmt, auch den theologischen Ansätzen eine neue Mitte, die ihm im konkreten Verständnis des Offenbarungsgeschehens nicht folgen. ›Offenbarung‹ wird zum Schlüsselbegriff der Theologie des 20. Jahrhunderts. [...] Nahezu alle theologischen Ansätze des 20. Jahrhunderts verstehen, meist sogar explizit, die Selbstoffenbarung Gottes als ihr Prinzip – d.h. als ihren Ausgangspunkt und bestimmenden Inhalt.« (Michael Bongardt, Einführung in die Theologie der Offenbarung, Darmstadt 2005, S. 88)

[4] S. Balić, Art. Offenbarung (s. Anm. 2), Sp. 808.

bzw. seiner ansichtig werden kann. »Das Wort ›Offenbarung‹ (etwas offen machen, was verschlossen ist) hat von jeher die Bedeutung einer Entbergung von etwas Verborgenem gehabt, zu dem man auf den gewohnten Wegen keinen Zugang haben kann«[5]. WILFRIED HÄRLE sieht in diesem Wortsinn Offenbarung ihrem Wesen nach als »ein Erschließungsgeschehen«, »durch das einem Menschen (dem Offenbarungsempfänger) eine Person oder eine Sache in einer Weise zugänglich gemacht wird, die ihm bisher verschlossen war und die er sich auch nicht selbst erschließen konnte«[6].

Von diesem allgemeinen Offenbarungsverständnis kann das religiöse als besonderes unterschieden werden. Dabei wird dann die göttliche Wirklichkeit als Urheber der Offenbarung (wie auch eventuell als ihr Gehalt) entscheidend.[7] Auch kann man dann darauf hinweisen, dass das offenbare Geheimnis seinen Geheimnischarakter gleichwohl nicht verliert. Denn zwar »wird mehr von dem Mysterium gewußt, nachdem es sich in der Offenbarung manifestiert hat. [...] Aber die Offenbarung löst das Mysterium nicht in Wissen auf«[8]. Dieses besondere, religiöse Offenbarungsverständnis wird uns bald näher beschäftigen. Vorerst soll das allgemeine Verständnis noch etwas genauer analysiert werden. PAUL TILLICH unterscheidet zunächst zwei Seiten des Offenbarungsgeschehens, eine objektive sowie eine subjektive Seite. Dabei ist die objektive die gebende, während die subjektive die empfangende Seite ist. »Die Offenbarung enthält stets ein subjektives und ein objektives Geschehen [...]. Jemand ist durch die Kundmachung

---

5 PAUL TILLICH, Systematische Theologie I, Stuttgart 1955, S. 131.

6 WILFRIED HÄRLE, Dogmatik, Berlin / New York 1995, S. 82.

7 A.a.O., S. 83; MARCO FRENSCHKOWSKI, Art. Offenbarung, in: Taschenlexikon Religion und Theologie, hg. v. Friedrich Wilhelm Horn u. Friederike Nüssel, Bd. 3, Göttingen [5]2008, S. (857-860) 860. Dass man zudem noch zwischen einem weiteren sowie einem engeren religiösen Verständnis von Offenbarung unterscheiden sollte, erscheint mir plausibel. REINHARD LEUZE legt dies nahe. »Fasst man den Begriff der Offenbarung weit genug, dann läst er sich mit jeder Religion verbinden. Denn in jeder Religion ist vom Göttlichen die Rede. Es fragt sich aber, ob sich nicht die Vielfalt der Religionen besser erschließt, wenn wir uns um eine Profilierung des Offenbarungsbegriffs bemühen. Versteht man unter Offenbarung die übernatürliche Mitteilung eines jenseitigen, numinosen Urhebers, der den Menschen etwas kundtun will, was sie unter keinen Umständen von sich aus wissen oder erkennen können, dann wird der Kreis der Religionen, die dieser Bestimmung entsprechen, enger«. (REINHARD LEUZE, Das Christentum. Grundriss einer monotheistischen Religion, Göttingen 2010, S. 19) – Ich denke, Leuze sieht das im Wesentlichen richtig – wie sich bald zeigen wird (s. 2).

8 P. TILLICH, Systematische Theologie I, (s. Anm. 5), S. 132 f.

des Geheimnisses ergriffen: das ist die subjektive Seite des Geschehens. Andererseits geschieht etwas, wodurch das Geheimnis der Offenbarung jemanden ergreift: das ist die objektive Seite.«[9] Darüber hinaus sieht Tillich freilich sehr wohl, dass Offenbarung zwischen der objektiven und der subjektiven Seite vermittelt werden muss, und spricht in dieser Hinsicht von den »Medien der Offenbarung«[10]. So könnte man den Offenbarungsbegriff als dreistelligen bestimmen: Auf der einen Seite steht der Urheber, auf der anderen Seite der Empfänger und zwischen beiden Seiten der Vermittler.[11] Noch differenzierter bestimmt Härle den Offenbarungsbegriff, nämlich als fünfstelligen. D.h., er unterscheidet zwischen Gehalt, Urheber, Gestalt, Empfänger und Wirkung der Offenbarung.[12] Um diese Differenzierung genauer erläutern zu können, möchte ich nun wieder auf den religiösen Charakter von Offenbarung zurückkommen. Dementsprechend versteht Härle unter dem *Gehalt* ein umfassendes Wirklichkeitsverständnis, eine Sinndeutung des Daseins.[13] Als *Urheber* kommt nur Gott in Frage, ja religiöse Offenbarung muss als »Selbsterschließung Gottes« gedacht werden. Dabei kann es unter den behaupteten Selbsterschließungen Gottes »immer auch trügerische Selbstverhüllungen des Bösen geben, das mit dem Anspruch und Schein der Gottesoffenbarung auftritt«[14]. Den Ausdruck der *Gestalt* verwendet Härle anstelle der ansonsten verwendeten Ausdrücke des Mediums, Trägers, des situativen Anlasses, der Situation. Die Funktion der Offenbarungsgestalt ist dabei die eines Zeichens.[15] Als *Empfänger* einer religiösen Offenbarung kommen »nur solche Wesen in Frage, die ein Wirklichkeitsverständnis aufnehmen können. Das gilt, soweit wir wissen, nur für *personale* Wesen, und d.h. in dem uns zugänglichen Bereich: für *Menschen.* Ohne sie kann Offenbarung gar nicht gedacht werden«[16]. Als *Wirkung* der religiösen Offenbarung schließlich will Härle den

---

9 A.a.O., S. 135.

10 A.a.O., S. 143.

11 Ich verwende hier und im Weiteren die maskuline Redeweise nur der Kürze halber, möchte also die Urheberin, Empfängerin und Vermittlerin der Offenbarung keineswegs ausgeschlossen, vielmehr eingeschlossen wissen.

12 W. Härle, Dogmatik (s. Anm. 6), S. 84.

13 A.a.O., S. 84 f.

14 A.a.O., S. 86 f.

15 A.a.O., S. 87.

16 A.a.O., S. 88.

Glauben verstehen, wobei diese Wirkung allerdings nicht zwingend ist. D.h., zwar setzt der Glaube die Offenbarung voraus, aber diese führt nicht zwangsläufig zum Glauben.[17]

Ich denke, diese Differenzierung des Offenbarungsbegriffs ist für das Offenbarungsverständnis instruktiv[18] – ausgenommen vielleicht den letztgenannten Aspekt. Die Wirkung im Allgemeinen nämlich versteht sich einerseits von selbst und trägt somit nichts Erhellendes zum Verständnis der Offenbarung bei. Wenn Härle andererseits die Wirkung als Glaube beschreiben will, so dürfte das im Blick auf ein allgemeines religiöses Offenbarungsverständnis eine christliche Engführung sein. Denn bereits in der jüdischen wie in der islamischen Tradition dürfte nicht der Glaube als hauptsächliche Wirkung der Offenbarung verstanden werden, ganz zu schweigen von den ostasiatischen Traditionen. Wie dem indes auch sei: Die anderen genannten Aspekte werden für meine folgenden Überlegungen wegweisend bleiben. Religiöse Offenbarung braucht demzufolge einen (göttlichen) Urheber, einen (menschlichen) Empfänger, eine Gestalt (Medium) sowie einen Gehalt. Dabei ist der zuletzt genannte Aspekt des Gehalts besonders zu beachten. Denn selbst wenn Offenbarung im Sinne neuerer christlicher Theologie als göttliche Selbsterschließung, Selbstbekundung, Selbstmitteilung verstanden wird, in der Gott nicht etwas von sich, vielmehr sich selbst in seinem Wesen kundtut, so bleibt dennoch zu klären, worin denn dieses Wesen Gottes besteht und was dies für die Menschen und ihre Welt bedeutet. D.h. aber, es muss der Gehalt der Offenbarung geklärt werden.

---

17 A.a.O., S. 89.

18 Nicht so klar wie bei Härle ist die Differenzierung im Offenbarungsbegriff bei KEITH WARD. Aber auch in der von ihm sogenannten »most general idea of revelation« sind mit den Aspekten der »active communication of information from a suprasensory realm to or through a person, who has a special mode of access to that realm« (KEITH WARD, Religion and Revelation. A Theology of Revelation in the World's Religions, Oxford 1994, S. 58), Urheber, Empfänger, Gestalt (Medium) und Gehalt der Offenbarung involviert. Wieder etwas anders beschreibt Ward 231 f. drei Aspekte des Offenbarungsprozesses, wobei mit dem Aspekt des »empowerment« auch die Wirkung der Offenbarung bezeichnet wird. – Dass Ward »a consistent conception of revelation« liefert, bezweifelt WILLIAM J. ABRAHAM; vgl. DERS., Keith Ward on Religion and Revelation, in: Comparative Theology. Essays for Keith Ward, ed. by Timothy W. Bartel, London 2003, S. 2-11, bes. 7.

2. Die Reduktion des Offenbarungsgehalts

Johannes Herzgsell unterscheidet im Blick auf die christliche, besonders die katholische Theologiegeschichte drei Modelle des Offenbarungsverständnisses. In der biblischen und patristischen Zeit wurde demnach Offenbarung als Epiphanie verstanden: Gott erscheint in Zeichen und Wundern, in Propheten und vor allem in seinem Sohn Jesus Christus. Von der Zeit der Scholastik bis hin zum Zweiten Vatikanischen Konzil wurde Offenbarung als Instruktion verstanden: Gott offenbart Glaubenswahrheiten, die der Mensch nicht von sich aus erkennen kann, und instruiert ihn dadurch im Blick auf sein Heil. Seither dominiert das Verständnis von Offenbarung als personale Kommunikation: Gott kommuniziert mit den Menschen, er offenbart »nicht Satzwahrheiten, sondern sich selbst«. »Offenbarung bedeutet Selbstmitteilung, Selbstbekundung, Selbsterschließung Gottes.«[19]

Sicher sind mit diesen Modellen nur die jeweiligen Tendenzen bezeichnet. Das heißt, dass in einem Modell auch Elemente der anderen Modelle enthalten sind bzw. zumindest sein können. Das moderne kommunikationstheoretische Offenbarungsverständnis etwa leugnet nach Klaus von Stosch jedenfalls nicht, »dass Offenbarung auch den Charakter einer Epiphanie oder instruktionstheoretisch verwertbare Elemente haben kann. Diese Elemente werden freilich von der personalen Beziehung Gottes zum Menschen her interpretiert«[20]. Die Selbstoffenbarung Gottes erreicht nach diesem Verständnis ihren unüberbietbaren Höhepunkt in der Menschwerdung bzw. Inkarnation Gottes in Jesus Christus. Andere, nichtchristliche Offenbarungen können demgegenüber als Hinführung auf diesen Höhepunkt begriffen werden.

Auf die mit Letzterem verbundene Problematik komme ich noch zu sprechen (s. 3). Vorerst geht es um die Problematik des kommunikationstheoretischen Offenbarungsverständnisses in anderen Hinsichten. Man könnte zunächst einwenden, dass dieses Verständnis eine christliche Engführung darstellt, auf nichtchristliche Offenbarungsvorstellungen mithin bestenfalls zum Teil anwendbar ist. Könnte man es allenfalls noch in den theistischen Traditionen des Judentums und des Islams wieder finden, so doch nicht in den nicht-theistischen Traditionen des Hinduismus sowie des Buddhismus. In dieser Weise argumentiert Franz von Kutschera. Nach seiner Auffassung ist in der Konzeption der Offenbarung als Selbstoffenbarung Gottes die Offenbarung »durch drei Merkmale bestimmt: Sie ist ers-

---

[19] Johannes Herzgsell SJ, Das Christentum im Konzert der Weltreligionen, Regensburg 2011, S. 380.

[20] K. von Stosch, Offenbarung (s. Anm. 1), S. 49.

tens eine nicht-propositionale religiöse Erfahrung, also keine Tatsachenoffenbarung, sondern ein Erleben, in dem sich etwas Transzendentes in bestimmter Weise zeigt. Sie ist zweitens eine personelle Erfahrung, d.h. ein Erleben eines personalen Gottes, und drittens eine Selbstbekundung dieses Gottes«. Dieses Offenbarungsverständnis ist aufgrund seiner Abhängigkeit von einem personalen Gottesverständnis für von Kutschera zu eng, um allgemein gelten zu können. »Im Hinduismus gelten z.B. die Veden als Offenbarung, aber nicht als Offenbarung eines Gottes.«[21] HERZGSELL demgegenüber versucht, auch die Erleuchtungserfahrungen im Hinduismus und Buddhismus im Sinne einer göttlichen Selbstmitteilung zu verstehen. Wenn demnach das Brahman bzw. das Nirwana in der Erleuchtung erfahren wird, so soll das besagen: »Bei der Erleuchtung wird nicht etwas über das Absolute erfahren, sondern das Absolute selbst.« Mitteilung heißt dann, dass sich das Brahman bzw. das Nirwana »dem Menschen erschließen und eröffnen (muss), um erfahrbar zu sein«[22].

Diese Interpretation Herzgsells erscheint mir doch etwas bemüht. Da er infolge seiner inklusivistischen Position zumindest in allen Weltreligionen Offenbarung finden will, Offenbarung aber aufgrund eben dieser inklusivistischen Position als Selbstmitteilung Gottes verstanden wird, möchte er trotz eines offensichtlich impersonalen Verständnisses der göttlichen Wirklichkeit in hinduistischen und buddhistischen Traditionen gleichwohl auch dort von Offenbarung als göttlicher Selbstmitteilung sprechen. Demgegenüber halte ich die Auffassung von KUTSCHERA für plausibler, der feststellt: »Selbstbekundung ist wie Mitteilung eine Aktivität, die sich im normalen Sinn nur Personen zuschreiben läßt.«[23]

Bemerkenswerter als die offensichtlichen Schwierigkeiten, die sich für ein sogenanntes kommunikationstheoretisches Offenbarungsverständnis im Blick auf nicht-theistische Vorstellungen der göttlichen Wirklichkeit er-

---

21 FRANZ VON KUTSCHERA, Vernunft und Glaube, Berlin / New York 1991, S. 97.

22 J. HERZGSELL, Das Christentum im Konzert der Weltreligionen (s. Anm. 19), S. 392.

23 F. KUTSCHERA, Vernunft und Glaube (s. Anm. 21), S. 97. Selbst für K. WARD, der Offenbarung nicht einlinig als Selbstmitteilung bzw. Selbstbekundung Gottes versteht, bleibt es ein Problem, eine solche auch in nicht-theistischen Traditionen zu finden. Das konstatiert JOHN HICK zu Recht: »However, it remains a potential problem for Ward's project that the Christian connotations both of ›revelation‹ and of other key terms may cling to them in ways that exclude, or are at least unable to do justice to, the great non-theistic faiths.« (JOHN HICK, Theology of Religions versus Philosophy of Religions, in: Comparative Theology [s. Anm. 18], S. [24-32] 25) – Zu WARDS Offenbarungsverständnis vgl. o. Anm. 18.

geben, scheint mir das Problem der Reduktion des Offenbarungsgehalts im Vergleich zum instruktionstheoretischen Offenbarungsverständnis. PERRY SCHMIDT-LEUKEL hat dies eindrücklich herausgestellt. Er sieht vor allem zwei Gesichtspunkte als entscheidend für die Differenz des kommunikations- zum instruktionstheoretischen Verständnis der Offenbarung. Zum einen geht es bei der durch Offenbarung ermöglichten Erkenntnis nicht um irgendwelche Einzelerkenntnisse, sondern um die Erkenntnis der göttlichen Wirklichkeit selbst. Zum anderen aber – und das ist hier noch wichtiger – »erhalten dadurch die Aussagen in den sogenannten Offenbarungsurkunden und offenbarungsrelevanten Texten, wie etwa den biblischen Schriften, Glaubensbekenntnissen, dogmatischen Formulierungen, usw., einen veränderten Status. Sie können nicht länger als selbst geoffenbart betrachtet werden, sondern sind als Ausdruck der menschlichen Reaktion auf die Offenbarung beziehungsweise göttliche Selbsterschließung zu verstehen. Das heißt, sie rücken nunmehr ganz auf die Seite des Menschen«[24]. Mit diesem Verständnis der Offenbarung als göttliche Selbsterschließung wird deren Gehalt offensichtlich auf ein nicht genauer bestimmtes Maß an Gotteserkenntnis reduziert. Auf jeden Fall geht es dabei um die Erkenntnis des »Wesens« Gottes. So kann dementsprechend von einer Wesensoffenbarung Gottes gesprochen werden. REINHARD LEUZE tut dies, indem er die göttliche Wesensoffenbarung von seiner Willensoffenbarung unterscheidet. Letztere sieht er im Judentum wie im Islam gegeben.[25] Und er betrachtet sie augenscheinlich als der christlichen Offenbarung unterlegen. Denn der christliche Glaube behauptet, »mehr von Gott zu wissen, als es dem

---

[24] PERRY SCHMIDT-LEUKEL, Gott ohne Grenzen. Eine christliche und pluralistische Theologie der Religionen, Gütersloh 2005, S. 214. In ähnlicher Weise reduziert REINHOLD BERNHARDT den Offenbarungsgehalt. Seines Erachtens lebt jede Offenbarungsreligion »aus einer doppelten Differenz«, nämlich der zwischen Gott selbst und seiner Offenbarung als seiner »normativen Selbstkommunikation in einem Geschichtsereignis« sowie der zwischen Offenbarung und Religion »als der Summe der menschlichen Antworten auf die Offenbarung« (REINHOLD BERNHARDT, Gewissheitsdefizite als Fundamentalismusverstärker?, in: Jürgen Werbick, Muhammad Sven Kalisch u. Klaus von Stosch [Hg.], Verwundete Gewissheit. Strategien zum Umgang mit Verunsicherung in Islam und Christentum, Paderborn u.a. 2010, S. [119-141] 140). Das besagt dann, dass nur noch ein als normativ verstandenes Ereignis als göttliche Offenbarung gilt, während alle anderen religiösen Inhalte, Interpretationen usw. menschliche Hervorbringungen sind. Diese Unterscheidung zwischen göttlicher Offenbarung und menschlicher Antwort ist fraglich, da auch das als normativ verstandene Offenbarungsereignis Resultat menschlicher Interpretation sein dürfte. Vgl. dazu die weitere Erörterung in Punkt 2 und Punkt 4 dieser Überlegungen.

[25] R. LEUZE, Das Christentum (s. Anm. 7), S. 37.

gläubigen Juden oder dem gläubigen Moslem möglich wäre. Da Gott in einem Menschen erschienen ist, also nicht nur in einer heiligen Schrift seinen Willen kundgetan hat, einer Schrift, die das Rätsel nicht nur löst, sondern zugleich bestehen lässt, kann er in anderer Weise Gegenstand menschlicher Rede sein als im jüdischen Glauben oder im Islam«[26].

Nun würden Vertreter jüdischer und islamischer Positionen die Bewertung Leuzes sicher energisch bestreiten, etwa indem sie die göttliche Willensoffenbarung in der Thora wie im Koran als der göttlichen Transzendenz angemessener einschätzen würden als die behauptete Offenbarung des für menschliche Erkenntnis unzugänglichen göttlichen Wesens.[27] Allein, das betrifft *traditionelle* Positionen, wie für den Islam die überaus aufschlussreichen Überlegungen Mouhanad Khorchides zeigen. Auch nach seiner Auskunft kennt die traditionelle islamische Theologie den Begriff der Offenbarung als Selbstmitteilung Gottes nicht. Man könnte in Anlehnung an die von christlichen Theologen verwendete Ausdrucksweise sagen, Gott offenbare im Koran etwas von sich, und zwar das dem Menschen zum Heil Nötige, aber nicht sich selbst. Gleichwohl stellt Khorchide infolge des interreligiösen Dialogs zwischen Muslimen und Christen die Frage, ob die islamische Theologie nicht in der Richtung weiter entwickelt werden sollte, dass sie das von christlicher Seite vertretene kommunikationstheoretische Offenbarungsverständnis übernimmt. Also: »Hat sich Gott nach islamischem Glauben *selbst* offenbart«?[28] Khorchide plädiert entschieden für die Bejahung dieser Frage. Und zwar offenbart sich Gott seines Erachtens sowohl im Koran, aber auch darüber hinaus, als Barmherzigkeit. In diesem Sinne kann Khorchide in jedem Akt der Barmherzigkeit in dieser Welt eine Manifestation der Offenbarung der Barmherzigkeit Gottes sehen. »Dort, wo man eine Hand der Barmherzigkeit und der Güte ausstrecken kann, manifestiert sich Gott.«[29] Damit wird Barmherzigkeit zum Kriterium

---

[26] A.a.O., S. 146.

[27] Vgl. M. Bongardt, Einführung in die Theologie der Offenbarung (s. Anm. 3), S. 172 f.

[28] Mouhanad Khorchide, »Ich bin dem Menschen näher als seine Halsschlagader« (Sure 50,16). Gott und Mensch im Dialog, in: Andreas Renz, Mohammad Gharaibeh, Anja Middelbeck-Varwick u. Bülent Ucar (Hg.), »Der stets größere Gott«. Gottesvorstellungen in Christentum und Islam, Regensburg 2012, S. [72-90] 80.

[29] A.a.O., S. 82. Vgl. auch die von Khorchide zitierte eindrucksvolle Hadith, die stark an Mt 25,31 ff. erinnert, wo Christus als Weltenrichter bekanntlich nach der Aufzählung der Werke der Barmherzigkeit das Fazit zieht: »Was ihr einem von diesen meinen geringsten Brüdern getan habt, das habt ihr mir getan.«

sowohl des Verständnisses und der Auslegung des Korans wie auch des Gottesverständnisses selbst.[30] Wichtig ist es, nochmals zu unterstreichen, dass für Khorchide Offenbarung weit über den Koran hinaus reicht. »Denkt man die Offenbarung, wie hier vorgeschlagen wird, im Sinne der Selbstmitteilung Gottes, also als Offenbarung der Barmherzigkeit Gottes, dann ist dieser Prozess noch nicht abgeschlossen und wir können, ja, sollen daran partizipieren, indem wir diese Offenbarung veranlassen. Dies tun wir, indem wir selbst gütig und barmherzig handeln.«[31]

Ich denke, dies ist nicht nur ein bemerkenswertes Gesprächsangebot an die christliche Theologie.[32] Es zeigt nicht nur, wie sich moderne islamische Theologie im interreligiösen Dialog weit über traditionelle islamische Positionen hinaus entwickelt. Es zeigt vor allem, wie sehr der Offenbarungsgehalt infolge eines kommunikationstheoretischen Offenbarungsverständnisses reduziert wird. Wird von christlicher Seite das göttliche Wesen oft als (trinitarisch entfaltete) Liebe gesehen, so erscheint es in dieser islamischen Sicht als allumfassende Barmherzigkeit. Indem der Offenbarungsgehalt in dieser Weise fokussiert wird, werden andere Gehalte bzw. Inhalte nicht mehr im strengen Sinn als göttliche Offenbarung verstanden, sondern als menschliche Interpretation der Offenbarung bzw. als Antwort auf die Offenbarung.

Besonders eindrücklich stellt sich schließlich die Reduktion des Offenbarungsgehalts in den Überlegungen Gershom Scholems zum Verständnis von Offenbarung und Tradition im Judentum dar. Zunächst wird Offenbarung sozusagen instruktionstheoretisch als »konkrete Mitteilung eines positiven, sachlichen und aussprechbaren Inhalts« gesehen. »Wo solche Offenbarung, wie im Judentum, in einer heiligen Schrift niedergelegt und als solche anerkannt wird, da stellt sie ursprünglich eine solche konkrete Mitteilung und solchen sachlichen Inhalt dar und nichts sonst«[33]. Indem nun aber im Judentum an die Seite der schriftlichen Thora die Tradition

---

30 Somit wird etwa die Gerechtigkeit Gottes Teil seiner Barmherzigkeit und das göttliche Gericht wird als Erfahrung der Barmherzigkeit Gottes gesehen, demzufolge eine endgültige Verwerfung von Menschen nicht in Frage kommen kann (a.a.O., S. 87-89).

31 A.a.O., S. 90.

32 Vgl. Bertram Schmitz, Die »Selbstoffenbarung Gottes« auch als Interpretationsmöglichkeit im Islam? Eine Erwiderung auf Mouhanad Khorchide, in: A. Renz u.a. (Hg.), »Der stets größere Gott« (s. Anm. 28), S. (91-98) 95.

33 Gershom Scholem, Offenbarung und Tradition als religiöse Kategorien im Judentum, in: ders., Über einige Grundbegriffe des Judentums, Frankfurt a.M. 1970, S. (90-120) 92.

tritt und als mündliche Thora bezeichnet wird, »wird der ursprüngliche Sinn der Offenbarung als eines einmaligen, positiv gegebenen und fest umzirkelten Aussagebereichs in Frage gestellt«[34]. Die mündliche Thora, die den Gehalt der Offenbarung interpretierend entfaltet, wird somit selbst zur Offenbarung. Das besagt die fiktive Konstruktion, wonach auch die mündliche Thora dem Mose am Sinai offenbart worden ist. Damit aber wird der Offenbarungsgehalt geradezu unabsehbar erweitert durch die wichtige Anschauung »vom Charakter der Offenbarung, die den Kommentar als heilige Tradition über ihren Sinn in sich schließt«[35]. Zugleich jedoch wird die Tradition als »reflektives Moment« verstanden, das die Unmittelbarkeit in der Beziehung zum Göttlichen in Frage stellt. Hierdurch wird sie von der Offenbarung in ihrer ursprünglichen Unmittelbarkeit abgesetzt. Für das rabbinische Judentum ist nun jede religiöse Erfahrung nach der ursprünglichen Offenbarung eine vermittelte. »Sie ist die Erfahrung der Stimme Gottes, aber nicht die Erfahrung Gottes.«[36] Von hier aus gehen die Kabbalisten weiter bis hin zum Verständnis der Offenbarung als göttlicher Selbstmitteilung. Was Gott offenbart, ist somit »nichts anderes als sich selbst«, es ist mit anderen Worten »der Name Gottes«. In dieser Mitteilung seines Namens besteht das »Wort Gottes, das den Empfängern der Offenbarung zukommt«[37]. Von daher aber wird schließlich auch die schriftliche Thora in ihrer Offenbarungsqualität relativiert. Denn auch sie ist schon eine Vermittlung des absoluten Wortes Gottes, das unbegreiflich und somit unzugänglich ist und bleibt. Eine wichtige Folgerung, die aus dieser »streng mystischen Auffassung von der Natur der Offenbarung« gezogen wurde, ist nach Scholem »so radikal, daß sie nur unter symbolischen Verhüllungen vorgetragen wurde«. Sie besagt, dass nur die Ur-Thora, die in der unzugänglichen Sphäre göttlicher Weisheit beschlossen ist, unmittelbares göttliches Wort und in dem Sinne Offenbarung ist. Die Sphäre der schriftlichen Thora hingegen ist die Sphäre der Deutung der göttlichen Offenbarung.

Dieser Gedanke, der nach Scholem nur selten angedeutet wurde,[38] ist für unsere jetzige Betrachtung höchst aufschlussreich. Denn wenn der Offenbarungsgehalt infolge des kommunikationstheoretischen Offenbarungsverständnisses auf einen Kern göttlicher Selbstmitteilung reduziert wird,

34 A.a.O., S. 95.

35 A.a.O., S. 99.

36 A.a.O., S. 105.

37 A.a.O., S. 106.

38 A.a.O., S. 109.

wird die Frage unumgänglich, wieso dieser Kern eigentlich vom Bereich menschlicher Deutung ausgenommen sein soll. Ist er mithin nicht ebenso viel oder besser ebenso wenig Offenbarung wie die Deutungen, die die vermeintliche göttliche Selbsterschließung interpretieren, mit anderen Worten ihr antworten sollen?[39] Ich komme auf diese Frage unter Punkt 4 zurück.

3. Offenbarung und Endgültigkeitsanspruch

Vorher jedoch möchte ich erörtern, warum nicht nur durch die Reduktion des Offenbarungsgehalts, sondern ebenso durch den mit dem Offenbarungsanspruch eng, wenn nicht gar unlöslich verbundenen Endgültigkeitsanspruch das Verständnis von Offenbarung problematisch wird. Dazu will ich zuerst zeigen, inwiefern der Anspruch auf Endgültigkeit zumindest traditionell zur Berufung auf (eine) Offenbarung gehört. Anschließend werde ich die besonders von christlicher Seite gegebenen Begründungen für diesen Anspruch kritisch prüfen. Resultat dieser kritischen Prüfung wird sein, dass dieser Anspruch unhaltbar ist.

Für Paul Tillich »ist die wirkliche Offenbarung notwendig letztgültige Offenbarung«. Das entspricht schlicht dem Glauben des Offenbarungsempfängers. Der Mensch nämlich, »der von der Offenbarungserfahrung ergriffen ist, glaubt, dass sie die Wahrheit über das Seinsgeheimnis und seine Beziehung zu ihm ist. Wenn er offen ist für andere ursprüngliche Offenbarungen, dann hat er schon die Offenbarungssituation verlassen und sieht sie aus der Distanz«[40]. Diese Auffassung scheint ganz den traditionellen

---

[39] Eine andere Frage erhebt sich im Blick auf den frühen Buddhismus. Die Lehre, die Buddha verkündet, hat nach dem in Punkt 1 entwickelten Verständnis einen vergleichsweise hohen Offenbarungsgehalt, jedoch keinen göttlichen Urheber. Demnach erscheint es folgerichtig, im Blick auf diese Form des Buddhismus nicht von Offenbarung zu sprechen. So sieht es Ward (Religion and Relevation [s. Anm. 18], S. 173). Dass demgegenüber die Auffassung von Herzgsell (Das Christentum im Konzert der Weltreligionen [s. Anm. 19], S. 391 f.) wenig überzeugt, wenn sie dem Nirwana eine sich selbst erschließende Aktivität zuschreiben will, habe ich bereits erläutert. Hier geht es aber weniger um die Frage, ob man im Blick auf den frühen Buddhismus von Offenbarung reden sollte oder nicht. Die Frage ist vielmehr, ob einer religiösen Lehre eine mindere Würde zukommt, wenn sie nicht mit einem Offenbarungsanspruch versehen ist bzw. werden kann. Auch auf diese Frage werde ich in Punkt 4 zurückkommen.

[40] P. Tillich, Systematische Theologie I (s. Anm. 5), S. 159 f. Dass Tillich diesen Glaubenszirkel ebenso als theologischen Zirkel befürwortet, brauche ich jetzt nicht weiter auszuführen; ich komme bald darauf zurück. Jedenfalls wird in diesem

Auffassungen in den zuweilen sogenannten Offenbarungsreligionen des Judentums wie des Islams zu entsprechen. So wird für das antike Judentum festgestellt, dass dessen vielfältige Strömungen große Unterschiede in Bezug auf Ort, Medium, Empfänger und Inhalt der Offenbarung aufweisen. »Sie alle sind jedoch von der gemeinsamen Überzeugung getragen, daß die fundamentale und *unüberbietbare* Offenbarung am Sinai erfolgte [...]«[41]. Und aus den bereits erwähnten Ausführungen SCHOLEMS geht hervor, dass für das rabbinische Judentum die Thora selbstverständlich unumstößliche Wahrheit beinhaltete. In gleicher Weise wird nach den traditionellen islamischen Auffassungen im Koran unumstößliche Wahrheit mitgeteilt, welche der Prophet zuerst durch den göttlichen Boten (Gabriel) empfangen hat. Die koranische Offenbarung wird als unmittelbares Wort Gottes im Sinne der Verbalinspiration betrachtet. »Nur Gott als alleiniger Autor des Korans konnte ein derartiges Werk vollbringen [...]. Aufgrund ihres göttlichen Ursprungs gilt die koranische Offenbarung als unfehlbar und unüberbietbar.«[42] Immer wieder wurde auch auf die strukturellen Ähnlichkeiten zwischen Christologie und Koranologie hingewiesen. So könnte man etwa im Blick auf die christlichen und islamischen Offenbarungsansprüche folgende Analogie formulieren: Das ewige, ungeschaffene Wort Gottes ist in weltlicher, geschaffener Form in der Welt gegenwärtig; es wird Mensch bzw. Buch. Ja, wie in der christlichen Tradition um der menschlichen Erlösung willen auf der Göttlichkeit und damit Ungeschaffenheit Jesu als des Sohnes Gottes insistiert wurde, so war es auf islamischer Seite »die Erfahrung der erlösenden Kraft des Korans«, die muslimische Theologen vehement auf der Ungeschaffenheit des Korans beharren ließ.[43]

Es dürfte ersichtlich sein, dass die erhobenen Ansprüche auf Endgültigkeit jeweils darin gründen, dass Gott selbst als Autor der Thora bzw. des Korans behauptet wird. Die Behauptung der göttlichen Urheberschaft der Offenbarung also begründet die jeweiligen Endgültigkeitsansprüche. Diese Feststellungen sind nicht neu; und ebenso wenig neu ist die Feststellung, dass derlei Ansprüche auf endgültige bzw. – wie öfter gesagt wird – un-

---

Sinne das Kriterium für die letztgültige Offenbarung von dem abgeleitet, was *das* Christentum als solche ansieht (vgl. a.a.O., S. 163).

41 PETER KUHN, Art. Offenbarung VI. Judentum, in: RGG[4] 6, Tübingen 2003, Sp. [481-482] 481 – meine Hervorhebung.

42 LUDWIG HAGEMANN, Art. Offenbarung, in: Adel Theodor Khoury, Ludwig Hagemann u. Peter Heine, Islam-Lexikon. Geschichte – Ideen – Gestalten, überarb. Neuausg., Bd. 3, Freiburg i.Br. u.a. 1999, S. (598-604) 602 f.

43 Vgl. KLAUS VON STOSCH, Der muslimische Offenbarungsanspruch als Herausforderung komparativer Theologie, in: ZKTh 129 (2007), S. (53-74) 65-67.

überbietbare Offenbarung die drei sogenannten Offenbarungsreligionen oft so unversöhnlich gegeneinander gemacht haben. Der Hinweis auf die Unversöhnlichkeit ist freilich kein triftiges Argument gegen die mögliche Berechtigung etwa eines dieser Ansprüche. Ich möchte deshalb im Folgenden exemplarisch den von christlichen Theologen erhobenen Anspruch auf seine Stichhaltigkeit überprüfen. Dabei fällt nicht zuletzt auf, dass an einer entscheidenden Stelle der Argumentation oft der Verweis auf *den* christlichen Glauben, *das* Christentum, *die* Christen, *den* christlichen Anspruch steht. Kurz gesagt, ist es also *der* christliche Glaube usw., für den der Anspruch auf endgültige Offenbarung unerlässlich ist. Ich belege diese Beobachtung an einigen Beispielen. Gott hat sich – so der Glaube – in Jesus Christus endgültig und unüberbietbar »zu erkennen gegeben«, selbst offenbart.[44] Die Anerkennung und Behauptung der Absolutheit, d.h. universell gültigen Wahrheit der Gottesoffenbarung in Jesus Christus »ist für den christlichen Glauben nicht nur angemessen, sondern unverzichtbar. Denn es geht dabei um nicht mehr und nicht weniger als um die Wahrheit und um die damit gegebene Tragfähigkeit der christlichen Botschaft. [...] Deswegen, und nur deswegen gilt für den christlichen Glauben das ›solus Christus‹, weil in ihm *die* heilsame Wahrheit, die weder reduzierbar noch ergänzungsbedürftig ist, erschienen ist«[45]. »Die inkarnatorische Offenbarung in Jesus Christus ist für Christen einmalig und einzigartig. In ihr hat Gott sein innerstes dreieiniges Wesen und seinen unumstößlichen Heilswillen auf unüberbietbare und vollständige, unwiderrufliche und endgültige Weise mitgeteilt.«[46] Die »erlösende Zusage der Liebe Gottes« wird nur dann »als geschichtlich unüberbietbare und irreversible Wirklichkeit« anerkannt, »wenn bekannt wird, dass Jesus von Nazareth die unüberbietbare, definitive und normative Selbstoffenbarung Gottes ist«. Der »christliche Heils- und Erlösungsglaube« hängt in seinem Zentrum davon ab, dass an Jesus Christus nicht nur als Prophet oder Heilsmittler neben anderen geglaubt wird. Folglich ist der »Glaube an die Selbstoffenbarung Gottes in Jesus Christus [...] für das Christentum unverzichtbar«[47].

---

44 M. BONGARDT, Einführung in die Theologie der Offenbarung (s. Anm. 3), S. 116.

45 W. HÄRLE, Dogmatik (s. Anm. 6), S. 108.

46 J. HERZGSELL, Das Christentum im Konzert der Weltreligionen (s. Anm. 19), S. 382.

47 K. VON STOSCH, Offenbarung (s. Anm. 1), S. 82 f.

Die Liste entsprechender Äußerungen von christlicher Seite ließe sich lange fortsetzen.[48] Darum geht es hier freilich nicht. Ich möchte vielmehr das erkennbare Argumentationsmuster kritisch prüfen. Und da zeigt sich zunächst, dass die Berufung auf *den* christlichen Glauben usw. ein schwaches Argument darstellt. Denn *erstens*: Wer will angesichts der schier endlosen Varianten des christlichen Glaubens in Geschichte und Gegenwart verbindlich festlegen, worin *der* christliche Glaube besteht, was für ihn konstitutiv ist? *Zweitens*: Will man beispielsweise pluralistische Religionstheologen, die die exemplarisch aufgeführten steilen Ansprüche ablehnen, vom christlichen Glauben ausschließen? Und *drittens*: Wie will man dem Relativismus entgehen, wonach alle derartigen Ansprüche gleich gültig sind, da sie von Vertretern anderer religiöser Traditionen, zumal der Offenbarungsreligionen, gleichermaßen erhoben werden, ja von *allen* Seiten gleichermaßen erhoben werden können?

Auf die zuletzt aufgeworfene Frage komme ich gleich zurück. Vorher will ich noch zwei weitere Argumente kritisch prüfen. Zum einen stellt sich für die Vertreter der skizzierten Ansprüche die Frage, wie die Behauptung endgültiger Offenbarung in der Geschichte mit deren Vorläufigkeit vereinbar ist. Kann man mit anderen Worten von einer bereits geschehenen endgültigen Offenbarung reden, wenn das Ziel der Welt und damit die endgültige Offenbarung Gottes am Ende der Zeit noch aussteht? Nach MICHAEL BONGARDTS Auffassung kann man das. »Denn weiter als in das Erleiden der Sünde, weiter als in den Tod und zu den Toten kann Gott nicht gehen.«[49] So ist »von dieser Endgültigkeit, in der sich Gott als Liebe geoffenbart hat«, gleichsam die kommende Endgültigkeit zu unterscheiden, nämlich »die noch ausstehende Vollendung jener Gemeinschaft zwischen Gott und Menschen, auf die diese Offenbarung zielt«[50]. Natürlich stellt sich an-

---

48 Vgl. noch S. WIEDENHOFER, Art. Offenbarung (s. Anm. 1), S. 293-296.

49 M. BONGARDT, Einführung in die Theologie der Offenbarung (s. Anm. 3), S. 145.

50 A.a.O., S. 146. Eine besondere Variante der Frage nach der Vereinbarkeit von Vorläufigkeit und Endgültigkeit erörtert HERZGSELL. Er fragt sich nämlich, ob die endgültige Offenbarung in Jesus Christus nicht jegliche spätere und d.h. vor allem die islamische Offenbarung ausschließt, weil überflüssig sein lässt. Das ist nun seines Erachtens deshalb nicht der Fall, weil zwar das Offenbarungsereignis in Jesus Christus selbst vollständig und unüberbietbar ist, nicht aber das Christentum, »wie es faktisch und konkret besteht« (J. HERZGSELL, Das Christentum im Konzert der Weltreligionen [s. Anm. 19], S. 393). Also ist zwar nicht das Offenbarungsereignis selbst, aber »die Rezeptions- und Wirkungsgeschichte dieses Ereignisses« in »gewissem Sinn unvollkommen« (a.a.O., S. 394). Inwiefern daraufhin die islamische Offenbarung ihre sinnvolle Funktion im göttlichen Heilsplan hat, brauche ich jetzt

gesichts einer solchen kühnen Behauptung die Frage, woher Bongardt denn weiß, wie weit Gott gehen kann. Und ebenso stellt sich die weitere Frage, ob eine solche Behauptung, wonach Gott die Sünde erleidet und in den Tod geht, überhaupt stichhaltig begründbar oder nicht vielmehr absurd ist. – Ich kann die letztgenannte Frage hier nicht weiter erörtern.[51] Ich wende mich vielmehr dem anderen Argument zu, das ich anhand einschlägiger Überlegungen von PAUL TILLICH und KEITH WARD[52] diskutieren möchte. Danach stellt Jesus von Nazareth inmitten geschichtlicher Vorläufigkeit die endgültige Verwirklichung der göttlichen Offenbarung dar. TILLICH zunächst verweist, wie erwähnt, auf den »theologischen Zirkel«, wonach der Anspruch auf letztgültige Offenbarung nicht von außerhalb der christlichen Offenbarung, sondern nur innerhalb ihrer gerechtfertigt werden kann. In diesem Rahmen macht Tillich folgende Argumente der Rechtfertigung geltend: Zuerst und vor allem ist eine Offenbarung dann letztgültig, »wenn sie die Macht hat, sich selbst zu verneinen, ohne sich selbst zu verlieren. [...] Der Träger der letztgültigen Offenbarung muß seine Endlichkeit aufgeben – nicht nur sein Leben, sondern auch seine endgültige

---

nicht weiter auszuführen. Klar ist ohnedies die Frage, warum denn das christliche Offenbarungsereignis als christliche Behauptung kein Bestandteil des zugegeben unvollkommenen Christentums sein soll.

[51] Vgl. WOLFGANG PFÜLLER, Theologie als Theiologie. Annäherungen an eine religiöse Theorie in christlicher Perspektive, Frankfurt a.M. u.a. 1998, S. 117-136. 186-190.

[52] WARDS Argumentation ist im Übrigen ambivalent, zumal wenn man sein beeindruckendes Buch *A Vision to Pursue*, London 1991, berücksichtigt. Auf der einen Seite stellt er im Sinne seiner komparativen, ausdrücklich nicht konfessionellen Theologie die Offenbarungsansprüche vielfältiger religiöser Traditionen nebeneinander, analysiert ihre gemeinsame Struktur und behauptet ihre historische Relativität. Auf der anderen Seite meint er die Idee einer »final revelation« in ihrer christlichen Variante rechtfertigen zu müssen. Auch PETER BYRNE sieht diese Ambivalenz und betrachtet Wards Theologie von daher als konfessionelle Theologie mit inklusivistischem Zuschnitt (vgl. PETER BYRNE, Ward on Revelation: Inclusivism or Pluralism?, in: Comparative Theology [s. Anm. 18], S. [12-23] 14-17). – WARD selbst hingegen bestreitet diese Unausgeglichenheit, indem er sie auf die verschiedenen Adressaten seiner Auseinandersetzungen zurückführt. Seine liberale Sicht sieht er demgegenüber einerseits ganz der Tatsache von Gottes Selbstoffenbarung in und durch die Person Jesu verpflichtet, andererseits ebenso der Fehlbarkeit und Unvollständigkeit alles menschlichen Verstehens dieser Offenbarung (KEITH WARD, A Guide for the Perplexed, in: Comparative Theology [s. Anm. 18], S. [190-198] 197). Letzterer Gedanke ist dem von BERNHARDT verwandt (s.o. Anm. 24).

Macht und Erkenntnis und Vollkommenheit.«[53] Sodann löst die letztgültige Offenbarung den Konflikt zwischen Absolutismus und Relativismus, »indem sie in der Form eines konkreten Absoluten erscheint. Im Neuen Sein, das in Jesus als dem Christus offenbar geworden ist, ist die konkreteste aller möglichen Formen von Konkretheit, ein personhaftes Leben, Träger dessen, was ohne Bedingung und Einschränkung absolut ist«[54]. Wie Jesus als der Christus unter den Bedingungen des Existenz die menschliche Essenz verwirklicht, wie er als der Träger des Neuen Seins seine Endlichkeit aufgibt und als konkretes, personhaftes Leben das Absolute darstellt, legt Tillich im 2. Band seiner Systematischen Theologie dar. Ich kann das hier nicht weiter verfolgen.[55] Deutlich ist jedoch, dass Tillichs christologische Konstruktion Jesus idealisiert und folglich einer historischen Überprüfung nicht standhält.[56] Ebenso kommt WARD angesichts der historischen Frage nach Jesus in beträchtliche Schwierigkeiten, wenn er die Idee der Inkarnation und damit der endgültigen Offenbarung in einem konkreten historischen Menschen verteidigen will.[57] Mit diesem grundlegenden christlichen Glauben ist für Ward eine gegenüber den anderen religiösen Traditionen völlig verschiedene Sicht der Offenbarung verbunden. »Here the form of Supreme Goodness is fully realized in the particular.« »It is the realization of the Eternal in a particular historical individual.«[58] Freilich erschöpft Jesus die unendliche Fülle der ewigen, göttlichen Wirklichkeit nicht. Aber dennoch ist es so, dass »at a particular, limited point of time and space, the Divine Life transforms a particular human life by uniting it to itself«[59]. Und demgemäß erscheint die unendliche göttliche Wirklichkeit im Leben und in der Person Jesu unter den historischen Bedingungen von Raum und Zeit. Dabei manifestiert Jesus genauer gesagt in seiner uneingeschränkten

---

53 P. TILLICH, Systematische Theologie I (s. Anm. 5), S. 161.

54 A.a.O., S. 180.

55 Vgl. WOLFGANG PFÜLLER, Die Bedeutung Jesu im interreligiösen Horizont. Überlegungen zu einer religiösen Theorie in christlicher Perspektive, Münster u.a. 2001, S. 89-104.

56 Vgl. W. PFÜLLER, Theologie als Theiologie (s. Anm. 51), S. 177-199.

57 Vgl. KEITH WARD, Religion and Revelation. A Theology of Revelation in the World's Religions, Oxford 1994, S. 193 ff. u. 232 ff., bes. 251 ff.

58 A.a.O., S. 193.

59 A.a.O., S. 194.

Kreativität und Liebe das Wesen des unendlichen Gottes.[60] Und als solcher ist er nicht nur sündlos, sondern mehr noch zu keiner Sünde fähig.[61]

WARD und TILLICH argumentieren innerhalb des Zirkels des christlichen Glaubens. Das ist ihre Stärke und Schwäche zugleich. Ihre Stärke ist, dass sie den christlichen Endgültigkeitsanspruch nicht nur als unabdingbaren Bestandteil *des* christlichen Glaubens dekretieren, für ihn vielmehr argumentieren. Da diese Argumentation allerdings - mit Tillich zu sprechen - innerhalb des christlich-theologischen Zirkels verbleibt, kann sie nicht überzeugen. Denn die von Tillich offensichtlich nicht für gut befundene Offenheit für andere Offenbarungsansprüche einschließlich der damit verknüpften Distanz zum eigenen Offenbarungsanspruch[62] ist unumgänglich, will man nicht in Subjektivismus enden und den interreligiösen Dialog letztlich unmöglich machen. Das sehen zunehmend auch die so, die eine inklusivistische Position vertreten. Denn auch sie müssen zur Kenntnis nehmen, dass von anderer Seite ebenfalls ein Anspruch auf Wahrheit bzw. auf endgültige Offenbarung erhoben wird. Sicher kann man ihres Erachtens diese Ansprüche nicht einfach anerkennen, schon weil Offenbarung überhaupt nicht von außen, sondern nur von innen konstatiert werden kann. Aus demselben Grund jedoch kann man sie auch nicht bestreiten[63]. Man muss sie vielmehr zur Kenntnis nehmen sowie sie den anderen zugestehen. Zur Kennzeichnung dieser Auffassung wird neuerdings von mutualem oder auch reziprokem Inklusivismus gesprochen.[64] KLAUS VON

---

[60] A.a.O., S. 267.

[61] A.a.O., S. 270.

[62] Vgl. nochmals P. TILLICH, Systematische Theologie I (s. Anm. 5), S. 159 f.

[63] Vgl. W. HÄRLE, Dogmatik (s. Anm. 6), S. 109.

[64] WILFRIED HÄRLE spricht von »positionellem Pluralismus« (WILFRIED HÄRLE, Die Wahrheitsgewissheit des christlichen Glaubens und die Wahrheitsansprüche anderer Religionen, in: ders., Spurensuche nach Gott. Studien zur Fundamentaltheologie und Gotteslehre, Berlin / New York 2008, S. [96-108] 104). Diesen sieht er dadurch charakterisiert, »dass der absolute Geltungsanspruch nicht nur für die eigene Religion, sondern grundsätzlich für *jede* Religion anerkannt wird – jedenfalls wenn diese Religion ihn selbst erhebt«. Dabei kann man sich, wie bereits oben angedeutet, von der eigenen »Wahrheitsgewissheit« aus kein Urteil über die Wahrheitsansprüche anderer Religionen erlauben; man kann sie nur mit »unbedingter Achtung« zur Kenntnis nehmen und mit der eigenen Wahrheitsgewissheit vergleichen (a.a.O., S. 105 f.). - Das ist durchaus konsequent, ist doch die eigene Wahrheitsgewissheit bloß subjektiv. Vgl. auch WOLFGANG PFÜLLER, Die Wahrheitsansprüche der Religionen und die Wahrheit, in: ders., Interreligiöse Perspektiven.

STOSCH etwa spezifiziert diese Auffassung im Blick auf die Diskussion zwischen christlichem und islamischem Offenbarungsanspruch wie folgt: Während man sich auf der persönlichen Ebene zwischen beiden Ansprüchen entscheiden darf, darf man dies auf der theoretischen, theologischen Ebene nicht. »Echte Gleichwertigkeit von Muslimen und Christen in ihrem Glauben muss hier als Möglichkeit offengehalten werden und kann in konkreten Situationen erlebt werden, ohne sie deshalb theoretisch sicherstellen zu können.«[65] Ebenso wenig müssen dann aber die beiderseitigen Endgültigkeitsansprüche relativiert werden; sie können vielmehr aufrechterhalten werden.

Meines Erachtens führt der mutuale Inklusivismus in den Relativismus. Denn wenn man schon die anderen Ansprüche auf endgültige Offenbarung nicht anerkennt, so kann man sie doch ebenso wenig bestreiten. Folglich können sie prinzipiell von allen Seiten mit dem gleichen Recht erhoben werden. Darüber hinaus ist der schwerwiegende Einwand von PAUL WESS berechtigt, wonach es sich bei den erhobenen Offenbarungsansprüchen um fundamentalistisches Denken handelt, das einem Zirkelschluss unterliegt. Fundamentalistisches Denken nämlich »beruft sich auf vorgegebene Offenbarungen Gottes, die in heiligen Schriften stehen oder von religiösen Autoritäten unter Berufung auf göttliche Vollmacht gelehrt werden«[66]. Und es ist zirkulär, indem es die beanspruchte Offenbarungswahrheit in einer Selbstoffenbarung Gottes begründet.[67] »Der Versuch, die Wahrheit eines Glaubens letztlich durch eine von Gott erhaltene Offenbarung zu begründen, führt unweigerlich in einen Zirkel. Denn er müsste die Tatsache und den Inhalt einer solchen Botschaft als wahr aufzeigen können, was gerade nicht durch die Berufung auf diese Offenbarung geschehen kann, weil dies eine Petitio Principii wäre.«[68]

Studien zur Religionstheologie und zur Komparativen Theologie (Interreligiöse Begegnungen, Bd. 10), Berlin 2012, S. 69-82.

[65] K. VON STOSCH, Der muslimische Offenbarungsanspruch als Herausforderung komparativer Theologie (s. Anm. 43), S. 74.

[66] PAUL WESS, Glaube aus Erfahrung und Deutung. Christliche Praxis statt Fundamentalismus, Salzburg / Wien 2010, S. 9.

[67] A.a.O., S. 15.

[68] A.a.O., S. 223.

4. Viele Religionen – keine Offenbarung

Das Offenbarungsverständnis hat sich zunehmend als prekär erwiesen. Zum einen reduzierte sich der Offenbarungsgehalt auf die vermeintliche Selbsterschließung des wie auch immer verstandenen göttlichen Wesens, wenn er sich nicht gänzlich verflüchtigte. Zum anderen ließen sich die mit Offenbarung verbundenen Ansprüche auf Endgültigkeit nicht halten, was den Offenbarungsgehalt einmal mehr zweifelhaft werden lässt. Denn kann ein nur vorläufiger, revidierbarer Gehalt mit Recht als göttliche Offenbarung bezeichnet werden, zumal auch die behauptete Selbsterschließung des göttlichen Wesens viel eher menschliche Deutung zu sein scheint?

Worin besteht also der Sinn der Rede von göttlichen Offenbarungen? In der Überzeugung, dass »zumindest die großen Weltreligionen nicht einfach vom Menschen hervorgebracht« sind, dass sie vielmehr auf göttliche Initiative zurückgehen?[69] Sicher kann man diese Überzeugung mit guten Gründen vertreten, zumal wenn man die göttliche Wirklichkeit als aktiv und wirksam versteht – anders also als etwa im frühen Buddhismus das Nirwana verstanden wurde. Nur dürfte das nicht hinreichen, um von Offenbarung zu sprechen. Denn auch anderes, ja genau genommen alles in der Welt kann so begriffen werden, dass es letztlich auf göttliche Initiative zurückgeht, mithin nicht einfach vom Menschen hervorgebracht ist – ohne dass man deshalb alles als Offenbarung bezeichnen wird, was dann auch keine sinnvolle Rede mehr wäre. Und insofern der Offenbarungsgehalt allem Anschein zufolge durchgängig auf menschlicher Deutung beruht, kann man auch nicht mehr davon reden, dass der göttliche Urheber etwas enthüllt, was andernfalls unzugänglich geblieben wäre bzw. bleiben würde.[70] Da alle menschlichen Deutungen wiederum vorläufig und überholbar bleiben, da es dementsprechend nur vorläufige Kriterien gibt, um etwaige Offenbarungen zu identifizieren, da man sie mit anderen Worten überhaupt nicht sicher als *göttliche* Offenbarungen identifizieren kann, sollte man auch nicht von solchen sprechen. Denn die von TILLICH sogenannte objek-

---

69 Vgl. J. HERZGSELL, Das Christentum im Konzert der Weltreligionen (s. Anm. 19), S. 378 f.

70 Zu Recht konstatiert WESS: »Nicht-fundamentalistische Religionen gründen sich auf menschliche Selbsterfahrungen und die entsprechenden Deutungen des transzendenten Daseinsgrundes. Diese Erfahrungen sind von der Lebenswelt abhängig, aber nicht deren Produkt. [...] Religion als Glaube im Sinn von Vertrauen auf Gott als sinngebenden Daseinsgrund erwächst demnach aus Erfahrungen des Lebens, die dieses als Geschenk deuten lassen.« (P. WESS, Glaube aus Erfahrung und Deutung [s. Anm. 66], S. 231 – Hervorhebungen getilgt)

tive Seite der Offenbarung ist nicht auszumachen.[71] Gewiss kann man, wie FRANZ VON KUTSCHERA meint, Gott personal verstehen und einem so verstandenen Gott die Fähigkeit zur Selbstmitteilung nicht absprechen. Und selbstverständlich muss Gott als unbedingt vertrauenswürdig, seine Offenbarung damit als unbedingt zuverlässig gelten. Genau hierin aber liegt das Problem. Denn die Frage ist doch, »ob er wirklich der Sprecher ist. All die historischen Wege direkter Offenbarung im engeren Sinn: Visionen, Träume, Orakel und Zeichen sind uns Heutigen höchst suspekt«[72]. So sind zwar göttliche Offenbarungen auch für ein kritisches, mündiges Denken grundsätzlich möglich, »tatsächlich sind wir ihnen gegenüber heute aber doch sehr kritisch, weil uns verlässliche Kriterien für die Echtheit fehlen«[73].

Was bleibt nach alledem vom Offenbarungsbegriff, wenn wir ihn mit WILFRIED HÄRLE als fünfstelligen Begriff verstehen (s.o. 1)? Der göttliche Urheber ist zweifelhaft, da sowohl der Gehalt wie die Gestalt (das Medium) auf vorläufigen menschlichen Deutungen beruhen. Hingegen ließe sich der Anspruch auf göttliche Offenbarung dann aufrechterhalten, wenn der Endgültigkeitsanspruch berechtigt wäre. Denn dann könnte man wenigstens im Blick auf den Kern einer religiösen Botschaft unzweifelhaft davon reden, dass sie auf die göttliche Wirklichkeit zurückgeht, genauer dass sie unzweifelhaft eine göttliche Botschaft ist. Ist dieser Anspruch jedoch, wie ich meine, unberechtigt, bleibt augenscheinlich nur die subjektive Seite der Offenbarung, der Empfänger und die Wirkung. Nun kann man sicher

---

[71] Selbst BONGARDT zieht sich schließlich auf *den* Glauben zurück, um Offenbarung als solche identifizieren zu können, nachdem die von der theologischen Tradition in der Regel als »Glaubwürdigkeitserweise« betrachteten Erkennungsmerkmale nur im Rahmen des christlichen Glaubens funktionieren (vgl. M. BONGARDT, Einführung in die Theologie der Offenbarung [s. Anm. 3], S. 100-112). »Erst der Glaube erkennt in dem ihm Begegnenden das Wirken Gottes, erst der Glaube erkennt ein Ereignis als Offenbarung. Das *Be*kenntnis ist also die Bedingung der Möglichkeit einer Offenbarungs*er*kenntnis.« (a.a.O., S. 110)

[72] FRANZ VON KUTSCHERA, Was vom Christentum bleibt, Paderborn 2008, S. 46.

[73] A.a.O., S. 48. Vgl. auch DERS., Vernunft und Glaube (s. Anm. 21), S. 89 f.: »Wenn sich aber die Kriterien für das Vorliegen eines Offenbarungsaktes auf dessen Inhalt und seine Plausibilität beziehen, erscheint Offenbarung als überflüssig: Nur solche Offenbarungen werden dann anerkannt, die uns etwas sagen, was ohnehin rational hinreichend wahrscheinlich ist. Wird Offenbarung hingegen als überrationales Fundament des Glaubens angesehen, entziehen sich alle ihre Inhalte rationaler Überprüfung, so sind auch keine Gründe für die Annahme oder Ablehnung von Aussagen in Sicht, die irgend jemand als Offenbarung erklärt. Wir kommen so zu einem Dilemma, das sich auf den kurzen Nenner bringen läßt: Offenbarung ist überflüssig oder ihre Annahme ist willkürlich.«

das Offenbarungsverständnis hin zur subjektiven Seite akzentuieren, wie das bei einigen christlichen Theologen zu beobachten ist. Allerdings verstehen sie des ungeachtet meistens Offenbarung im christlichen Sinn grundsätzlich als göttliche Selbsterschließung. So auch Hans-Martin Barth.[74] Aber indem er in seiner interreligiös ausgerichteten Dogmatik immer auch die bedeutendsten nichtchristlichen religiösen Traditionen im Blick behält, kommt er bezüglich des Offenbarungsverständnisses z.B. zu einer aufschlussreichen Charakteristik religionsphänomenologischer Art. Danach »ist Offenbarung ein Schlüsselerlebnis, das (1) einen Menschen dazu führt, sein Leben und dessen Kontext zu deuten und zu gestalten, das (2) sich bewahrheitet und vertieft und das (3) sich transsubjektiv vermittelt, also Gemeinschaft stiftet«[75]. Klaus von Stosch wiederum vergleicht das Offenbarungsgeschehen unbeschadet des auch von ihm befürworteten Verständnisses der Offenbarung als göttliche Selbsterschließung mit »Erschließungserfahrungen«. Damit sind im Anschluss an Ian T. Ramseys Rede von »disclosure situations« Erfahrungen gemeint, »die einem die Welt in einem neuen Licht erscheinen lassen«. In vergleichbarer Weise wird im Offenbarungsgeschehen »eine neue Dimension der Wirklichkeit sichtbar. Auf einmal wird die Blindheit für den religiösen Aspekt der Wirklichkeit behoben und ein neuer Blick auf die Welt wird möglich«[76]. Allerdings ist die Bezeichnung bei von Stosch nicht eindeutig. Denn zum einen will er »das Moment der Erfahrung als Offenbarung [...] bezeichnen, das mir eine religiöse Aspektwahrnehmung erschließt«. Zum anderen bezeichnet er die durch dieses Moment gewonnene neue Sichtweise auf die Welt als »Frucht der Offenbarung«[77]. Eindeutiger betrachtet demgegenüber Hermann Deuser Offenbarung nicht als objektives, sondern als subjektives Geschehen, nämlich als alles fundierende unbedingte Gewissheit des Glaubens.[78] Zwar wird diese Gewissheit auf göttliche Offenbarung zurückgeführt, und dementsprechend kann Deuser Offenbarung bezeichnen als »das Vertrauenfinden und unbedingte Gewisswerden von seiner objektiven Seite her gese-

---

74 Vgl. Hans-Martin Barth, Dogmatik. Evangelischer Glaube im Kontext der Weltreligionen, Gütersloh ^{3}2008, S. 157.

75 A.a.O., S. 145.

76 Klaus von Stosch, Offenbarung (s. Anm. 1), S. 41 f.; vgl. auch ders., Offenbarung und Vernunft in Islam und Christentum, in: Anja Bettenworth (Hg.), Herausforderung Islam, Paderborn u.a. 2011, S. (100-130) 115-117.

77 K. von Stosch, Offenbarung (s. Anm. 1), S. 42 f.

78 Hermann Deuser, Kleine Einführung in die Systematische Theologie, Stuttgart 1999, S. 38 f.

hen«. Aber was dabei offenbar wird, ist nichts anderes als »die nicht-gegenständliche Erfahrung von unbedingter Gewissheit und Vertrauen«[79]. Am konsequentesten schließlich verlagert PAUL WESS das Offenbarungsgeschehen auf die subjektive Seite des Offenbarungsempfangs bzw. genauer der Deutung. Er möchte Offenbarung aufgrund seiner »Überlegungen über die lebensweltliche Praxis als Ort der Erfahrung des eigenen kontingenten Daseins und damit auch als Basis für die Deutung des transzendenten Grundes unserer Existenz« neu verstehen. Folglich erscheint sie »als In-Gang-Kommen oder -Setzen einer neuen lebensweltlichen, vor allem mitmenschlichen Praxis durch besonders begabte Menschen, die ein Gespür dafür entwickeln, wie die Welt im Kontrast zum Faktischen besser gestaltet werden sollte. [...] Durch solche Prozesse unterscheiden sich die sogenannten Offenbarungsreligionen von jenen, die nur die vorgefundenen Lebenswelten religiös – auf ihren transzendenten Grund hin – zu deuten versuchen«[80]. Letzteres heißt positiv: »Alle drei großen Offenbarungsreligionen [...] kommen darin überein, dass ihre Stifter [...] unter Berufung auf eine göttliche Sendung eine neue soziale Lebenspraxis in Gang gesetzt und religiös gedeutet haben.«[81]

So sehr ich Weß in Bezug auf seine Analyse der Entstehung religiöser Deutungen sowie religiöser Bewegungen zustimme, so wenig würde ich diesbezüglich von Offenbarungen sprechen. Denn wenn die objektive Seite des Offenbarungsgeschehens verschwindet, indem sie sich in subjektive bzw. intersubjektive Deutungen hinein auflöst, löst sich auch der religiöse Sinn von Offenbarung auf. Wenn nämlich der göttliche Urheber nichts mehr enthüllt, was andernfalls unzugänglich geblieben wäre bzw. bleiben würde, fehlt meines Erachtens ein konstitutiver Bestandteil von Offenbarung. Wohlgemerkt, ich halte dieses augenscheinlich vor allem negative Ergebnis meiner Reflexionen zum Offenbarungsverständnis in keiner Weise für desaströs. Im Gegenteil, es eröffnet überaus verheißungsvolle Aussichten sowohl für eine interreligiöse bzw. komparative Theologie wie auch für den interreligiösen Dialog. Denn wenn alle religiösen Deutungen vorläufig sind und aufgrund ebenso vorläufiger interreligiöser Kriterien beurteilt werden müssen und können,[82] dann geraten sie in einen Prozess

---

79 A.a.O., S. 41.

80 P. WESS, Glaube aus Erfahrung und Deutung (s. Anm. 66), S. 159.

81 A.a.O., S. 161.

82 Vgl. WOLFGANG PFÜLLER, Notwendigkeit und Möglichkeit interreligiöser Kriterien, in: Wort Gottes im Gespräch. Matthias Petzoldt zum 60. Geburtstag, hg. v.

der Verständigung, des Dialogs, der rationalen Diskussion. Dann werden vormals starre Positionen gleichsam verflüssigt, ohne dass man deshalb religiöse Überzeugungen leichthin aufgeben muss oder etwa gar nicht mehr haben darf. Dass wir in diesen Prozessen nicht mehr zu vermeintlich endgültigen Wahrheiten bzw. Offenbarungen, sondern nur noch zu möglichst stichhaltig begründeten intersubjektiven Überzeugungen kommen können, entspricht einer realistischen Einschätzung unserer menschlichen Möglichkeiten und damit dem ganz normalen lebensgeschichtlichen wie im Übrigen auch wissenschaftsgeschichtlichen Gang der Dinge.[83]

Martin Beyer u. Ulf Liedke, Leipzig 2008, S. 325-343 = ders., Interreligiöse Perspektiven (s. Anm. 64), S. 105-125.

[83] Vgl. auch W. Pfüller, Die Wahrheitsansprüche der Religionen und die Wahrheit (s. Anm. 64); ders., Fundamentalistisches Denken im Christentum und im Islam – und seine Überwindung, in: ders., Interreligiöse Perspektiven (s. Anm. 64), S. 147-161.

Andreas Rössler

Universales Gottesbewusstsein und religiöse Gleichgültigkeit: ein Widerspruch?

These 1:
Im Menschen findet sich eine religiöse Anlage, ein Transzendenzbewusstsein.

Nach Eduard Spranger (1882–1963) besteht im Menschen ein »metaphysisches Heimweh«, eine »metaphysische Sehnsucht«[1]: »Die dialektische (widersprüchliche und kampfgesättigte) Struktur der Welt ist gesichertes Faktum. Ich verstehe darunter, dass die Seele in ihrem innersten Gefüge durchweg auf etwas anderes angelegt ist, als die räumlich-zeitliche Welt zu verwirklichen gestattet. [...] Wie kämen Sehnsucht, Zerrissenheit, Schuldgefühle in unser Herz hinein, wenn sie nicht aus der Struktur einer höheren Weltordnung stammten, die wir kraft jener Seelenregungen schon als die ›eigentliche‹ ahnten? Das ist nicht ein Wünschen aus wilder Wurzel, sondern die Führungslinie zur Echtheit und Wahrheit unseres Wesens. Daher dies Gefühl der Heimatlosigkeit in uns und der stille Drang nach Erlösung. Aber eine ›Offenbarung‹ des dahinter verborgenen Gottes ist erst gewährleistet, wenn sich die Kraft jenes Glaubens schon *in* der Welt als die einzige Seelenhaltung bewährt, die diese Welt überwindet.«[2]

Die von Spranger beschriebene »metaphysische Sehnsucht« hat der Kirchenvater Augustin (354–430) auf eine knappe, berühmt gewordene, den ontologischen (seinshaften) und den existenziellen Aspekt umgreifen-

---

1 Eduard Spranger, Der unbekannte Gott, Stuttgart [2]1954, S. 8. 26.

2 A.a.O., S. 53 f.

de Formulierung gebracht: »Geschaffen hast Du uns zu Dir, und ruhelos ist unser Herz, bis daß es seine Ruhe hat in Dir.«[3]

Die zum Menschsein gehörende »metaphysische Sehnsucht«, anders gesagt: das universale Gottesbewusstsein, hängt zusammen mit göttlicher Offenbarung, ist aber von dieser auch klar zu unterscheiden. Gehört die *Möglichkeit* solcher Offenbarung zum Menschsein als solchem, dann kann von »*universaler* Offenbarung« geredet werden. Damit ist gemeint, dass sich Gott weltweit kundtut: zu allen Zeiten, an allen Orten, in allen Völkern, Kulturen und Religionen; offensichtlich nicht uniform, sondern vielfältig; offensichtlich nicht immer gleich deutlich und nicht immer gleich intensiv; und sicher nicht automatisch, von uns sozusagen auf Knopfdruck abzurufen, sondern frei, souverän, »wann und wie und wo Gott will«[4].

Wie immer diese weltweite Offenbarung im Einzelnen zu verstehen ist, vor allem auch angesichts der Vielzahl von Religionen, Weltanschauungen und religionsphilosophischen Entwürfen, so ist *ein* Merkmal auf alle Fälle festzuhalten, nämlich die Universalität. Wenn wir uns auf Gott besinnen, dann auf jene Instanz, die mit schlechterdings allem zu tun hat. Was meinen wir, wenn wir Gott sagen? Die Kraft, die alles bedingt und ermöglicht, die alles trägt und zusammenhält, und die allein imstande ist, alles zu einem Ziel, zu einer Vollendung zu führen. »Von ihm und durch ihn und zu ihm sind alle Dinge« (Röm 11,36). »Gott wird alles in allem sein« (1Kor 15,28).

Eben dieser Gesichtspunkt der Universalität Gottes kommt auch ins Spiel, wenn es um das »universale Gottesbewusstsein« geht. Ein solches Bewusstsein von einer alles bedingenden, alles tragenden und, wie zu hoffen ist, alles zu einem Ziel, einer Erfüllung bringenden Daseinsmacht dürfte in allen Menschen angelegt sein, unabhängig davon, wie ausgeprägt oder wie flüchtig es im einzelnen Menschenleben erscheint. Ein solches Angelegtsein heißt dann auf alle Fälle: Es kann entwickelt und gefördert werden, und die Menschen sind auf etwas Absolutes, Übermächtiges grundsätzlich ansprechbar. Aber was heißt »universales Gottesbewusstsein«?

---

3 AUGUSTINUS, Bekenntnisse. Übers. v. Joseph Bernhart, Frankfurt a.M. / Hamburg 1955, S. 7 (Erstes Buch, erster Abschnitt). Lateinisch: »Fecisti nos ad te, et inquietum est cor nostrum, donec requiescat in te.«

4 Um eine Formulierung des Schweizer liberalen Theologen MARTIN WERNER (1887–1964) zu benutzen; vgl. etwa MARTIN WERNER, Der protestantische Weg des Glaubens, Bd. 2: Systematische Darstellung, Bern / Tübingen 1962, S. 235 (ähnlich a.a.O., S. 254).

(a) Haben alle ein Bewusstsein von *Gott*? Dem steht doch der weitverbreitete Atheismus, die Bestreitung eines personhaften Gottes, entgegen. Statt »Gottesbewusstsein« sollte man eher »Transzendenzbewusstsein« sagen, und das bedeutet: das Bewusstsein von etwas Übermächtigem, einer schöpferischen kosmischen Kraft, der sich alles verdankt, ohne die nichts ist und nichts sein kann. Was dann das *wahre* Wesen dieser Daseinsmacht, dieses Urgrundes von allem ist, das ist eine zweite Frage.[5]

(b) Ist das *Bewusstsein* des Übermächtigen, des Absoluten, eines verborgenen und schöpferischen Hintergrundes von allem – oder wie die Umschreibungen alle lauten mögen – einfach eine Ahnung? Oder ist es eine Gewissheit?

Jeder Mensch hat ein Weltbewusstsein und ein Selbstbewusstsein (ein Bewusstsein seines eigenen Ich). Das sind nicht nur Ahnungen, sondern Gewissheiten.[6] Ich stehe in einer Umgebung, einer Welt; und ich hebe mich von dieser Umgebung ab, indem ich nicht einfach mit ihr verschmolzen bin, sondern ihr eigenständig gegenübertrete, sie befrage und mich von ihr auch distanzieren kann.

Weltbewusstsein und Selbstbewusstsein überschreiten sich selbst, indem wir fragen, wie die Welt und mein eigenes Selbst möglich sind. »Warum ist überhaupt etwas und nicht vielmehr nichts?«[7] Wie kann die Welt Bestand haben? Und wieso gibt es mich, der ich ein Teil der Welt bin und zugleich über sie nachdenken kann? So ist im Weltbewusstsein und im Selbstbewusstsein das Transzendenzbewusstsein mitgegeben.[8]

---

5 Dazu ANDREAS RÖSSLER, »Was uns unbedingt angeht«. Paul Tillichs Reden von Gott, in: Werner Zager (Hg.), Glaubwürdig von Gott reden. Im Gespräch mit Paul Tillich, Leipzig 2012, S. 27-66.

6 Von »Solipsisten« abgesehen, also krassen Eigendenkern, die der Meinung sind, nur sie selbst und nichts und niemand sonst würden existieren.

7 Diese philosophische Grundfrage, zum Teil unterschiedlich formuliert, findet sich etwa bei GOTTFRIED WILHELM LEIBNIZ, FRIEDRICH WILHELM JOSEPH VON SCHELLING, ARTHUR SCHOPENHAUER, MARTIN HEIDEGGER und PAUL TILLICH. Vgl. PAUL TILLICH, Systematische Theologie I, Stuttgart ^{3}1956, S. 137. 193 f.; EBERHARD JÜNGEL, Gott als Geheimnis der Welt, Tübingen ^{2}1977, S. 37-40; LUDGER LÜTKEHAUS, Nichts, Neuausg. Frankfurt a.M. 2003, S. 131 f. 151 f.

8 »Es ist anzunehmen, daß mit dem Erwachen des Selbstbewußtseins das Erwachen des Gottesbewußtseins verbunden ist, daß der Mensch, der Ich sagen konnte, zugleich Gott erlebte, in dem das Ich wurzelt. Daß der Mensch sich als Ich begreift, ist ein ebenso wunderbarer und geheimnisvoller Vorgang, wie daß er Gott begreift; beides gehört zusammen, beides sind Urphänomene im menschlichen Geiste, die man auch als Uroffenbarung Gottes bezeichnen kann.« (RICARDA HUCH, Urphänomene, Zürich / Freiburg i.Br. ^{3}1946, S. 62 f.)

Dass ich selbst bedingt bin und mit mir die Welt bedingt ist, dass da übergeordnete Kräfte am Werk sind oder *eine* alles zusammenhaltende Kraft, das ist so selbstverständlich vorauszusetzen wie eben die Welt und wie mein eigenes in der Welt befindliches und doch von ihr zu unterscheidendes Ich. Insofern ist das Transzendenzbewusstsein nicht nur eine Ahnung, sondern schlicht eine Gewissheit. »Gott hat [...] die Ewigkeit in ihr [sc. der Menschen] Herz gelegt; nur dass der Mensch nicht ergründen kann das Werk, das Gott tut, weder Anfang noch Ende.«[9]

Aber wie ist diese letzte Daseinskraft zu verstehen? Was ist ihr wahres Gesicht? Wie sind wir mit ihr dran? Hier ist nichts mehr selbstverständlich. Hier steht Botschaft gegen Botschaft und wagender Glaube gegen wagenden Glauben.

(c) Das Transzendenzbewusstsein ist »*universal*«. Es gehört zur Grundausstattung aller Menschen. Es ist zu allen Zeiten, an allen Orten, in allen Völkern, Kulturen und Religionen gegeben.[10] Freilich lässt sich diese Universalität nicht messen. Wie sollte das auch vor sich gehen! In der Religionswissenschaft werden Zeugnisse des Transzendenzbewusstseins, also der Religiosität der Menschen, gesammelt und geordnet, doch in die frühesten Zeiten des Homo sapiens kann man dabei kaum eindringen. Und heutige Meinungsumfragen müssen in der Fragestellung immer etwas grobmaschig bleiben. Sie können nicht alle Feinheiten und Differenzierungen berücksichtigen. Die gegebenen Antworten können keine gründliche Selbstbiografie ersetzen, und zu einer solchen kommt es nur in Ausnahmefällen.

Ein Beispiel einer solchen Selbstbiografie liefert etwa die württembergische Schriftstellerin Isolde Kurz (1853–1944), Tochter des Schriftstellers und ehemaligen Geistlichen Hermann Kurz (1813–1873). Die Mutter von Isolde Kurz schirmte ihre Kinder programmatisch von jeglichem religiösen und speziell christlichen Einfluss ab, wegen traumatischer Erfahrungen in der eigenen Jugend. »Um unseren zarten Jahren ähnliche Qualen zu ersparen, war sie auf den Ausweg verfallen, uns die religiösen Begriffe gänzlich fernzuhalten, ebenso wie sie es mit dem Tode gemacht hatte. Aber die Empfindung eines Göttlichen liegt doch von Haus aus in der Seele, we-

---

9 Pred 3,11. Dazu Nathan Söderblom, Offenbarung und Religionen (Ausgewählte Werke, Bd. 1), hg. v. Dietz Lange, Göttingen 2011, S. 119 f.; vgl. a.a.O., S. 122.

10 Hans Küng, Was ich glaube, München 2009, S. 126: »Die kulturhistorische Forschung hat gezeigt: Bisher wurde in der ganzen Geschichte der Menschheit kein Volk oder Stamm gefunden ohne irgendwelche Merkmale von Religion, auch wenn man sie oft von Magie nicht unterscheiden kann. Religion ist allgegenwärtig, sowohl historisch wie geographisch.«

nigstens lag sie in der meinigen. Also glaubte ich an die Götter Griechenlands. Ich schlich mich öfter in der Morgenstille zu unserem Steinaltar, um Opfer in Gestalt von Blumen oder Kornähren darzubringen und mich in die Betrachtung eines großen erhabenen Seins zu versenken. Natürlich nahm ich die junge Götterschar, deren Rollen wir selber spielten, nicht allzu ernsthaft, aber ihr Oberhaupt erweckte meine Ehrfurcht. Ein Weltenvater, Erschaffer und Erhalter alles Seins, war mir schon von der Schichtung der Familie her eine natürliche und notwendige Vorstellung. Ihm galt meine Andacht.«[11]

In ihrer »Lebensrückschau ›Die Pilgerfahrt nach dem Unerreichlichen‹« (1938) schreibt die undogmatische Christin am Schluss: »Die freigewordene Seele möchte sich wie ein junger Flieger hinaufschrauben in das ausgespannte Ätherblau: Näher, mein Gott, zu dir! Kaum daß ich die Worte denke, so braust von fern her der Sterbechoral der Titanic durch mein inneres Gehör und ich sehe das Riesenschiff mit den verzweifelten Menschenseelen mitten in dem ungeheuren Untergang, durch den sich doch aus Menschenwerkzeugen siegreich bis zuletzt die Töne inbrünstigen Vertrauens heben. Des Vertrauens zu dem Unbekannten, Unfaßbaren, dem wir alle angehören, gleichviel wie Menschen ihn töricht streitend benennen. Das kann nicht *nicht* sein, was so wie ein Tau die versinkende Zeitlichkeit mit dem Ewigen verknüpft. Näher zu dir! Du hast mich ausgeatmet, du wirst mich einatmen. Möchte dann mein letzter Atem rein geworden wie Atem der Kindheit in den deinigen zurückfließen.«[12]

Das universale, weltweite, grundsätzlich alle Menschen einbeziehende Transzendenzbewusstsein bleibt eine *Deutung*,[13] mit deren Hilfe man verstehen will, wieso offensichtlich Menschen zu allen Zeiten etwas Höheres, uns Überlegenes vermutet und verehrt haben, obwohl ein Merkmal einer solchen göttlichen Kraft ja die Unsichtbarkeit und damit Unzugänglichkeit ist. Belege für ein universales Transzendenzbewusstsein, mit anderen Worten: für eine »religiöse Anlage«[14] im Menschen, finden sich einerseits in

---

11 Isolde Kurz, Aus meinem Jugendland, Tübingen 1918, S. 46 f.

12 Isolde Kurz, Die Pilgerfahrt nach dem Unerreichlichen. Lebensrückschau, Tübingen 1938, S. 699.

13 So Rudolf Otto, Das Heilige. Über das Irrationale in der Idee des Göttlichen und sein Verhältnis zum Rationalen, München [25]1936 [[1]1917], S. 138.

14 Zur »religiösen Anlage«: Wilhelm Lütgert, Schöpfung und Offenbarung, Gütersloh 1934, S. 53-95 (»Die religiöse Anlage«); Tor Andrae, Die letzten Dinge, Leipzig [2]1941, S. 167-240 (»Die Frage der religiösen Anlage religionsgeschichtlich beleuchtet«); Helmer Ringgren / Ake V. Ström, Die Religionen der Völker. Grund-

dem riesigen Material der ganzen Religionsgeschichte und andererseits in der Kulturgeschichte bzw. Geistesgeschichte, mit Zeugnissen aus Philosophie, Literatur, Kunst und Musik, und schließlich auch in den Forschungen der Religionspsychologie.

These 2:

Die religiöse Anlage im Menschen besagt zweierlei: (a) das Bewusstsein des Übermächtigen, der alles ermöglichenden kosmischen Kraft; und (b) dass man etwas für unbedingt erklärt, etwas zu seinem unbedingten Anliegen macht. Grundlegend ist dabei ein ontologischer (seinshafter) Aspekt: das Bezogensein auf Transzendenz, ferner ein existenzieller Aspekt: das individuelle Betroffensein von Transzendenz.

Worin besteht die religiöse Anlage?[15] Es kann keine Rede davon sein, dass alle Menschen geborene Monotheisten wären, etwa im Sinn eines Urmonotheismus, der dann im Lauf der Zeit verschüttet worden und später wieder zunehmend freigelegt worden wäre.

In der Frühzeit des Homo sapiens scheint unter anderem ein Dynamismus verbreitet gewesen zu sein: die Auffassung, in der Welt herrschten bestimmte Mächte oder Kräfte, oder ein Mana, eine übernatürliche Kraft, die allem zugrunde liege. Ferner wurde ein Animismus vertreten: die Auffassung, die ganze Natur sei beseelt, von guten oder bösen Geistern durchdrungen,[16] bis hin zur Vorstellung einer unsichtbaren, dem Tod überlegenen Geisterwelt, in die auch die Seelen der Verstorbenen eingegangen seien. Wie auch immer: Hier, wie auch in den archäologischen Funden der Grabbeigaben für Verstorbene als Ausrüstung für ihre Himmelsreise, zeigt

---

riß der allgemeinen Religionsgeschichte, Stuttgart 1959, S. 4-6; WERNER NEUER, Art. Anlage, religiöse, in: Evangelisches Lexikon für Theologie und Gemeinde, Bd. 1, Wuppertal / Zürich 1992, S. 76 f.

[15] Der Begriff »religiöse Anlage« findet sich schon bei FRIEDRICH SCHLEIERMACHER, Über die Religion. Reden an die Gebildeten unter ihren Verächtern [1799] (PhB 255), Nachdr. Hamburg 1970. Dort in der dritten Rede: »Der Mensch wird mit der religiösen Anlage geboren wie mit jeder andern, und wenn nur sein Sinn nicht gewaltsam unterdrückt, wenn nur nicht jede Gemeinschaft zwischen ihm und dem Universum gesperret und verrammelt wird [...] so müßte sie sich auch in Jedem unfehlbar auf seine eigne Art entwickeln« (S. 80).

[16] Vgl. KURT GOLDAMMER (Hg.), Wörterbuch der Religionen (KTA 125), Stuttgart ^{3}1976, S. 35. 146; CHRISTOPH AUFFAHRT, HANS G. KIPPENBERG u. AXEL MICHAELS (Hg.), Wörterbuch der Religionen, Stuttgart 2006, S. 34 f. 120; ANTON ANWANDER, Wörterbuch der Religion, Würzburg ^{2}1962, S. 31 f. 117.

sich eine Disposition zur Verehrung von etwas, was das Sichtbare übersteigt und die Vergänglichkeit überdauert.

Zu Recht schreibt der frühere deutsche Bundeskanzler Helmut Schmidt: »Religiosität ist dem Homo sapiens offenbar ein Grundbedürfnis. Die Glaubensbereitschaft der meisten Menschen wird auch von ihrer Vernunft nicht verdrängt. Diese Religiosität mag ein Teil unseres genetischen Erbes sein. Dagegen sind die Religionen – ob sie auf Offenbarung und heiligen Schriften oder auf Mythen, Sagen und Märchen beruhen – keineswegs genetisch vererbt, sondern durch Tradition weitergegeben und ausgebaut worden.«[17]

Zwei grundlegende Äußerungen der religiösen Anlage bzw. des universalen Transzendenzbewusstseins sind (a) der Bezug auf eine Übermacht, auf die wir hingeordnet sind, indem wir uns von ihr abgestoßen oder zu ihr angezogen fühlen,[18] und (b) das persönliche Ergriffensein von etwas, was wir für unbedingt gültig halten oder für uns als unbedingt wichtig erklären.

(a) Der erste, ontologische Aspekt der religiösen Anlage ist von Friedrich Schleiermacher (1768–1834) in seiner Schrift »Über die Religion. Reden an die Gebildeten unter ihren Verächtern« (1799) als »Anschauung und Gefühl des Universums«[19] und als »Sinn und Geschmack fürs Unendliche«[20] charakterisiert worden, und dann später in seiner »Glaubenslehre« (Erstfassung 1821/22, Endfassung 1830/31) als »Bewusstsein schlechthinniger Abhängigkeit«[21]. Da ist also etwas mir grundlegend Überlegenes: das

---

[17] Helmut Schmidt, Religion in der Verantwortung. Gefährdungen des Friedens im Zeitalter der Globalisierung (Berlin 2011), Ullstein Taschenbuch 37446, Berlin 2012, S. 234.

[18] Im Sinn des »mysterium tremendum et fascinans« von R. Otto. Vgl. ders., Das Heilige (s. Anm. 13), S. 13-16. 42 -52. 56.

[19] F. Schleiermacher, Über die Religion (s. Anm. 15): »Ihr [sc. der Religion] Wesen ist weder Denken noch Handeln, sondern Anschauung und Gefühl. Anschauen will sie das Universum [...]« (S. 29; zweite Rede). »Anschauen des Universums, ich bitte befreundet Euch mit diesem Begriff, er ist der Angel meiner ganzen Rede, er ist die allgemeinste und höchste Form der Religion [...]« (S. 31; zweite Rede).

[20] »Praxis ist Kunst, Spekulation ist Wissenschaft, Religion ist Sinn und Geschmack fürs Unendliche« (a.a.O., S. 30; zweite Rede).

[21] Friedrich Schleiermacher, Der christliche Glaube nach den Grundsätzen der evangelischen Kirche im Zusammenhang dargestellt, Berlin ^{2}1831, Bd. 1, Einleitung, 1. Kapitel, Leitsatz zu § 4: »Das Gemeinsame aller noch so verschiedenen Äußerungen der Frömmigkeit, wodurch diese sich zugleich von allen andern Gefüh-

Unendliche, das Universum, etwas, von dem ich durch und durch abhängig bin, auch wenn es mich dann in die eigene Freiheit entlässt.

(b) Der zweite, existenzielle Aspekt der religiösen Anlage, der das Erkennen, das Handeln und das Fühlen umfasst, ist von Martin Luther (1483-1546) 1529 in seiner Auslegung des Ersten Gebotes als persönlicher Bezug charakterisiert worden: »Woran du nun dein Herz hängst und dich darauf verlässt, das ist eigentlich dein Gott.«[22] Ähnlich sprach Johannes Calvin (1509-1564) von dem menschlichen Geist als einer »Götzenfabrik«[23]. Religion gehört also zum Menschsein, indem wir etwas für uns absolut bindend und verpflichtend setzen. Da stellt sich dann die Frage, ob wir aufs richtige oder aufs falsche Pferd setzen, ob wir von dem wahren Unbedingten, dem wahren Gott gepackt sind oder ob wir unser Leben zerstören, indem wir bedingungslos falschen Göttern folgen.

Die beiden Aspekte, der ontologische und der existenzielle, gehören zusammen: (a) einerseits das Übermächtige, das Weltganze oder Weltumspannende, die kosmische Kraft, die alles ermöglicht und bestimmt, von der wir ganz und gar abhängig sind, und (b) andererseits das, was ich selbst für unbedingt wichtig und verpflichtend halte. So kommt es darauf an, ob das, was ich für unbedingt wichtig halte, dies auch wirklich ist, und umgekehrt, ob ich bereit bin, mir das wahrhaft Unbedingte, Ewige, soweit es sich mir erschlossen und aufgedrängt hat, zu eigen zu machen oder nicht.[24] Aus christlicher Sicht ist die Liebe das wahre Gesicht des Unbedingten. Ist Gott »der Wille der Liebe«[25], dann bedeutet es Lebenserfüllung,

---

len unterscheiden, also das sich selbst gleiche Wesen der Frömmigkeit ist dieses, daß wir uns unsrer selbst als schlechthin abhängig, oder, was dasselbe sagen will, als in Beziehung mit Gott bewußt sind« (S. 16).

[22] Martin Luther, Großer Katechismus. Zit. nach: ders., Der Große und Kleine Katechismus, ausgew. u. bearb. v. Kurt Aland u. Hermann Kunst, Göttingen 1983, S. 9.

[23] »Daraus geht hervor, daß der Menschengeist zu allen Zeiten sozusagen eine Werkstatt von Götzenbildern gewesen ist« (Johannes Calvin, Institutio I, 11,8. Übersetzung: ders., Unterricht in der christlichen Religion. Nach der letzten Ausgabe übers. u. bearb. v. Otto Weber, Neukirchen 1955, S. 45).

[24] Dabei kann ich mich auch nihilistisch verhalten, indem ich etwas für unbedingt wichtig halte, von dem ich weiß, dass es letztlich ohne Bestand und Bedeutung ist. Aber mir liegt etwas an diesem Götzen, sei es, dass ich triebhaft daran gebunden bin, sei es, dass mich dessen Gefolgschaft im Augenblick glücklich zu machen scheint.

[25] Der von Albert Schweitzer gebrauchte Ausdruck »Gott als Wille der Liebe« besagt zweierlei: (a) Gott ist seinen Geschöpfen, seiner Welt in Liebe zugewandt, und (b) Gott will, dass wir Menschen Liebe praktizieren, wobei in diese Liebe die

mir eben dies, was immer schon in sich gilt, auch persönlich zu eigen zu machen.

These 3:

Die religiöse Anlage bezieht sich auf Religion im weiteren Sinn. Es ist die Frage nach dem Sinn, nach dem Ganzen, dem Absoluten, dem Unbedingten, nach bleibender Wahrheit. Eine Konkretisierung ist dann die Religion im engeren Sinn der Zugehörigkeit zu einer Glaubensgemeinschaft bzw. des konkreten Glaubens gemäß dieser Glaubensgemeinschaft.

Das universale Transzendenzbewusstsein bzw. die religiöse Anlage äußert sich in unterschiedlicher Weite und Konzentration. Religion hat einen engeren und einen weiteren Umkreis.[26] Religion im engeren Sinn ist die Zugehörigkeit zu einer Glaubensgemeinschaft mit ihren Überlieferungen, Geschichten, Lehraussagen oder Leitgedanken, ihren ethischen Vorschriften, ihrem Kultus, ihren Ritualen, Formen, Gesten, Zeichen und auch ihrer institutionellen Struktur. Da setzt sich die Religiosität, die religiöse Anlage eben um in den praktischen Vollzug und auch in die schöpferische Neuaufnahme dessen, was die jeweilige Glaubensgemeinschaft vorgibt und was man in ihr gelernt und eingeübt hat. Religion im weiteren Sinn ist auch in der Religion im engeren Sinn gegeben, kann aber auch abgesehen von dieser bestehen. Religion im weiteren Sinn verwirklicht sich innerhalb und außerhalb der Glaubensgemeinschaften und der religiösen Überlieferungen.

Korrektheit und Fairness, die Gerechtigkeit und das Mitfühlen (die Empathie) einbezogen sind. Vgl. Albert Schweitzer, Aus meinem Leben und Denken (1931), in: ders., Gesammelte Werke in fünf Bänden [= GW], hg. v. Rudolf Grabs, Bd. 1, München 1974, S. 19-252: »In der Welt offenbart sich uns der unendliche Wille zum Leben als Schöpferwille, der voll dunkler und schmerzlicher Rätsel für uns ist, in uns als Wille der Liebe, der durch uns die Selbstentzweiung des Willens zum Leben aufheben will« (S. 244). Nach Schweitzer »steht jede ethische Frömmigkeit über aller pantheistischen Mystik dadurch, daß sie den Gott der Liebe nicht in der Natur findet, sondern von ihm nur dadurch weiß, daß er sich als Wille der Liebe in uns kundgibt. Der Urgrund des Seins, wie er in der Natur in Erscheinung tritt, ist uns immer etwas Unpersönliches. Zum Urgrund des Seins aber, der als Wille zur Liebe in uns offenbar wird, verhalten wir uns als zu einer ethischen Persönlichkeit« (S. 248).

[26] Vgl. Paul Tillich, Religion als eine Funktion des menschlichen Geistes?, in: ders., Die Frage nach dem Unbedingten. Schriften zur Religionsphilosophie (GW V, hg. v. Renate Albrecht), Stuttgart 1966, S. 37-42.

Religion im weiteren Sinn ist eben das Transzendenzbewusstsein, und damit die Frage »nach dem, was die Welt im Innersten zusammenhält«[27], nach dem Daseinsgrund, dem sich alles verdankt, nach dem Übermächtigen, dem Ewigen. Religion im weiteren Sinn kann sich einfach als ein Suchen nach der endgültigen Wahrheit äußern, als Fragen nach dem, von dem alles abhängig ist, und damit auch nach einem bleibenden Sinn unseres Daseins, der nur im Daseinsgrund verankert sein kann. Entschiedene Atheisten und etliche Agnostiker halten eine solche weite Bestimmung von Religiosität häufig für zu verschwommen, nebulös oder für zu abstrakt.[28] Vielleicht weil sie sich hier selbst wiederfinden, sich aber nicht apologetisch vereinnahmen lassen wollen. Aber was als verschwommen erschei-

---

[27] JOHANN WOLFGANG GOETHE: »[...] Dass ich erkenne, was die Welt/ Im Innersten zusammenhält,/ Schau' alle Wirkenskraft und Samen,/ Und tu' nicht mehr in Worten kramen« (Faust. Der Tragödie erster Teil, Nacht).

[28] Dazu KURT BANGERT, Die Wirklichkeit Gottes. Wie wir im 21. Jahrhundert an Gott glauben können, Bad Nauheim 2012, S. 135 f.: »Widerspruch gegen den ›Gott als dem Ganzen‹ könnte auch seitens des Atheismus kommen, der gegen diese Art von All-Gott den Vorwurf der Beliebigkeit erheben könnte und einwenden würde, dass mit dieser All-Umfassenheit eigentlich gar nichts definiert wird. Der bekennende Atheist MICHAEL SCHMIDT-SALOMON hat diesen Einwand zugespitzt so formuliert: ›Ein Gott, der alles umfasst, ist begrifflich von nichts mehr unterscheidbar. Er wäre Alles und Nichts, [...]. Auf einen solchen, alle Eigenschaften umfassenden und damit eigenschaftslosen Gott lässt sich keine Religion begründen.‹ Kein Atheist müsste einen solchen All-Gott leugnen, meint Schmidt-Salomon, aber ein solcher Gott wäre in seiner allumfassenden Begrifflichkeit allzu konturenlos und deshalb bedeutungslos. Diesem Einwand ist zunächst entgegenzuhalten, dass ein Gott, der alles umfasst, von einem Atheisten in der Tat nicht mehr zu leugnen wäre und somit dem Atheisten den Boden unter seinen Füßen entzöge. Damit das nicht passiert, muss der Atheist Gott so definieren, dass er ihn kraft seiner Definition sogleich zu leugnen in der Lage wäre. [...] Ferner ist diesem Einwand entgegenzuhalten, dass Gott als das Ganze der Wirklichkeiten und Möglichkeiten durchaus noch in vielfältiger Weise konkretisiert werden kann und muss.«

Vgl. auch in ironischem Ton HERBERT SCHNÄDELBACH, Religion in der modernen Welt, Frankfurt a.M. 2009, S. 65: »Ist es wirklich wahr, dass nur die Religion die Menschen zu Menschen macht? Die Plausiblität dieser Prämisse hängt zunächst wesentlich von dem hohen Abstraktheitsgrad des Religionsbegriffs ab, der hier bestimmend ist, und in der Tat werden Begriffe immer universeller, je mehr man sie semantisch verdünnt. In der Vergangenheit galten jeweils nur Anhänger einer bestimmten Religion als Menschen im vollen Wortsinn [...]; jetzt genügt es offenbar, religiös in einem ganz allgemeinen Sinn zu sein, um uneingeschränkt zur Menschengattung zu gehören.«

nen mag, gibt Platz für die unterschiedlichste Füllung, und was als abstrakt erscheinen mag, kann ohne Mühe konkret gefüllt werden.[29]

Religion im engeren Sinn steht in der Gefahr, im täglichen Leben nur eine Nische zu sein, etwas, von dem man gelegentlich einmal Gebrauch macht, das aber für den Alltag ohne besondere Bedeutung ist. Religion im weiteren Sinn steht in der Gefahr, im Allgemeinen ausgeblendet und verdrängt zu werden, indem man die Grundfragen des Daseins beiseite schiebt. Soweit aber Religion im weiteren wie auch im engeren Sinn wirklich ernst gemeint ist,[30] ist sie von Bedeutung, ja grundlegend für die verschiedenen geistigen Funktionen des Menschen.[31] In der Tradition sind das die kognitive, die ethische und die emotional-ästhetische Funktion: (a) der Verstand, die Vernunft, der Intellekt; (b) der Wille und seine Umsetzung in die Tat; (c) die Wahrnehmung, die sich im Gefühl niederschlägt. Dabei kann, je nach persönlichem Charakter oder nach der Gesamtdeutung der Wirklichkeit, das Schwergewicht auf der Erkenntnis, der Lebenspraxis oder der Empfindung liegen, aber keine der drei Funktionen darf fehlen. Religion ist in diesen drei Funktionen der Unbedingtheitscharakter, also die Frage nach dem unbedingt Gültigen bzw. Wahren und nach dem unbedingt Verpflichtenden.

Religion im weiteren Sinn – die auch Religion im engeren Sinn mit einschließt – ist bei ALBERT SCHWEITZER (1875–1965) auch als »elementares Denken« beschrieben,[32] wobei das »Denken« hier nicht auf den Intellekt beschränkt ist, sondern das Menschsein in allen seinen geistigen Funktio-

---

[29] Ein Beispiel aus dem religionslosen Milieu der DDR in den 1980er-Jahren gibt EBERHARD TIEFENSEE, indem er aus dem »Strafaufsatz« einer Schülerin zum Thema »Wer bin ich?« zitiert: »Es ist ganz schön komisch, warum lebe ich hier und bin kein Mädchen aus Japan oder so? Was ich mir auch nicht vorstellen kann, ist, dass der Weltraum unendlich ist. Manchmal denke ich, die Erde und das Leben wird durch jemanden gesteuert, der die Erde bewacht und kontrolliert.« (EBERHARD TIEFENSEE, Gesellschaft ohne Religion. Das Erbe von 40 Jahren DDR, in: Eckhard Jaschinski (Hg.), Das Evangelium und die anderen Botschaften. Situation und Perspektiven des christlichen Glaubens in Deutschland [VMPStA 47], Nettetal 1997, S. [55-86] 71)

[30] Das Wort »Religion« kommt vom lateinischen Verb »religere« = zurückbinden, anbinden, festbinden (manche sagen auch: vom lateinischen Verb »relegere« = wieder lesen, was dann eher auf Religion im engeren Sinn zutrifft).

[31] Sie ist sozusagen eine Meta-Funktion.

[32] Dazu ANDREAS RÖSSLER, »Durch Denken religiös und christlich geblieben« und geworden – »Elementares Denken« nach Albert Schweitzer, in: Jahrbuch 2009 für die Freunde von Albert Schweitzer (Albert-Schweitzer-Rundbrief, Nr. 101), Frankfurt a.M. 2009, S. 7-22.

nen einschließt: der intellektuellen, der ethischen, der ästhetisch-emotionalen.[33] »Elementar ist das Denken, das von den fundamentalen Fragen des Verhältnisses des Menschen zur Welt, des Sinnes des Lebens und des Wesens des Guten ausgeht. In unmittelbarer Weise steht es mit dem sich in jedem Menschen regenden Denken in Verbindung. Es geht auf es ein und erweitert und vertieft es.«[34]

Dieses elementare Denken geht in Verbindung mit den täglichen Erlebnissen und Problemen, also nicht abgesehen von ihnen, den Grundfragen des Daseins nach. Grundsätzlich steigen diese Grundfragen in jedem Menschenleben auf.[35] Dabei stößt der Mensch auf das Geheimnis, das allem zugrunde liegt: »Anfang, stetig sich wiederholender Anfang des Denkens ist, daß der Mensch sein Sein nicht einfach als etwas Gegebenes hinnimmt, sondern es als etwas unergründlich Geheimnisvolles erlebt.«[36] Das elementare Denken kommt, unabhängig von den jeweiligen Ausgangspunkten, zur Frage nach dem Unendlichen, dem Ewigen: »Zum Wesen des Denkens gehört, daß es nicht haltmache, bis es die Fragen des Daseins bis dahin verfolgt hat, wo jede [Frage] mit den anderen zu der einen großen Frage nach dem Verhältnisse meines endlichen Daseins zum unendlichen Sein zusammenfließt und in ihr aufgeht. Das Denken ist eine Welle, die nicht zur Ruhe kommt, bis sie am Gestade des Unendlichen anschlägt.«[37]

Woher kommt das universale Transzendenzbewusstsein, die zum Menschsein gehörende religiöse Anlage? (a) Das Bewusstsein eines uns unendlich übersteigenden, übermächtigen Daseinsgrundes sowie einer mit diesem Daseinsgrund zusammenhängenden unbedingten Verantwortung ist mit dem Weltbewusstsein und dem Selbstbewusstsein mitgegeben, indem Welt und Selbst nach ihrem Woher und Wohin befragt werden: Woher

---

33 »Denken besteht darin, daß mein Sein sich mit dem unendlichen Sein auseinandersetzt. Den Akt des Denkens, in dem meine Erkenntnis von meinem geistigen Verhältnis zur Welt entsteht, vollziehe ich nicht nur als anschauendes, erkennendes und überlegendes, sondern auch als fühlendes und sollendes Wesen. Mein ganzes Ich ist daran beteiligt.« (Albert Schweitzer, Die Weltanschauung der Ehrfurcht vor dem Leben. Kulturphilosophie III, Erster und zweiter Teil [Werke aus dem Nachlaß], München 1999, S. 193 f.)

34 A. Schweitzer, Aus meinem Leben und Denken (s. Anm. 25), S. 233.

35 »Ich wende mich an denkende Menschen und will wieder elementares Denken über die in jedem Menschenwesen aufsteigenden Fragen des Daseins wecken.« (a.a.O., S. 210)

36 A.a.O., S. 170.

37 A. Schweitzer, Kulturphilosophie III, Erster und zweiter Teil (s. Anm. 33), S. 406.

kommt alles? Wozu führt alles, was ist das Ziel von allem? Was ist der Sinn meines Lebens? Wie findet mein Leben zu sich selbst, zu einer Erfüllung und Vollendung? (b) Das Transzendenzbewusstsein hängt auch mit der menschlichen Sprachfähigkeit zusammen, denn ohne Sprache wäre ein Denken nicht möglich, das sich auf Welt und Ich besinnen und damit auch beides befragen und sich davon gedanklich abheben kann. (c) Ebenso ist das Transzendenzbewusstsein nicht ohne das Gewissen möglich, also das Bewusstsein von Gut und Böse und das unbedingte Gefordertsein zum Guten.

Natürlich ist dieser ganze Komplex des Geistigen und Personalen (d) ohne eine naturhafte Basis nicht möglich, und so wird nach der Verankerung des Geistigen samt der religiösen Anlage in den Erbanlagen, den Genomen, geforscht, wie auch nach den Hirnregionen, in denen die geistigen Fähigkeiten und damit auch die Religiosität ihren Ort haben.[38]

Die jeweilige Füllung der religiösen Anlage hängt dann (e) zusammen mit der Familie, in der jemand aufgewachsen ist, mit der Kultur und der Religionsgemeinschaft, in der man groß geworden ist, aber auch mit persönlichen Begegnungen, mit der eigenen Lebensgeschichte und dem eigenen Nachdenken. All diese biologisch-physiologischen, sozialen und seelischen Bedingungen geben aber keine Antwort auf die Wahrheitsfrage, nämlich darauf, was an meiner religiösen Vorstellung und Überzeugung dran ist.

Aus der Sicht der Weltreligionen bekundet sich Gott in Personen, Geschichten, Ereignissen, religiösen Traditionen und in der Natur. Sofern sich Menschen von solchen Selbstkundgaben Gottes, von Offenbarung also, treffen lassen, wird ihre religiöse Anlage entsprechend ausgestaltet. Hier wird dann die menschenmögliche Antwort auf die Wahrheitsfrage gegeben, wobei zwischen den Weltreligionen und Weltanschauungen die endgültige Wahrheit strittig ist.

In der Geschichte des Christentums hat etwas wie das »universale Gottesbewusstsein« immer seinen gedanklichen Platz gehabt, sowohl in der kirchlichen Lehre als auch in den verschiedenen theologischen Entwürfen. Ein Ausgangspunkt ist dabei Röm 1,18-32. Hier setzt Paulus eine natürliche Gotteserkenntnis voraus. Die »Heiden« können »Gottes unsichtbares Wesen, das ist seine ewige Kraft und Gottheit«, »seit der Schöpfung der Welt ersehen aus seinen Werken« (Röm 1,20). Die Zielrichtung ist hier freilich nicht die Anknüpfung des Evangeliums an diese natürliche Gotteser-

---

38 Einschlägiges dazu hat K. BANGERT zusammengetragen in Kapitel 9 (»Gott im Gehirn?«) seines Buches »Die Wirklichkeit Gottes« (s. Anm. 28) auf S. 85-97.

kenntnis, anders als etwa in der »Areopagrede« (Apg 17,22-31), sondern die Unentschuldbarkeit gottlosen Verhaltens. Jene, die sich dem Willen Gottes etwa in seinen Schöpfungsordnungen widersetzen, wissen es eigentlich besser. So konnte die natürliche Gotteserkenntnis entweder in dem Sinn positiv verstanden werden, dass die christliche Botschaft daran anknüpfte und darauf aufbaute, so etwa bei den altchristlichen Apologeten, oder aber sie konnte eher negativ verstanden werden, so etwa bei Reformatoren wie MARTIN LUTHER, indem in ihrem Missbrauch immer schon die menschliche Sünde deutlich wird.

Die religiöse Anlage ist nach der kirchlichen Tradition nicht bloß ein Suchen, Fragen und Ahnen einer alles bedingenden und bestimmenden Daseinsmacht, sondern sie konkretisiert sich als echte, wenn auch ohne die Füllung und Erfüllung durch Gottes Selbstkundgabe in Christus höchst bruchstückhafte *Gotteserkenntnis*. Erkannt wird »von Natur aus« nicht Gottes Wesen, wohl aber sein Sein als solches. Diese natürliche Gotteserkenntnis bringt aber noch nicht das Heil.[39] Rettende Gotteserkenntnis ist erst der Glaube an die in Jesus Christus Mensch gewordene Liebe Gottes zu seiner Schöpfung.

In der römisch-katholischen Kirche wurde die Lehre von der natürlichen Gotteserkenntnis 1870 im Ersten Vatikanischen Konzil sogar zum Dogma erklärt: »Wer sagt, der eine und wahre Gott, unser Schöpfer und Herr, könne mit dem natürlichen Licht der menschlichen Vernunft durch das, was gemacht ist, nicht mit Sicherheit erkannt werden, der sei ausgeschlossen.«[40]

Seit der Erkenntniskritik IMMANUEL KANTS (1724–1804) ist es freilich problematisch, von einer »natürlichen Gottes*erkenntnis*« zu reden, da eine zwingende, jedermann zugängliche Erkenntnis auf die durch Raum und Zeit gekennzeichnete erfahrbare, erforschbare, ja messbare Welt beschränkt ist und sich nicht auf die Tiefendimension der Welt ausweiten lässt. Zudem sind wir mit einem Säkularismus konfrontiert, der alles ausblendet, was mit Gott und mit Religion zu tun hat. Diese völlige Verweltlichung oder Verdiesseitigung, die auf breiter Front in der Neuzeit begonnen hat, kann sich dann in bewusstem Atheismus äußern oder aber in einer Gleichgültigkeit gegenüber allen Fragen nach Gott, nach dem Absoluten, dem Unbedingten. Dem Säkularismus lässt sich nicht mit dem Appell an

---

39 Vgl. Jak 2,19: »Du glaubst, dass nur einer Gott ist? Du tust recht daran; die Teufel glauben's auch und zittern.«

40 JOSEF NEUNER u. HEINRICH ROOS, Der Glaube der Kirche in den Urkunden der Lehrentwicklung, hg. v. Karl Rahner, Regensburg ^{7}1965, S. 50.

eine der Vernunft zugängliche unbestreitbare Gotteserkenntnis begegnen. Sonst müsste man alle Atheisten, aber auch die Agnostiker, für begriffsstutzig oder dumm erklären.

Streng genommen kann die Vernunft, hier in Gestalt des das Weltbewusstsein und das Selbstbewusstsein integrierenden und zugleich übersteigenden Transzendenzbewusstseins, von sich aus nur die *Frage* nach dem Ganzen stellen, dem Umgreifenden, dem alles Bedingenden und Tragenden.

Ein anderer Ansatzpunkt zum Verständnis der religiösen Anlage ist der Gang in das eigene Innere, vor allem in der Mystik. So redet MEISTER ECKHART (1260–1328) von dem »Seelenfunken«, einer Antenne für Gott, die wir in uns haben, einem Ort in uns selbst, in dem Gott Wohnung nehmen kann.[41] Dieser Ansatz wurde der Sache nach in der Tiefenpsychologie von CARL GUSTAV JUNG (1875–1961) aufgegriffen, der von den »Archetypen«[42] in der Psyche spricht, zu denen eben auch Gott oder das Göttliche gehört. Richtig daran ist, dass alle religiöse Botschaft an uns abprallt, wenn sie nicht in unserem Seelenleben Fuß fasst, in unseren Empfindungen und Gefühlen. Nur was uns auch im Gefühlsleben gewiss ist, können wir uns zu eigen machen. Andernfalls bleibt eine Botschaft fremd und lässt sich nicht mit unserem Gewissen und unserem Wahrheitsbewusstsein vereinbaren.

These 4:

Dass Religion im weiteren Sinn konstitutiv zum Menschsein gehört, kann erkenntnistheoretisch als »religiöses Apriori« bezeichnet werden. Das »religiöse Apriori« besagt: In allem Erkennen setzt der Mensch immer schon das Unbedingte voraus, mit anderen Worten: das Ganze, das Absolute, das Wahre, das Gültige, das Ewige – worin auch immer dieses inhaltlich bestehen mag.

Eine erkenntnistheoretische Fassung der von FRIEDRICH SCHLEIERMACHER betonten »religiösen Anlage« ist die Rede vom »religiösen Apriori«.[43] Den

---

41 MEISTER ECKEHART, Deutsche Predigten und Traktate, hg. v. Josef Quint, München 1963, Predigt 21 (»Homo quidam fecit cenam magnam etc. «), S. 246-250 (= Meister Eckhart Werke I u. II, hg. v. Niklaus Largier, Frankfurt a.M. 2008, Bd. I, Predigt 20B, lateinisch u. deutsch, S. 234-243).

42 CARL GUSTAV JUNG u.a., Der Mensch und seine Symbole, Olten / Freiburg i.Br. [8]1985, S. 67-82 (»Der Archetyp in der Traumsymbolik«).

43 Das »religiöse Apriori« wird ausführlich diskutiert in: KURT LEESE, Recht und Grenze der natürlichen Religion, Zürich 1954, S. 147-181 (»Zur Frage nach dem religiösen Apriori«). – Zur Sache auch: JAN ROHLS, Philosophie und Theologie in Geschichte und Gegenwart, Tübingen 2002, S. 405 f. 518-525. – Auswahltexte in:

Begriff haben die liberalen Theologen und Religionswissenschaftler Ernst Troeltsch (1865–1923)[44] und Rudolf Otto (1869–1937)[45] eingeführt, und er wurde dann vor allem in der skandinavischen Theologie diskutiert, etwa bei Anders Nygren (1890–1978)[46] und Søren Holm (1901–1971)[47].

Das Thema einer »synthetischen Erkenntnis a priori« stammt von Kant. Sein »transzendentales« Problem ging der Frage nach, was überhaupt die Bedingungen dafür sind, dass wir die Welt erkennen können. Was uns im Erleben begegnet, ist zunächst ungeordneter Stoff und bedarf der Strukturierung. Nach Kant können wir die Wirklichkeit, der wir ausgesetzt sind, nur in den beiden »Anschauungsformen« von Raum und Zeit erkennen und weiterhin in den vier »Kategorien« (Gedankenformen, Verstandesbegriffen) der Quantität (Einheit, Vielheit, Allheit), der Qualität (Realität, Negation, Limitation), der Relation (Substanz und Akzidenz, Kausalität und Dependenz, Gemeinschaft) und der Modalität (Möglichkeit und Unmöglichkeit, Dasein und Nichtsein, Notwendigkeit und Zufälligkeit).[48]

»Religiöses Apriori« bedeutet, in lockerer Anknüpfung auch an Kants drei »Postulate der reinen praktischen Vernunft«[49] (Gott, Freiheit, Unsterblichkeit): Ohne die Voraussetzung von etwas immer schon vorgegebenem Übermächtigen, alles Bedingenden und Ermöglichenden ist die Welt überhaupt nicht zu begreifen. Darin, dass ich mich als bedingt, endlich und vergänglich verstehen kann oder muss, ist immer schon etwas Unbedingtes, Unendliches, Unvergängliches, Ewiges vorausgesetzt – worin auch immer dieses bestehen mag.

Georg Wobbermin, Religionsphilosophie (Quellen-Handbücher der Philosophie, Bd. 5), Berlin ²1925, S. 221-223 (Ernst Troeltsch); 238-240 (Rudolf Otto).

44 Ernst Troeltsch, Zur religiösen Lage, Religionsphilosophie und Ethik (GS II), Tübingen 1913, S. 452-499 (»Wesen der Religion und der Religionswissenschaft«); S. 754-768 (»Zur Frage des religiösen Apriori. Eine Erwiderung auf die Bemerkungen von Paul Spieß«).

45 R. Otto, Das Heilige (s. Anm. 13), S. 137-142 u. 165-171 (»Das Heilige als Kategorie a priori«); 202-205 (»Religiöses Apriori und Geschichte«).

46 Dazu Niels Hansen Søe, Religionsphilosophie. Ein Studienbuch, München 1967, S. 45-54.

47 Søren Holm, Religionsphilosophie, Stuttgart 1960, S. 63-71.

48 Heinrich Schmidt / Georgi Schischkoff (Hg.), Philosophisches Wörterbuch, Stuttgart ²²1991, S. 29. 374; Wulff D. Rehfus (Hg.), Handwörterbuch Philosophie, Göttingen 2003, S. 251. 416-418.

49 W. D. Rehfus (Hg.), a.a.O. (s. Anm. 48), S. 556 f.

TROELTSCH[50] fragt nach den Rahmenbedingungen für religiöse Erkenntnis. Ist der ganze religionsgeschichtliche und religionspsychologische Stoff ein aus dem Zufall geborenes Sammelsurium? Oder wie kann hier gewichtet und geordnet werden? Wann ist überhaupt dieses oder jenes Phänomen, dieser oder jener Vorgang als »religiös« zu qualifizieren?[51] Und gibt es einen Maßstab dafür, was hier einen Wirklichkeitsgehalt hat und was andererseits bloßes Hirngespinst und Träumerei ist? Religiöses Apriori bedeutet hier: Es gibt etwas Gültiges, Unbedingtes, Normatives, absolut Verpflichtendes.[52] Eben dies ist das religiöse Element. So verstanden, ist die ganze Wirklichkeit voller Religion, nämlich immer dort, wo in ihr die Frage nach dem Gültigen, dem Unbedingten, dem absolut Verpflichtenden oder Normativen auftaucht. Das Bewusstsein des Absoluten, sei es das absolut Mächtige oder das absolut Verpflichtende, ist das religiöse Apriori. Das ist das Vorzeichen vor aller Religion, und dieses Bewusstsein ist uns immer schon mitgegeben. Es ist in allen Äußerungen des menschlichen Geistes mit drin, in der Erkenntnis von Natur und Geschichte, in der Ethik und im gefühlsartigen Erleben: »Die Erkenntnistheorie kennt nur Gewinnung von Gültigkeit und Verbindlichkeit für vorhandene Bewußtseinsinhalte und Unterordnung aller übrigen unter die als gültig erkannten, aber sie kennt keine Existenzbeweise als solche. Der ihr allein mögliche Existenzbeweis ist der Aufweis einer gültigen Vernunftnotwendigkeit, die auf allen Gebieten, auf dem naturphilosophischen, historischen, ethischen, ästhetischen und religiösen, nach verschiedenen Grundsätzen gewonnen wird«, wobei das »religiöse Apriori auf den Zusammenhang mit den andern Apriori angewiesen ist«[53].

Troeltsch kann bei der Beschreibung des religiösen Apriori aber auch auf das Bezogensein auf das Transzendente, das Absolute, das Göttliche

---

50 Dazu K. LEESE, Recht und Grenze der natürlichen Religion (s. Anm. 43), S. 150-155.

51 E. TROELTSCH, Zur religiösen Lage, Religionsphilosophie und Ethik (s. Anm. 44), S. 459: »Was ist das Religiöse in diesen im allgemeinen als Religion bezeichneten, sehr bunten und mannigfaltigen Erscheinungen?«

52 Es stellt sich die Frage, »wie man vom Psychologisch-Historischen überhaupt zur Herausschälung des Gültig-Normativen kommen könne? [...] [W]ann ist ein Gedanke nicht mehr selber etwas bloß Gegebenes, ein Naturerzeugnis, sondern eine autonome Selbstsetzung aus rein innerer Notwendigkeit?« (a.a.O., S. 760)

53 A.a.O., S. 494.

verweisen.[54] Das sind die beiden Seiten ein und derselben Münze: Das unbedingt Verpflichtende ist im Transzendenten, im Daseinsgrund verwurzelt: »Ueber die mir hier vorschwebende Lösung kann ich nur in Kürze andeuten, daß mir die Unbedingtheit alles Apriorischen, die Kontinuität und Folgerichtigkeit der geschichtlichen Vernunftbildungen auf eine handelnde Gegenwart des absoluten Geistes im endlichen, auf ein Handeln des Universums, wie Schleiermacher sagt, in den individuellen Seeleneinheiten hinzudeuten scheint, das der eigentliche Grund alles Apriori und aller geschichtsphilosophisch zu erfassenden Bewegung ist.«[55]

Dabei ist zu beachten, dass das religiöse Apriori durchaus formal zu verstehen ist. Was das wahre Profil des Absoluten ist und was von uns inhaltlich gefordert ist, das ist dann erst noch die Frage.[56]

Das religiöse Apriori kann auch mit ANDERS NYGREN als das Bewusstsein der Ewigkeit und dabei auch der Gültigkeit bestimmt werden.[57] Gültig ist nur das, was bleibt, was sich durchhält und das letzte Wort hat.

RUDOLF OTTO geht in seinem Verständnis des religiösen Apriori eher in den inhaltlichen Bereich, wenn er das Heilige bzw. das Bewusstsein des Mysteriums als des Heiligen dem Menschen immer schon mitgegeben sieht. Die beiden Elemente des Heiligen, das übermächtige Geheimnis, das uns abschreckt, weil wir unsere Unwürdigkeit erkennen, und das uns zugleich anzieht, weil es uns doch annimmt, findet Otto in der Religionsgeschichte wie in der eigenen religiösen Erfahrung wieder, doch hält er sie für aller Erfahrung bereits vorgegeben: »Es [sc. Das Gefühl des Numinosen] bricht auf aus dem ›Seelengrunde‹, aus dem tiefsten Erkenntnis-grunde der Seele selber, zweifellos nicht vor und nicht ohne Anregung und Reizung durch weltliche und sinnliche Gegebenheiten und Erfahrnisse sondern in diesen und zwischen diesen. Aber es entspringt nicht *aus* ihnen sondern nur *durch* sie. Sie sind Reiz und ›Veranlassung‹ daß es selber sich rege [...].

[54] »Die wichtigste Frage ist daher die nach dem Inhalt und Wesen des religiösen Apriori. Es liegt in der aus dem Wesen der Vernunft heraus zu bewirkenden absoluten Substanzbeziehung, vermöge deren alles Wirkliche und insbesondere alle Werte auf eine absolute Substanz als Ausgangspunkt und Maßstab bezogen werden.« (ebd.)

[55] A.a.O., S. 764.

[56] TROELTSCH gibt zu, »daß mit aller Zurückführung des religiösen Phänomens auf ein in ihm wirksames oder enthaltenes Apriori nichts für Wahrheit und Recht des religiösen Bewußtseins bewiesen sei« (a.a.O., S. 761).

[57] K. LEESE, Recht und Grenze der natürlichen Religion (s. Anm. 43), S. 157-160; N. H. SØE, Religionsphilosophie (s. Anm. 46), S. 45-54.

Der Beweis daß es sich im Gefühl des Numinosen um Erkenntnis-momente rein a priori handelt ist durch kritische Selbstbesinnung zu führen. Wir finden in ihm Überzeugungen und Gefühle angelegt die der Art nach verschieden sind von allem was ›natürliche‹ Sinneswahrnehmung uns zu geben vermag.«[58] Hier vermischen sich das formale, transzendental gemeinte religiöse Apriori und empirische (»aposteriorische«) Erfahrungen.

Bei allen Differenzen im Verständnis des religiösen Apriori zwischen TROELTSCH, der sich im Anschluss an KANT auf das Formale, also auf die transzendentale Fragestellung, konzentrieren will (auch wenn ihm das nicht durchweg gelingt), und OTTO, der sich im Anschluss an SCHLEIERMACHER eher in den Bereich des Inhaltlichen begibt, ist jedenfalls festzuhalten: »Religion« ist mit dem erkenntnistheoretisch verstandenen »religiösen Apriori« wie auch mit der ontologisch und zugleich existenziell verstandenen »religiösen Anlage« noch nicht abgedeckt. Es handelt sich beim religiösen Apriori wie bei der religiösen Anlage um die *Dimension* der Religion. Dann aber ist weiter zu fragen nach dem *wahren Profil* des Unbedingten und damit nach der wahren Religion.

PAUL TILLICH (1886–1965) bestimmt Religion als »das, was uns unbedingt angeht«, und fügt hinzu, nur das gehe uns in Wahrheit unbedingt an, was über unser Sein oder Nichtsein entscheide.[59] Bei Tillich ist das religiöse Apriori in erster Linie das Unbedingtheitsbewusstsein.[60] Das Unbedingte lässt sich dann weiter umschreiben etwa als das Absolute, das Gültige, das Heilige, das Ewige, das Wahre, das Ganze.

Man kann das religiöse Apriori auch als Wahrheitsbewusstsein beschreiben. Bei aller Suche nach Wahrheit ist Wahrheit immer schon vorausgesetzt. Der russische Religionsphilosoph NIKOLAI BERDJAJEW (1874–1948) schreibt von sich im Lebensrückblick: »Ich habe mich im Leben halten können, ohne mich auf irgend etwas anders zu stützen, als auf das Suchen nach göttlicher Wahrheit. [...] Mein Lebtag lang habe ich nach der Wahrheit gesucht, die ich im Uranfänglichen fand; sie ist gleichsam a prio-

---

58 R. OTTO, Das Heilige (s. Anm. 13), S. 138.

59 P. TILLICH, Systematische Theologie I (s. Anm. 7), S. 19-21.

60 PAUL TILLICH, Begegnungen. Paul Tillich über sich selbst und andere (GW XII, hg. v. Renate Albrecht), Stuttgart 1971, S. 185: »Das Unbedingte ist [...] a priori durch Wesensbeziehung das fundierende Element alles Wertbewußtseins, aller Geistwirklichkeit.«

ri meines geistigen Weges da gewesen. Es gibt eine ›wahrhaftige Wahrheit‹.«[61]

Wir Menschen haben immer schon eine Ahnung von absoluter Wahrheit, und wir haben auch ein Bewusstsein davon, der Wahrheit *verpflichtet* zu sein. Dann stellt sich die Frage, wie das beides zusammenkommen kann. Wir sind der Wahrheit doch nur dann verpflichtet, wenn diese lebensfördernd, lebensdienlich, heilsam ist. Das mag als *Hinweis* darauf verstanden werden, dass die letzte Wahrheit selbst einen aufbauenden und keinen vernichtenden, zerstörerischen Charakter hat. Wie auch immer: Das Wahrheitsbewusstsein wird dazu führen, ein ganzes Leben lang immer nach Wahrheit oder nach tieferer Wahrheitserkenntnis zu suchen, ohne dabei ermüdet und resigniert auf der Strecke zu bleiben. Man wird bei der intensiven Wahrheitssuche einen guten Sinn für das eigene Dasein sehen, und das umso mehr, wenn man unterwegs Momente, Partikel, Elemente der Wahrheit findet, die verlässlich und beglückend sind und hinter die man dann auch nicht mehr zurück muss.

Grundsätzlich ist das erkenntnistheoretisch und damit formal verstandene »religiöse Apriori« wie das Weltbewusstsein und das Selbstbewusstsein bei allen Menschen vorauszusetzen. Es gibt die Idee des Unbedingten vor, und damit des Ganzen, des Absoluten, der Wahrheit, der Gültigkeit, des Ewigen. So lässt sich dann überhaupt erst Bedingtheit, Begrenztheit, Endlichkeit, Vergänglichkeit, Bruchstückartigkeit bzw. Lückenhaftigkeit, Lüge und Irrtum verstehen. Ohne dieses religiöse Apriori gibt es keinen konkreten Glauben, aber auch keinen Unglauben, keinen Atheismus. Dem religiösen Apriori entspricht die ontologisch und existenziell (vor allem psychologisch) gemeinte »religiöse Anlage«, nämlich das Bezogensein des Menschen auf etwas Transzendentes, Übermächtiges sowie das Betroffensein davon oder das Suchen danach. Aber wie gesagt: Beim religiösen Apriori ist wie auch bei der religiösen Anlage dieses Transzendente, Übermächtige damit noch nicht inhaltlich festgelegt, etwa im Sinn eines transpersonalen Monotheismus.

These 5:

Die religiöse Anlage wird durch das weitverbreitete Phänomen der religiösen Gleichgültigkeit in Frage gestellt. Doch steht die religiöse Gleichgültigkeit am Ende eines Spektrums unterschiedlicher religiöser Intensitäten.

---

[61] Nikolai Berdjajew, Selbsterkenntnis. Versuch einer philosophischen Autobiographie, Darmstadt / Genf 1953, S. 363.

Gehört die religiöse Anlage zur Grundausstattung der Menschen, dann ist der Mensch »unheilbar religiös«. Dieses geflügelte Wort stammt von Nikolai Berdjajew. Er schreibt: »Der Mensch ist seinem Wesen nach religiös, und die menschliche Seele vermag nicht, die religiöse Leere zu ertragen. Die Ehrfurcht vor dem Höheren und dessen Anbetung sind in der menschlichen Seele unaustilgbar. Der Mensch kann nicht ohne Beziehungen zum Übermenschlichen leben. [...] Erlischt der Glaube an den lebendigen und wahren Gott und wird die Idee Gottes aus dem Bewußtsein verdrängt, dann tauchen in der Seele die Gestalten der falschen Götter auf und werden zum Gegenstande der religiösen Anbetung. Der Mensch, der den religiösen Glauben verloren hat, hat eine unauslöschliche Neigung zur Idolatrie; er hat die Fähigkeit, alle Werte, ja überhaupt alles in Götzen zu verwandeln.«[62]

Andererseits haben der Soziologe Max Weber (1864–1920), der Philosoph Jürgen Habermas und andere von sich bekannt, sie seien »religiös unmusikalisch«.[63] Sollte das mit der unheilbaren Religiosität gelten, wie ist dann die religiöse Unmusikalität zu bewerten, die manche Leute von sich selbst behaupten? Faktisch religiös unmusikalisch und grundsätzlich doch unheilbar religiös: Wie soll das zusammengehen? Rein vom Zeitgeist her steht Berdjajew in einem Umfeld ideologisch-weltanschaulicher Auseinandersetzung: entweder Gottesglaube oder aber Ersatzreligion in der Weise des materialistisch-atheistischen Kommunismus oder des die eigene Rasse vergötzenden Faschismus. Inzwischen hat großenteils die Postmoderne Einzug gehalten, in der man mehrere Unbedingtheiten nebeneinander stellt und sie jeweils für nicht mehr so ganz unbedingt hält. Das ändert aber nichts an den grundsätzlichen Problemen.

Das Diktum von »religiöser Unmusikalität« wird gleich schon etwas eingeschränkt, indem zwischen Religion im weiteren und im engeren Sinn zu unterscheiden ist. Wer sich nicht zum Leben einer Glaubensgemeinschaft hält, ja wen eine Kirche oder auch eine nichtchristliche Glaubensgemeinschaft generell langweilt, anödet, einfach nicht interessiert, der kann ja trotzdem die religiösen Grundfragen stellen. Ferner ist zwischen Religion im weiteren Sinn und Theologie zu unterscheiden. Jemand mag »theologisch unmusikalisch« sein, wie jemand anderes »mathematisch unmusikalisch« oder »musikalisch unmusikalisch« sein mag. Aber auch das

---

62 Nikolai Berdjajew, Wahrheit und Lüge des Kommunismus, Darmstadt / Genf 1953, S. 69.

63 Dazu Edgar Thaidigsmann, »Religiös unmusikalisch«. Aspekte einer hermeneutischen Problematik, in: ZThK 108 (2011), S. 490-509.

schließt das Fragen nach Sinn, Gültigkeit, Verbindlichkeit, Wahrheit nicht aus.

Offensichtlich gibt es nicht wenige Zeitgenossen, die mit einigem Grund als »religiös gleichgültig« qualifiziert werden können und die sich selbst auch so verstehen. Es gibt manche Regionen der Erde, wo die Religionslosigkeit eine Art neue Konfession geworden ist, die sich dann auch noch in religiöser Gleichgültigkeit äußert. Weltweit mit an der Spitze liegt hier Ostdeutschland.[64] Von dort heißt es in einem häufig gebrauchten Diktum: »Menschen haben vergessen, dass sie Gott vergessen haben.«[65]

Dabei ist solche religiöse Gleichgültigkeit[66] nicht deckungsgleich mit Atheismus, denn engagierte Atheisten - denken wir etwa an den Philosophen Friedrich Nietzsche (1844-1900) - sind alles andere als religiös gleichgültig. Ihnen ist ihr Nein zu einem personal vorstellbaren geistigen Urgrund des Daseins ernst und wichtig, und sie wollen ihre atheistische Überzeugung auch weitergeben.

Religiöse Gleichgültigkeit ist auch nicht identisch mit Agnostizismus, also einer Auffassung, wonach wir keine Gewissheit über das wahre Wesen des Unbedingten gewinnen können. Manche Agnostiker bleiben auf dem Weg des Suchens und hoffen, doch noch unerwartete Einsichten zu gewinnen. Oder sie sind wenigstens demütig gegenüber dem undurchdringlichen Geheimnis. Andere Agnostiker freilich werden im religiösen Suchen müde und geben es auf, weil es ja doch keine wirkliche Gewissheit gebe. Oder sie

---

64 Zur religiösen Situation in der früheren DDR: E. Tiefensee, Gesellschaft ohne Religion (s. Anm. 29); Monika Wohlrab-Sahr, Konfessionslos gleich religionslos? – Überlegungen zur Lage in Ostdeutschland, in: Götz Doyé u. Hildrun Kessler (Hg.), Konfessionslos und religiös. Gemeindepädagogische Perspektiven, Leipzig 2002, S. 11-27; Wolfgang Pittkowski, Konfessionslose in Deutschland, in: Wolfgang Huber, Johannes Friedrich u. Peter Steinacker (Hg.), Kirche in der Vielfalt der Lebensbezüge. Die vierte EKD-Erhebung über Kirchenmitgliedschaft, Gütersloh 2006, S. 89-110; Friederike Benthaus-Apel, Lebensstile Konfessionsloser – im Vergleich mit Lebensstilen Evangelischer, in: a.a.O., S. 237-245; Eberhard Tiefensee, Areligiosität. Annäherungen an ein Phänomen, in: Ulrich Läpple u. Volker Roschke (Hg.), Die so genannten Konfessionslosen und die Mission der Kirche. Festgabe für Hartmut Bärend, Neukirchen-Vluyn 2007, S. 66-77; Claudia Knepper, Stichwort Konfessionslosigkeit, in: MD-EZW 1/2012, S. 35-39.

65 So Bischof Axel Noack in dem Interview »Wir müssen Atheisten mögen«, in: zeitzeichen 9/2004, S. 36-38.

66 Zum Thema »Religiöse Gleichgültigkeit«: Hans-Martin Barth, Religiöse Gleichgültigkeit als theologische Herausforderung, in: ders., Begegnung wagen – Gemeinschaft suchen (BenshH 94), Göttingen 2000, S. 299-316; Peter Höhmann u. Volkhard Krecht, Religiöse Indifferenz, in: W. Huber, J. Friedrich u. P. Steinacker (Hg.), Kirche in der Vielfalt der Lebensbezüge (s. Anm. 64), S. 182-195.

versuchen, die religiöse Anlage in sich methodisch stillzulegen. So schreibt die französische Philosophin SIMONE WEIL (1909–1943), eine geborene Jüdin, die zeitweilig Atheistin war und sich schließlich zur ungetauften Christin wandelte, an Pater JEAN-MARIE PERRIN in einem Brief vom 15. Mai 1942: »Ich kann sagen, dass ich mein ganzes Leben lang niemals, in keinem Augenblick, Gott gesucht habe. [...] Seit meiner Jugend war ich der Ansicht, dass das Gottesproblem ein Problem ist, dessen Voraussetzungen uns hienieden fehlen, und dass die einzig sichere Methode, eine falsche Lösung zu vermeiden (was mir als das größtmögliche Übel erschien), darin besteht, es nicht zu stellen. Also stellte ich es nicht.«[67]

Konsequente religiöse Gleichgültigkeit besteht darin, an den letzten Fragen über den Sinn, das Absolute, das Unbedingte, das Woher und Wohin von allem gar kein Interesse zu haben. Ob es einen geistig-personhaften Gott gibt oder nicht, ob das Leben auf irgendeinen bleibenden Sinn hinausläuft oder nicht, ob mit dem Tod alles aus ist oder nicht, es lässt kalt. Eine solche Einstellung kommt übrigens nicht nur bei Religionslosen vor, und bei ihnen auch nicht immer, sondern auch bei manchen nominellen Angehörigen von Glaubensgemeinschaften. Religiöse Gleichgültigkeit erkennt nichts Unbedingtes, nichts uns unbedingt Angehendes mehr an, wohl aber verschiedene bedingte, begrenzte Anliegen, die nebeneinander zu stehen kommen.

Ein Beispiel solcher religiöser Gleichgültigkeit (verbunden mit materialistischem Atheismus) liefert der Tübinger Religionssoziologe und Religionswissenschaftler GÜNTHER KEHRER. Die Frage eines Sammelbandes »Woran ich glaube« beantwortet er mit seinem »Glauben« an die Lernfähigkeit des Menschen: »Ich glaube, daß der Mensch einzeln und kollektiv in der Lage ist, alle Verhältnisse rational, seinem jeweiligen Wissensstand entsprechend zu ordnen, zu kontrollieren und zu ändern.«[68] Dagegen lehnt er herkömmliche »Religion« ab: »Die Frage, woran ich glaube, hat mit Religion nichts zu tun. Wie der fortgeschrittenste Teil der Menschheit komme ich ohne Religion, ohne Gott recht gut aus. Und der Rest der Menschheit wird es auch noch lernen, langsam, aber sicher. Daran glaube ich. [...] Von Religion soll nicht mehr die Rede sein. Zu ihr kann man sich nur noch auf vier verschiedene Weisen verhalten: Dumm – das heißt: gläubig; polemisch –

---

[67] Zit. nach: CHRISTIAN HEIDRICH, Die Konvertiten. Über religiöse und politische Bekehrungen, München / Wien 2002, S. 280.

[68] GÜNTHER KEHRER, Noch glaube ich daran: Der Mensch kann lernen, in: Karlheinz Deschner (Hg.), Woran ich glaube, Gütersloh 1990, S. (134-137) 135.

das heißt: ihr Ableben beschleunigend; wissenschaftlich – das heißt: archivierend und analysierend; zynisch – das heißt: sie benutzend.«[69]

Ein prominentes Beispiel für religiöse Gleichgültigkeit (ebenfalls mit Atheismus verbunden) ist der Literaturkritiker MARCEL REICH-RANICKI: »Einer jüdischen Maxime zufolge kann ein Jude nur mit oder gegen, doch nicht ohne Gott leben. Um es ganz klar zu sagen: Ich habe nie mit oder gegen Gott gelebt. Ich kann mich an keinen einzigen Augenblick in meinem Leben erinnern, an dem ich an Gott geglaubt hätte. Die Rebellion des Goetheschen Prometheus – ›Ich dich ehren? Wofür?‹ – ist mir vollkommen fremd. In meiner Schulzeit habe ich mich gelegentlich und vergeblich bemüht, den Sinn des Wortes ›Gott‹ zu verstehen, bis ich eines Tages einen Aphorismus LICHTENBERGS[70] fand, der mich geradezu erleuchtete – die knappe Bemerkung, Gott habe den Menschen nach seinem Ebenbild geschaffen, bedeute in Wirklichkeit, der Mensch habe Gott nach seinem Ebenbild geschaffen.«[71]

Bekannt ist auch der Illustrator und Kinderbuchautor JANOSCH. Auf die Frage »Sollten Sie nicht gläubig sein, müssten Sie etwas anderes haben, das Ihnen Halt gibt und Sinn stiftet?« antwortete Janosch: »Falls Sie damit meinen, wie ich zurechtkomme, ist die Antwort: hervorragend. Ich habe so gut wie keine Furcht (außer vor Machthabern wie etwa dem Staat und den Behörden), und schon gar nicht vor Gott und dem Teufel. Ich bin gesund wie ein Wüstenhund. Ich habe kein einziges unlösbares Problem. Und Gott schenkte mir so viel Geld, dass auch hier kaum Probleme auftauchen können. Ich habe mich, weil ich hier sitze oder stehe. Damit komme ich zurecht und MUSS nichts anderes haben. [...] Sie sagen hier ganz kühn, man MUSS etwas anderes haben. Man muss essen und trinken, sonst stirbt man. Wenn man aber nichts ›anderes‹ hat, stirbt man nicht. Der Buddhismus stellt nie die sinnlose Frage nach der Existenz eines Gottes.«[72]

Das Phänomen der religiösen Gleichgültigkeit wird nachvollziehbar von der simplen Überlegung aus, dass es ein ganzes Spektrum unterschiedlicher religiöser Intensität gibt. Da sind Menschen, die in ihrer Suche nach dem Absoluten hochmotiviert sind oder deren Ergriffensein von dem Unbedingten das gesamte Leben bis zum Äußersten bestimmt. Denken wir

---

69 A.a.O., S. 134 f.

70 GEORG CHRISTOPH LICHTENBERG (1742–1799).

71 MARCEL REICH-RANICKI, Mein Leben, München ^{4}2008 [Stuttgart 1999], S. 56 f.

72 FIONA LORENZ, Wozu brauche ich einen Gott? Gespräche mit Abtrünnigen und Ungläubigen, Reinbek bei Hamburg 2009, S. 61 f.

nur an Persönlichkeiten wie den Apostel PAULUS, den Kirchenvater AUGUSTIN, den Mystiker MEISTER ECKHART oder den Reformator LUTHER.

Und dann sind andere, die für die letzten Fragen des Daseins durchaus aufgeschlossen, aber doch nicht ständig davon umgetrieben sind. Wer sich in diesem Teil des Spektrums wiederfindet, wird an sich selbst beobachten können, dass im täglichen Trubel, auch wenn Schwierigkeiten und Sorgen überhand nehmen, mindestens kurzfristig gesehen die Fragen nach Wahrheit, Sinn und einer Erfüllung über den Tod hinaus gegenüber anderem, im Augenblick Naheliegendem oder auch Vordergründigem in den Hintergrund treten. Da stellen sich Fragen wie: Wie finde ich wieder Arbeit? Wie kann ich meine Schulden abbezahlen, die auf meinem Haus liegen? Lässt sich meine Ehe retten? Wie finde ich einen Lebenspartner? Kann ein mir sehr nahestehender Mensch, der schwer erkrankt ist, wieder gesund werden? Wie in der Auslegung des Gleichnisses Jesu vom Sämann beschrieben,[73] fällt etliches von der Saat des Wortes Gottes unter die Dornen und wird dadurch erstickt: »Die, bei denen unter die Dornen gesät ist, die hören das Wort, und die Sorgen der Welt und der betrügerische Reichtum und die Begierden nach allem andern dringen ein und ersticken das Wort, und es bleibt ohne Frucht.«[74] Und dann gibt es eben auch den Grenzfall einer mehr oder weniger permanenten religiösen Gleichgültigkeit.

Es können schwere persönliche Probleme sein, die alles andere als deren ersehnte Lösung in den Hintergrund abschieben, und so eben auch die Frage nach dem Hintergrund, der Tiefe, dem Geheimnis des Daseins. Freilich kann gerade umgekehrt ein schweres persönliches Problem, die Erfahrung von Verlust, Leid, Schmerz und Angst einen Menschen wieder auf die Frage nach dem Sinn des Ganzen stoßen, sodass er eben hier Halt und Trost sucht und sich ihm die Rangfolge des Wichtigen bis hin zum Nebensächlichen ganz neu ordnet.

Wer in religionsferner Atmosphäre aufgewachsen ist, wird es schwerer haben, von der religiösen Sehnsucht und Frage ergriffen zu sein, es sei denn, er spürt das innere Vakuum und kommt gerade von diesem Ausgangspunkt her zum ernsthaften, ja leidenschaftlichen Nachdenken über die Grundfragen des Daseins.

Ein ausgeprägter Egoismus, der alles um das eigene Wohlergehen und den eigenen Vorteil herumgruppiert, wird intensives religiöses Suchen

---

[73] Mk 4,13-20 zu Mk 4,1-9.

[74] Mk 4,18 f.

eher verhindern. Das heißt nicht im Umkehrschluss, dass alle religiös Gleichgültigen besonders egozentrisch sein müssten.[75]

These 6:

Bei der Bewertung der religiösen Gleichgültigkeit sollte man vorsichtig sein, um nicht andere von oben herab zu beurteilen oder zu verurteilen.

Wie ist das Phänomen der religiösen Gleichgültigkeit zu bewerten? Manche sagen, wem es mit der religiösen Frage nicht ernst sei, der weise einen Mangel, ein Defizit an Menschsein auf.[76] So äußert sich PAUL TILLICH in einer Predigt: »Wen die Frage nach Gott gleichgültig läßt, obwohl er weiß, daß sie zugleich die Frage nach dem Sinn seines Lebens ist, der hat sich seiner eigentlichen Menschlichkeit begeben.«[77] Oder an anderer Stelle schreibt er, wer der Sinnfrage und jeder Antwort darauf gleichgültig bleibe, »verliert seine Identität und wird zu einem Ding unter Dingen, zu einem Faktor in dem Prozeß von errechneter Produktion und berechnetem Verbrauch«[78].

Mit solchen Urteilen sollte man freilich vorsichtig sein, zumal unter vielen religiös Gleichgültigen durchaus Hilfsbereitschaft und tätige Nächstenliebe festzustellen ist, wohl nicht weniger als bei streng religiös eingestellten Leuten.[79] Religiös Gleichgültige *können* sogar den Vorteil mitbringen, keine religiösen und ideologischen Fanatiker zu sein, und das kann im Umgang miteinander als angenehm empfunden werden. Freilich darf man auch nicht religiöse Entschiedenheit von vornherein als fanatisch qualifizieren. In den biblischen Religionen (Judentum und Christentum) ist religiöser Fanatismus ein (allerdings nicht seltener) Missbrauch und ein Miss-

---

[75] HANS-JOACHIM HÖHN, Fremde Heimat Kirche. Glauben in der Welt von heute, Freiburg i.Br. / Basel / Wien 2012, S. 175: »Dass auch ohne Gott anständige Menschen anständig und unanständige Menschen unanständig sind, aber dass es vielfach der Berufung auf Gott zuzuschreiben war und ist, um anständige Menschen dazu zu bringen, sich andere gefügig zu machen, sie zu unterdrücken, zu bespitzeln, zu tyrannisieren, sollte Kirchenchristen nicht nur in Extremfällen aus der Fassung bringen.« – Auch E. TIEFENSEE, Areligiosität (s. Anm. 64), S. 73 f.

[76] Vgl. P. HÖHMANN u. V. KRECH, Religiöse Indifferenz (s. Anm. 66), S. 186.

[77] PAUL TILLICH, Das Ewige im Jetzt. Religiöse Reden 3. Folge, Stuttgart 1964, S. 97.

[78] P. TILLICH, Die verlorene Dimension (1958), in: ders., Die Frage nach dem Unbedingten (s. Anm. 26), S. 47.

[79] S. Anm. 75. – Vgl. auch die schon zitierte kritische Bemerkung von HERBERT SCHNÄDELBACH (s. Anm. 28).

verständnis der Botschaft der Güte Gottes, um die es im Kern in diesen Religionen geht.[80]

Wo es sich allerdings um *ethische* Gleichgültigkeit handelt, hört der Spaß auf. Freilich gibt es ethische Gleichgültigkeit auch unter religiösen Traditionalisten, die das Gewicht ganz auf das Metaphysische legen und sagen, Sünder, total verdorbene Menschen seien wir sowieso, so sei es die Hauptsache, sich gehorsam der reinen Lehre zu beugen und sich diese anzueignen. Doch gilt hier Jesu Wort: »Es werden nicht alle, die zu mir sagen: Herr, Herr!, in das Himmelreich kommen, sondern die den Willen tun meines Vaters im Himmel.«[81]

Wie also ist religiöse Gleichgültigkeit zu bewerten? Der Philosoph Volker Gerhardt schreibt: »Dem Ganzen des Daseins gegenüber kann niemand gleichgültig sein – es sei denn, er ist gleichgültig gegenüber seiner Existenz.«[82] Denkbar ist es also schon, dass jemand in einer Haltung der Verzweiflung oder des Nihilismus gegenüber der eigenen Existenz gleichgültig wird, wie jemand gegenüber den Regeln zur Stabilität des eigenen Gesundheitszustands gleichgültig werden kann. Aber es ist sicher die Ausnahme. So sagt Tillich in einer Predigt: »Es gibt kaum etwas, dem gegenüber wir nicht zynisch sein können. Aber gegenüber der Erschütterung aller Fundamente können wir nicht zynisch sein. Ich habe niemanden gefunden, der im Ernst hierin zynisch war.«[83] Es dürfte immerhin höchst selten sein, dass jemand wirklich gleichgültig ist gegenüber »dem Ganzen des Daseins«, und damit gegenüber der eigenen »Existenz« und »der Erschütterung aller Fundamente«.

Spätestens in diesen existenziellen und ontologischen Bezügen, wo es um Sein oder Nichtsein des eigenen Daseins und des Daseins im Ganzen geht, bricht die Religiosität (im weiteren Sinn verstanden) auf, erstmalig aus der gewohnten religiösen Gleichgültigkeit heraus oder aber erneut.

---

[80] Vgl. Wilhelm Heitmeyer (Hg.), Deutsche Zustände, Folge 10, Frankfurt a.M. 2011. Dazu: »Riskanter Glaube: Fromm und rechts«. Interview mit Beate Küpper, in: Für Arbeit u. Besinnung (Zs. für die Ev. Landeskirche in Württemberg) 17/2012, S. 17-21.

[81] Mt 7,21.

[82] Volker Gerhardt, Die Vernunft des Glaubens. Zur Atheismusdebatte, in: Magnus Striet (Hg.), Wiederkehr des Atheismus. Fluch oder Segen für die Theologie?, Freiburg i.Br. 2008, S. (139-150) 146.

[83] Paul Tillich, In der Tiefe ist Wahrheit. Religiöse Reden 1. Folge, Stuttgart [5]1952, S. 14 f.

Nochmals: Wie ist das Phänomen der religiösen Gleichgültigkeit zu bewerten? Man sollte hier ganz persönlich und selbstkritisch vorgehen. So kann ich nur von mir selbst reden: Wenn mir der Sinn meines und allen Daseins gleichgültig ist, wenn ich nicht mehr frage nach dem wahrhaft Guten und ob ich vor einer höheren Instanz verantwortlich bin und ob da etwas ist, das bleibt, und ob mit dem Tod alles aus ist oder nicht – dann habe ich in meinem Menschsein Wesentliches versäumt.

These 7:

Religiöse Gleichgültigkeit ist kein Zustand, mit dem man sich zufrieden geben müsste und dürfte, da es in der Religion um das Ganze, um das Unbedingte, um den Sinn des Daseins geht. Mancherlei Anregungen und Hilfestellungen zum Ausweg aus dem lähmenden Zustand religiöser Gleichgültigkeit liegen bereit.

Durch die um sich greifende religiöse Gleichgültigkeit wie durch den Atheismus ist man beim Reden von der religiösen Anlage oder von einem universalen Transzendenzbewusstsein vorsichtiger geworden. Zu Recht redet man nicht mehr von einem zwingenden natürlichen, vernünftigen *Wissen* von Gott. Das geht eigentlich seit Kant nicht mehr, weil man die Grenzen der strengen, allgemein vermittelbaren Erkenntnis zu respektieren hat. Theologisch gesprochen, würde man durch ein solches natürliches, vernünftiges Wissen von Gott den Schöpfer aller Dinge und Wesen auf die Stufe seiner Schöpfung herabziehen.

Universales Transzendenzbewusstsein ist die Ahnung einer Übermacht, die Ahnung »von etwas, als das nichts Größeres gedacht werden kann«[84]; und insbesondere ein Suchen und Fragen nach Transzendenz. Religion in diesem weiteren Sinn bleibt unentbehrlich,[85] und auf die Dauer

---

[84] Das ontologische Argument von Anselm von Canterbury. Vgl. dazu Wolfgang Pfüller, Das Gottesverständnis im interreligiösen Dialog. Ein Testfall Komparativer Theologie, in: Werner Zager (Hg.), Glaubwürdig von Gott reden (s. Anm. 5), S. (85-107) 106 f.

[85] Vgl. dazu Volker Keller, Zwischen Bremen und Bali. Mit Gott auf Reisen, Bremen 2012: »Wir Menschen können offenbar nicht ohne die Berührung mit etwas ›Heiligem‹, Vollkommenem leben, nicht ohne Ehrfurcht, ohne Hingabe. Mit dieser Veranlagung hat Gott uns geschaffen. In einer nahezu immergleichen Alltagswelt – tagein, tagaus – suchen wir das Großartige, das Überalltägliche, das unserem Dasein Glanz verleiht. [...] Mag sein, dass, wer Gott nicht kennt, einen Götzen auf den himmlischen Thron setzt, weil er ohne ein Höchstes nicht existieren kann« (S. 157 f.). »Es ist mir unvorstellbar, dass Religion und Philosophie jemals verschwinden könnten. Genau so wenig wie das Staunen über den Sonnenaufgang am Geirangerfjord, wie der Respekt vor Menschen, die unter dem Einsatz ihres Lebens für ande-

wird das Vakuum, das durch den Verlust des Glaubens an Gott entsteht, durch eine Ersatzreligion oder einen Religionsersatz gefüllt. Dramatisch wird das, wenn sich ganze Gruppen von Menschen ideologisch einspannen lassen.

Die religiöse Anlage scheint in vielen Menschen brachzuliegen. Sie kann aber aktiviert, sie kann revitalisiert werden. So gibt es Grenzsituationen wie Verlust, Schmerz, Leid und Tod, in denen die Grundfragen nach dem Sinn und nach einer Tiefe des Daseins aufbrechen, aber auch Grundsituationen wie Partnerfindung, Eheschließung und Elternschaft, in denen sich die Grundfragen nahelegen und aufdrängen. Hier beginnt man, »elementar« zu denken, sich auf das in allem Erlebten Wesentliche zu besinnen.

Auf die Transzendenzfrage kann man von außen auch durch eine religiöse Botschaft gestoßen werden, etwa in der Begegnung mit christlicher Verkündigung und mit persönlichem Glaubenszeugnis. Nur muss das dann auch nachvollziehbar sein. Menschen müssen und können verständlich, verstehbar angesprochen werden, indem (a) an ihre besondere Lebenssituation und an die alle verbindenden Situationen angeknüpft wird und (b) diese auf die Frage nach dem Gültigen, Bleibenden, Wahren hin überschritten werden und (c) der christliche Gottesglaube als die Antwort auf diese Frage präsentiert wird.

Das heißt freilich nicht, dass es die *Haupt*aufgabe der christlichen Verkündigung wäre, die verschüttete religiöse Anlage erst einmal freizuschaufeln. Aber eine Aufgabe ist es schon, eine Schneise durch das Dickicht zu schlagen, damit man dann einen eigenen Weg gehen kann. Christen haben in erster Linie die Christusbotschaft zu bezeugen, aber eben auch im Vorfeld mitzuhelfen, dass die Christusbotschaft überhaupt hörbar ist, um dann bedacht werden zu können und in freier Entscheidung angenommen oder abgelehnt zu werden. Die in jedem zumindest schlummernde religiöse Anlage zu wecken, also die Frage nach Wahrheit, nach Daseinssinn, nach Unbedingtheit und nach den verbindlichen Normen, ist aber auch eine Aufgabe anderer Instanzen, insbesondere der Kindererziehung, des Schulunterrichts und der Erwachsenenbildung.

---

re eintreten oder wie die Ehrfurcht bei der Geburt eines neuen Menschenkindes. Wer staunt, fragt sich: Was bedeutet es? Welchen Sinn des großen Ganzen? Wer oder was steckt dahinter? Solche Fragen werden wir nie los. Auch wenn sie nicht eindeutig zu beantworten sind. Beweisen lassen sich Gott und seine Existenz ohnehin nicht. Er ist kein Teil der Welt und unseren Beobachtungen und Messgeräten nicht zugänglich. Was müsste das für ein Gott sein, der sich von uns unters Mikroskop legen ließe!? In der Bibel gilt er als der Unendliche jenseits von Raum und Zeit, durch den alle weltlichen Dinge ihren Sinn erhalten« (S. 214 f.).

Selbstverständlich kann man aber niemandem das religiöse Fragen und Suchen aufzwingen. »Jetzt nimm' dich aber zusammen und bleibe doch nicht religiös gleichgültig!« Ein solcher Appell wäre vergeblich und lächerlich.

Die Frage nach Transzendenz ist die Frage nach dem Hintergrund der Wirklichkeit, nach der Seinsmacht, nach dem umgreifenden Ganzen. Darin ist immer die Frage nach der Wahrheit einbezogen. Man sucht ja den *wahren*, und nicht einen bloß eingebildeten, ausgedachten Hintergrund der Welt. Wenigstens soweit dieser nicht trostlos und schrecklich ist, sondern aufrichtend, heilsam, beglückend, befreiend.

Dabei aber reicht die religiöse Anlage, das universale Transzendenzbewusstsein allein nicht aus. Man *sucht* ja, um zu *finden*, und zwar *Wahrheit* zu finden. Wenn ich »religiös« angelegt bzw. veranlagt bin, habe ich damit noch nicht das wahre Profil der Daseinsmacht erfasst. Es ist immer noch zu fragen, ob das Leben in einer gütigen Macht geborgen ist und ob ewiges Leben in Gott zu erwarten ist. Das universale Transzendenzbewusstsein ist nicht *weniger*, aber auch nicht *mehr* als der Anknüpfungspunkt für eine konkrete religiöse Botschaft, im christlichen Fall für die Christusbotschaft. Das Transzendenzbewusstsein ist die Antenne, ohne die man die Offenbarung, die Selbstkundgabe Gottes nicht empfangen könnte.

Letztlich, so kann man sagen, zählt nicht so sehr die religiöse Anlage, unser Suchen und Fragen, sondern dass wir zu einem eigenen Glauben, einem Gottvertrauen, einer Zuversicht zu dem Daseinsgrund, zur Gemeinschaft mit Gott finden. Dazu ist nötig, dass Gott sich uns kundgibt und wir seiner Zuwendung zu uns gewiss werden. Es zählt also die jeweils konkrete Offenbarung, die uns überzeugt.

Trotzdem ist aber auch das universale Transzendenzbewusstsein als solches von Gewicht. Es zeigt nämlich (a) die Unentbehrlichkeit von Religion. Religion im weiteren Sinn des Transzendierens über alles Sichtbare hinaus auf eine alles begründende Übermacht hin ist kein schmückendes Beiwerk, gerade recht für Nischen, sondern etwas Urmenschliches, für das Menschsein konstitutiv. Religion ist kein bloßer Farbtupfer, sondern fundamental und elementar. (b) Die so verstandene Religion ist etwas, das alle Menschen *verbindet*, auch die Atheisten, die auf die Frage nach der alles begründenden Übermacht völlig andere Antworten geben als etwa Christen. (c) Die Wege gehen nicht schon beim Suchen und Fragen auseinander, sondern beim jeweiligen konkreten Glauben, bei der jeweiligen Sicht, was der wahre Charakter des Absoluten ist und wie wir mit ihm dran sind. Durch die religiöse Anlage, das universale Transzendenzbewusstsein ist eine gemeinsame Plattform gegeben, auf der dann die Dialoge der verschiedenen Religionen und Weltanschauungen und damit das Ringen um immer angemessenere, tiefere Wahrheitserkenntnis ausgetragen werden.

These 8:

Das universale Transzendenzbewusstsein (die religiöse Anlage) und die »universale Offenbarung« stehen zueinander im Verhältnis (in der Korrelation) von Frage und Antwort, von Suchen und Finden.

Gott als geistige, vernunftbegabte, überpersönliche Macht der Liebe einmal vorausgesetzt,[86] soll unter »universaler Offenbarung« hier nicht eine »allgemeine« im Unterschied zur »konkreten« Offenbarung verstanden werden, die dann eben nur ganz allgemein gehaltene ethische und auch ontologische (das Verhältnis Gottes zur Welt und zu den Menschen betreffende) Inhalte transportieren würde, oder die sich etwa auf eine Offenbarung durch das Medium der Natur beschränken würde. »Universale Offenbarung« meint vielmehr, dass grundsätzlich alle Menschen Zugang zu konkreter Offenbarung Gottes haben, wobei die Konkretheit bzw. der religiöse Symbolgehalt recht unterschiedlich sein können.

In einem ganz weiten Sinn kann die universale Offenbarung sogar als »Christusoffenbarung« qualifiziert werden, und zwar unter drei Voraussetzungen: (a) Gottes Wahrheit ist letztlich eine. Sie widerspricht sich also nicht. Gott mag sich deutlicher oder weniger deutlich kundtun; vorläufiger oder definitiver. Sein Wille und seine Zuwendung zu uns mögen klarer oder getrübter aufgenommen werden, aber doch nicht so, dass sein Wesen einmal so und einmal wieder ganz anders zu verstehen wäre.[87] (b) Findet sich Gottes Wahrheit definitiv in Jesus von Nazareth, ohne damit andere

---

[86] »Etsi deus daretur« (= »als ob es Gott gäbe« bzw. gibt). Also nicht »etsi deus non daretur« (= »als ob es Gott nicht gäbe«), wie das Hugo Grotius (1583–1645) als methodische, nicht sachlich-inhaltlich gemeinte Vorgabe formuliert hat und Dietrich Bonhoeffer (1906–1945) das aufgegriffen hat, sondern umgekehrt, wieder als methodische Vorgabe: »Etsi deus daretur«. Vgl. ders., Widerstand und Ergebung, Briefe und Aufzeichnungen aus der Haft, hg. v. Eberhard Bethge, München ^{7}1956, S. 215 f. 240-242. 258.

[87] Erst von göttlicher Selbstkundgabe her gibt es eine Antwort auf die Wahrheitsfrage. Soll diese Antwort aber keine bloße Behauptung oder Hypothese bleiben, sondern uns einleuchten, bedarf es »des Beweises des Geistes und der Kraft«: (a) in der Theorie, das heißt, dass alles zusammenstimmt, auch wenn immer noch manche Rätsel bleiben; (b) in der Praxis, das heißt, dass wir uns als gefordert wissen und uns auch als mit manchen Kräften ausgestattet erfahren; (c) im Gefühl, das heißt, dass wir in Ehrfurcht und Dankbarkeit leben, ein gutes, bleibendes Ziel vor uns sehen und uns als innerlich befreit erfahren.

Wege auszuschließen, dann ist »der Geist Jesu« der Maßstab, der auch außerhalb des Christentums zur Geltung kommen kann. (c) Der universale, kosmische Christus, der ewige Logos (Joh 1,1-14), der ganz verschiedene Gestalten und Verwirklichungen annehmen kann, diese aber immer »im Geist Jesu«, im Geist der Liebe, ist das Prinzip der göttlichen Gnade, auf die wir angewiesen sind und die uns von Zwängen und zur Liebe befreit.

In welcher Weise korrespondieren universales Transzendenzbewusstsein und universale Offenbarung miteinander? Auf keinen Fall im Sinn eines Gottesbeweises, so als wäre die religiöse Anlage, das universale, wenn auch jeweils unterschiedlich ausgeprägte und entwickelte Transzendenzbewusstsein ein Beweis für eine universale Offenbarung. Das kann aus zweierlei Gründen nicht der Fall sein: (a) Gott lässt sich in seinem wahren Wesen nicht beweisen, denn sonst wäre er auf unserer Ebene und eben nicht der immer größere Gott. (b) Das universale Transzendenzbewusstsein als solches ist noch völlig offen für die unterschiedlichsten Optionen bzw. Überzeugungen, für Gott als »Willen der Liebe« und auch für eine unbewusste kosmische Kraft im Sinn des materialistischen Atheismus - unbeschadet der Frage, welche dieser beiden Optionen unserer Erfahrung und unserem Nachdenken plausibler erscheinen mag.

Einen Gottesbeweis gibt es nicht. Wohl aber ist in der religiösen Anlage, im universalen Transzendenzbewusstsein die Dimension der Transzendenz, des Übermächtigen, des »Urgrundes des Seins« mitgesetzt. Der Urgrund des Seins als solcher ist unmittelbar gewiss, nicht aber sein wahres Profil.

So heißt es bei ALBERT SCHWEITZER: »Verstehe ich unter Gott den Urgrund des Seins, so habe ich sein Dasein weder zu erweisen noch zu bezweifeln, sondern einfach festzustellen, daß er ist (er ist als seiend erwiesen, mit dem Sein gegeben. Eine einfache Tautologie). Die ganze Verirrung kommt daher, daß man unsachlich redet und den undefinierten Ausdruck Gott gebraucht statt des sachlichen ›Urgrund des Seins‹. Die Existenz des Urgrundes und des Inbegriffs des Seins zu bezweifeln oder zu erweisen [ist] gleich töricht. Die Frage ist nicht, inwiefern Gott existiert oder nicht existiert, sondern inwiefern der *Urgrund und Inbegriff* des Seins für mich etwas ist, zu dem ich ein geistiges Verhältnis habe (oder in ein geistiges Verhältnis komme). In dem Augenblick, wo ich zu ihm in ein geistiges Verhältnis komme und mich ihm hingebe, wird aus dem Urgrund und Inbegriff des Seins *für mich Gott*, d. h. ich verhalte mich zu ihm als geistiges Wesen zu einem geistigen Wesen.«[88]

Zu unterscheiden ist zwischen dem »Urgrund des Seins« als solchem und seinem wahren Profil, und das heißt auch, wie wir mit diesem Urgrund dran sind.

Das universale Transzendenzbewusstsein ist kein Beweis für Gott als »geistiges Wesen« bzw. als »Wille der Liebe«, der sich uns in seinem wahren Wesen kundtut. Wohl aber ist die religiöse Anlage, das Transzendenzbewusstsein hier ein Indiz, eine Spur – kein Beweis, aber ein Hinweis. Der Durst ist ja auch noch kein Beweis dafür, dass es etwas zu trinken gibt, wohl aber ein Hinweis darauf.

In dieser Weise etwa versuchte der württembergische Theologe, Kirchenrebell und Religionsphilosoph Christoph Schrempf (1860–1944)[89] die Plausiblität des Ewigkeitsglaubens zu erweisen, ohne dass es sich hier um den Versuch eines Gottesbeweises handelte. Beim fünften »Weltkongress für freies Christentum und religiösen Fortschritt« vom 5. bis 10. August 1910 in Berlin hielt er am 10. August 1910 einen Vortrag unter der Überschrift »Was unsereiner will – ein Bekenntnis, kein Programm«[90].

Schrempf sucht hier aus der eigenen Erfahrung heraus einen Zugang zum wahren Sinn des Lebens zu gewinnen: Wir haben im irdischen Dasein ein Bedürfnis nach Sinn, nach Glück. Jede Erfüllung dieses Bedürfnisses erweist sich alsbald als unbefriedigend. Wieso aber bleibt dieses Bedürfnis, auch wenn es sich nicht stillen lässt? Es ist der Fingerzeig für eine jetzt gar nicht vorstellbare Erfüllung jenseits des irdischen Daseins: »Ist das zu denken, daß Bedürfnisse in seinem Wesen angelegt seien, nur damit sie nicht befriedigt werden? Daß der Mensch groß sei, nur damit er unter seiner Größe leide? Das ist auch nicht zu denken. Wer dieses Dilemma erlebt, wagt den freilich unvollziehbaren Gedanken (für sein jetziges Erkenntnisorgan unvollziehbaren Gedanken), daß diese Existenz, in der sein Wesen nicht gesättigt werden kann, nicht seine ganze, seine wahre Existenz sei. Das Rätsel seines Lebens ist, daß er in eine inadäquate Existenz sozusagen

---

88 A. Schweitzer, Kulturphilosophie III, Erster und zweiter Teil (s. Anm. 33), S. 411 f.

89 Dazu Andreas Rössler, Christoph Schrempf (1860– 1944). Württembergischer Theologe, Kirchenrebell und Religionsphilosoph. Ein Leben in unerbittlicher Wahrhaftigkeit (KS des Vereins für württembergische Kirchengesch., Nr. 7), Stuttgart 2010.

90 Christoph Schrempf, Von der Religion zum Glauben. Der Weg Christoph Schrempfs (Ausgewählte Werke in zwei Bänden, hg. v. Otto Engel), Bd. 1, Stuttgart-Bad Cannstatt 1960, S. 534-547.

hineingezaubert ist. Aber er wird doch einmal auch entzaubert werden. Dann wird er erst der werden, der er doch schon ist; dann wird er sein wahres Wesen, das sich jetzt nur in unstillbaren Bedürfnissen verrät, ausleben dürfen. Wie das zugehen soll, kann er sich nicht denken. Daß das einmal geschehen werde, das glaubt er.«[91]

Schrempf will also die Erwartung des ewigen Lebens anthropologisch plausibel machen: Der Mensch sucht Glück, Befriedigung, Vervollkommnung, Vollendung, aber das wird ihm im irdischen Leben nie zuteil. Diese Suche, dieses Bedürfnis ist aber in ihm angelegt und weist auf eine schließliche Erfüllung hin. Ist diese im irdischen Leben nicht möglich, dann ist sie nur von einem jenseitigen Dasein zu erwarten.[92]

Unter der *Voraussetzung* des transpersonalen Gottes als Geist und als »Wille der Liebe«, als Schöpfer, Erlöser und Vollender, als unbedingt verpflichtend und ohne Vorbedingungen gnädig und barmherzig, ist eine Korrespondenz von religiöser Anlage und universaler Offenbarung eigentlich zu erwarten und damit stimmig. Die Frage nach einer bleibenden und zudem uns zugewandten, gütigen Daseinsmacht wird dann zu einem deutlichen, nachdrücklichen Hinweis auf eine solche uns tragende und bergende Daseinsmacht.

Unter dieser Voraussetzung des transpersonalen, seinen Geschöpfen zugewandten Gottes ist das *universale* Transzendenzbewusstsein auf eine Erfüllung in dem wahren Gott angelegt, und zwar *universal*, also grundsätzlich für alle Menschen. Ohne die Voraussetzung des transpersonalen, geistigen Gottes dagegen bleibt die universale religiöse Anlage eher unverständlich – es sei denn, sie hätte bloß mit seelischem Überleben zu tun.

Sicher, selbst wenn die religiöse Anlage universal ist, könnte rein theoretisch die Selbstkundgabe Gottes in seinem wahren Wesen nur auf Menschen einer bestimmten Religion, etwa des Christentums, beschränkt sein.

---

91 A.a.O., S. 539.

92 A.a.O., S. 537-540. – Derselbe Gedankengang kann bei SCHREMPF (in seiner »Rückschau« von 1933) statt von der Befriedigung der Bedürfnisse auch von der Entwicklung der Persönlichkeit ausgehen: Der Mensch hat die Anlage zur Persönlichkeit, wird Persönlichkeit, aber in niemandem (oder kaum jemandem) ist die Persönlichkeit bis dato vollendet. Das jetzt erfahrbare Leben kann nicht das Ganze sein. »Ich kann also den Glauben nicht aufgeben, daß die mögliche Persönlichkeit irgendwie, irgendeinmal, irgendwo eine wirkliche Persönlichkeit werde. Wirkliche Persönlichkeit ist aber erst die vollendete Persönlichkeit. Ich glaube also nicht, daß mit dem Sterben des Menschen seine Geschichte zu Ende sei. Seine Geschichte aber ist, daß er die Persönlichkeit, auf die er angelegt ist, auch wirklich wird.« (a.a.O., Bd. 2, S. 479)

Rein theoretisch könnte Gott alle Menschen mit der religiösen Anlage ausgestattet haben, aber die allermeisten Menschen dann doch völlig im Dunkeln lassen. Dahinter steckt aber ein reichlich merkwürdiges Gottesverständnis, als sei Gott ein Willkür-Gott. Das stimmt jedenfalls mit dem Gottesverständnis Jesu nicht zusammen.

Nehmen wir dagegen eine universale Offenbarung oder Selbstkundgabe Gottes an, so bedeutet eine solche keinen Zwang. Wir haben die Freiheit, unsere religiöse Anlage, unsere Hinordnung zur Transzendenz, zum Absoluten, zum Unbedingten zu verdrängen, den göttlichen Funken in uns zu unterdrücken. Und wir haben die Freiheit, uns von Gott abzuwenden, auch nachdem wir seine Selbstkundgabe deutlich vernommen und sie uns zunächst zu eigen gemacht haben. Auch unter der Voraussetzung des transpersonalen und seinen Geschöpfen zugewandten Gottes sind wir geistige Wesen, die der Schöpfer mit Freiheit ausgestattet hat.

Es spricht viel für eine *universale Offenbarung*, das heißt, dass sich Gott Menschen zu allen Zeiten, in allen Kulturen und Religionen kundtut, so wie sie es eben verstehen können, und es spricht alles gegen exklusive Wahrheitsansprüche, so als sei Gott nicht der Gott aller Menschen und als sei er nicht allen zugewandt.

These 9 (Zusammenfassung):

Die religiöse Anlage, das Transzendenzbewusstsein ist in vielerlei Hinsicht unentbehrlich: (a) Religion ist keine Zutat, sondern ein grundlegender Aspekt unseres menschlichen Daseins. (b) Die religiöse Anlage ist der Anknüpfungspunkt dafür, dass man für eine konkrete religiöse Botschaft, etwa die Christusoffenbarung, überhaupt aufnahmefähig sein kann. (c) Wir haben auf diese Weise eine gemeinsame Plattform für die interreligiöse Begegnung mit Andersgläubigen und Nichtglaubenden. (d) Wir können so immer neu in die Bewegung des Suchens nach dem Absoluten und uns Verpflichtenden einsteigen. (e) Konkreter Glaube und ernsthafter Zweifel schließen sich nicht aus, sondern ergänzen sich, statt dass der Zweifel uns aus der Beheimatung im Glauben herausbrechen müsste.

Wolfram Zoller

Transzendenz im Hier und Jetzt

Das Problem der Erfahrung von Transzendenz im Bereich schöpferisch bildender Kunst und Literatur am Beispiel des Malers Max Beckmann und des Dichters Gottfried Benn

Vorbemerkung: »Ein unendliches Thema«

Dass weltliche Kunst etwas mit Transzendenzerfahrung zu tun haben könnte, mag Menschen, die solche Erfahrung allein der Religion vorbehalten sehen, vielleicht etwas weit hergeholt, wenn nicht sogar abseitig erscheinen. Dass dem nicht so ist, hat schon vor über fünfzig Jahren die renommierte Vierteljahreszeitschrift »Kunst und Kirche« erwiesen, die im Jahrgang 1958/59 diesem Thema ein ganzes Heft gewidmet hatte, zwanzig Jahre später sogar zwei Hefte des Jahrgangs 1978/79. Der Schriftleiter GÜNTER ROMBOLD hat 1978 diese Thematik mit der Frage eingeleitet: »Gibt es in der modernen Kunst ›Anzeichen für Transzendenz‹, und auf welche Weise kann man heute davon reden?« Und er gab darauf folgende Antwort: »Die Frage hat – nach Überzeugung der jetzigen Redaktion – nichts an Aktualität verloren, auch wenn die landläufige Kunstkritik ihr geflissentlich aus dem Wege geht. Allerdings handelt es sich um ein unendliches Thema, das immer wieder angegangen werden muss, ohne jemals zum Abschluss gebracht werden zu können. [...] Unsere These lautet: Auch in der modernen Kunst gibt es bedeutende Werke, die Transzendenz zwar nicht sichtbar machen (was unmöglich ist), aber ahnen lassen.«

Daher ist das Thema Transzendenzerfahrung in der Kunst immer wieder neu bedacht worden, etwa in einer Herrenalber Akademietagung von

1991[1] oder ausführlich durch den theologischen Systematiker Friedrich Wilhelm Kantzenbach.[2] Max Beckmanns 60. Todestag im Jahr 2010 gab die Gelegenheit, sich mit seiner geheimnisvollen Bilderwelt und mehr noch mit seinen schriftlichen Äußerungen mit Blick auf die Transzendenzthematik zu beschäftigen. Dabei fielen dem Verfasser die frappierenden Parallelen zur inneren Entwicklung Gottfried Benns auf, – geistige Lebenswege von exemplarischer Bedeutung für unsere Zeit. So entstanden die beiden Beiträge, bei denen besonderer Nachdruck darauf liegt, dass nicht nur von außen berichtend über diese beiden schöpferischen Geister berichtet werden soll, vielmehr sollen sie selber ausführlich mit ihren eigenen Texten zu Wort kommen, sodass wir ihre Gedanken im Originalton mitverfolgen und von ihnen mitgenommen werden können. Damit wird die jeweilige Problematik dieser Künstler vor uns konkret und lebendig, und so mag ihr Denken und Schaffen den ohnehin schon weiten Horizont eines freien Christentums noch mehr bereichern und erweitern.

Da im beschränkten Rahmen unserer Thematik eine weitergehende biografische Vorstellung der beiden Künstler nicht möglich ist, sind zur elementaren Orientierung wenigstens ihre wichtigsten Lebensdaten dem jeweiligen Beitrag nachgestellt worden.

1. Einführung: Das Problem

Heute erst begreifen wir das volle Ausmaß der Folgen des Umsturzes, der sich vor hundert Jahren als Ergebnis der Naturwissenschaft und der Religionskritik des 19. Jahrhunderts sowie der geistigen Katastrophe des Ersten Weltkriegs für unser abendländisches Bewusstsein angebahnt hat. Was damals nur eine Minderheit intellektueller Köpfe prägte (freilich als Avantgarde von maßgeblichem Einfluss auf die kulturelle Szene) ist heute weithin Allgemeingut geworden: Transzendenz im herkömmlichen religiösen Sinn ist für Viele undenkbar geworden, sei es in vollem antimetaphysischem Bewusstsein, sei es in agnostischem Zweifel oder vor allem in der geistigen Gleichgültigkeit der konsumorientierten Masse. Nicht dass das unausrottbare Verlangen der Psyche nach transzendenter Geborgenheit völlig entschwunden wäre, aber für die entkirchlichte Mehrheit dokumentiert es sich – soweit es nicht vom Konsumrausch verschüttet ist – weithin

---

1 Kunst und Transzendenz (Herrenalber Protokolle, Nr. 80), hg. v. der Evangelischen Akademie Baden, Karlsruhe 1991.

2 Friedrich Wilhelm Kantzenbach, Transzendenz in der Bildkunst der Moderne (Geist und Religion der Neuzeit, Bd. III; SIKG 11), Saarbrücken 1992.

nur noch in abergläubischen oder nationalistischen Relikten oder in elitären esoterischen Spekulationen und Praktiken.

Da kommen einem die Kirchen vor wie einsame Inseln im säkularistischen Meer der Zeit. Ihr traditionelles räumlich-dualistisches Transzendenzverständnis eines völlig vom Diesseits getrennten Jenseits, das sich nur durch göttliche Offenbarung erschließt, reißt den modernen Menschen nicht mehr vom Stuhl, man glaubte, es enttarnen zu können als bloße Wunschprojektion an einen eingebildeten Himmel (Feuerbach), als alles Elend vergessen machendes Opium (Marx) oder als bloße infantile Vaterillusion (Freud). Friedrich Nietzsches »Gott ist tot«-Philosophie führte dann diese Religionskritik zu ihrem Gipfelpunkt. Als dann der erste »totale Krieg« 1914–1918 durch seine Brutalität alle idealistischen Illusionen als Luftschlösser entlarvt und die Religionskritiker scheinbar restlos bestätigt hatte, blieb zunächst nur eine metaphysische Öde zurück, die freilich alsbald als solche empfunden wurde, denn der Mensch kann auf Dauer nicht ohne einen Rückhalt in einem umfassenden Zusammenhang existieren. Die Begeisterung für den völkisch-nationalen Verbund schien zwar bei Vielen diese anthropologische Leerstelle auszufüllen, doch dem tiefer Sehenden konnte das nicht genügen, im Gegenteil: Er musste darin eine satanische Verführung erblicken, als die sich dann die nationalsozialistische Ideologie des Dritten Reiches auch tatsächlich erwies.

So versuchte man in den Geisteswissenschaften, Transzendenz neu zu denken. Man hat etwa aufgezeigt, wie Transzendenz ein alltägliches Geschehen ist, heißt doch das lateinische transcendere ganz einfach »hinüberschreiten«, also Überschreiten einer Schwelle in einen unbekannten Raum hinein, wie wir das an jedem Neujahr oder bei jedem Abschied erleben, ja schon Geborenwerden ist in diesem Sinn Transzendenz in eine unbekannte Zukunft. Denn der Mensch ist das Wesen mit Selbstbewusstheit und damit gegebenem Zeitbewusstsein, also dem Bewusstsein der Begegnung mit Neuem als Wagnis, das auf sich genommen sein will. Insofern ist Transzendieren ein Wesensmerkmal des Menschseins.

Doch das ist es ja nicht, was jedenfalls die religiös Glaubenden und die Theologen unter Transzendenz verstehen. Der Begriff schließt ein Doppeltes in sich: zum einen den *Vorgang* des Überschreitens, der für die moderne Betrachtung in den Vordergrund rückte, zum andern aber den *Bereich*, in den hinein überschritten wird, also ein »Jenseits« unserer alltäglichen Erfahrung. Eben dahin aber zielt das religiöse Interesse: Gibt es jenseits unserer sinnlich erfahrbaren noch eine andere, hintergründige Wirklichkeit, und wenn ja, was lässt sich darüber aussagen? Es gibt ja mystische Erlebnisse – sei es durch Meditationspraktiken, durch gewisse Drogen, in bedeutungsvollen Träumen oder in Nahtodsituationen, in denen Menschen eine solche jenseitige Welt unmittelbar erfahren. Das wird heute aber von der modernen Neurologie als bloßes Produkt unserer Gehirntätigkeit »erklärt«, was freilich niemanden überzeugen kann, der diese Erfahrungen erlebt hat. Alle Religionen haben auf diesen Erfahrungen aufgebaut, haben sie als »Offenbarungen« der Anderwelt aufgefasst, gepflegt, ausgedeutet und ritualisiert. Unsere normale von Vergänglichkeit geprägte Realität ist ja so voller Probleme, Leiden und Schmerzen, dass der Mensch von jeher nach einem »Darüber hinaus« gefragt und jene Erlebnisse als Antwort gedeutet hat. Denn in ihnen deutet sich eine gegenteilige Wirklichkeit an, die als Licht, Einheit, Zeitlosigkeit, »kosmisches Bewusstsein«, ewiges Geborgensein, d.h. als Aufhebung unserer so problematischen »vordergründigen« Daseinsbedingungen erfahren wird, als eine »heile Welt«, die unsere so unheile Welt umfasst. Sie wird zwar nur in außergewöhnlichen Situationen und nur von wenigen Einzelnen erlebt und sie entschwindet hinterher wieder in den Nebel eines Geheimnisses, das letzten Endes doch nur geglaubt werden kann, das uns aber in diesem Glauben den Mut und die Kraft gibt, die Widrigkeiten unseres Daseins zu ertragen und zu bewältigen. Insofern lässt sich fragen, ob dieses metaphysische Bedürfnis nicht ein Wesensmerkmal menschlicher Existenz ist, das im Bewusstsein der eigenen Zeitlichkeit und Vergänglichkeit und all der damit gegebenen existenziellen Problematik seinen Grund hat.

Doch eben diese »Hinterwelt« ist, wie gesagt, durch unsere abendländische Aufklärung mehr und mehr zweifelhaft geworden, anfänglich durch die Erkenntnisse der modernen Naturwissenschaft, die die durchgehende Naturgesetzlichkeit unserer Welt entdeckte, und heute wiederum durch die Naturwissenschaft vor allem in Gestalt der neuesten Hirnforschung, die alle seelischen und geistigen Phänomene ausschließlich als Produkte der Hirnphysiologie glaubt erklären zu können. Natürlich lässt sich nicht hinter gesicherte Erkenntnisse unserer Wissenschaft zurückgehen, wohl aber fragt sich, in welchem Zusammenhang sie zu sehen und zu deuten sind.

Friedrich Nietzsche (1844–1900) war der philosophische Kopf, der zu seiner Zeit dieses Problem in unüberbietbarer Schärfe gesehen und in ebenso unüberbietbarer Radikalität für sich und eine ganze Generation junger Gebildeter beantwortet hat. Gottfried Benn, der große Lyriker und Expressionist (1886–1956), hat 1950 in seiner Rede »Nietzsche – nach fünfzig Jahren« bekannt: »Eigentlich hat alles, was meine Generation diskutierte, innerlich sich auseinanderdachte, man kann sagen: erlitt, man kann auch sagen: breittrat – alles das hatte sich bereits bei Nietzsche ausgesprochen und erschöpft, definitive Formulierung gefunden, alles Weitere war Exegese. Seine gefährliche stürmische blitzende Art, seine ruhelose

Diktion, sein Sichversagen jeden Idylls und jeden allgemeinen Grundes, seine Aufstellung der Triebpsychologie, [...] die ganze Psychoanalyse, der ganze Existentialismus, alles dies ist seine Tat. Er ist, wie sich immer deutlicher zeigt, der weitreichende Gigant der nachgoetheschen Epoche.«[3]

NIETZSCHE hatte das Gebäude der bisherigen Metaphysik bis auf die Grundmauern erbarmungslos zerstört: Für ihn gab es keinen Gott mehr, keinen vorgegebenen Sinn, keine allgemeingültige Wahrheit, keinen moralischen Wertekanon. Das einzige, was zählte, war das Leben als unendlicher Prozess, als Wille zur Macht, der sich seine eigene Welt schafft und nur sich selbst der Maßstab ist: »denn alles Leben ruht auf Schein, Kunst, Täuschung, Optik, Notwendigkeit des Perspektivischen und des Irrtums«[4]. Lebenssinn gibt es nicht als vorgegebenen Tatbestand, *»ein Sinn muß immer erst hineingelegt werden, damit es einen Tatbestand geben kann«*[5], und »›Wahrheit‹ ist somit nicht etwas, das da wäre und das aufzufinden, zu entdecken wäre – sondern etwas, *das zu schaffen ist* [...]. Es ist ein Wort für den ›Willen zur Macht‹.«[6] Was also bleibt übrig von der bisherigen Metaphysik? Nur noch der Mensch selber, der schöpferische Mensch, der sich und seine Welt schafft, und dieses Moment seines Schaffens ist die einzige »Metaphysik« und »Transzendenz«, die Nietzsche gelten lässt. In seiner höchsten und menschlichsten Ausformung aber ist dieses Schaffen »Kunst«, damit wird Kunst für ihn zu »unserm Allerheiligsten«[7], das »metaphysischen Wert«[8] hat, und Nietzsche bekennt, »daß ich von der Kunst als der höchsten Aufgabe und der eigentlich metaphysischen Tätigkeit die-

---

[3] GOTTFRIED BENN, Nietzsche – nach fünfzig Jahren (1950), in: ders., Reden und Vorträge (GW in acht Bänden, hg. v. Dieter Wellershoff, Bd. 4), Wiesbaden 1968, S. (1046-1057) 1046.

[4] FRIEDRICH NIETZSCHE, Die Geburt der Tragödie oder Griechentum und Pessimismus, Versuch einer Selbstkritik, in: ders., Werke in drei Bänden, hg. v. Karl Schlechta, Bd. I, München 1954, S. (9-18) 15.

[5] FRIEDRICH NIETZSCHE, Aus dem Nachlaß der Achtzigerjahre, in: ders., Werke in drei Bänden, hg. v. Karl Schlechta, Bd. III, München 1956, S. (415-925) 487.

[6] A.a.O., S. 541.

[7] F. NIETZSCHE, Brief an Erwin Rohde, Mitte Februar 1872, in: a.a.O., S. (1060-1062) 1062.

[8] F. NIETZSCHE, Brief an Carl von Gersdorff vom 21. Juni 1871, in: a.a.O., S. (1042-1044) 1043.

ses Lebens [...] überzeugt bin«[9]. Das ist freilich eine höchst irdische »Metaphysik« oder noch richtiger: »Eine antimetaphysische Weltbetrachtung – ja, aber eine artistische«[10], denn der Mensch wird so zum »rechten Artisten des Lebens«[11]. Damit hat Nietzsche der Bildungsschicht seiner Zeit das Tor zu einer Gott-losen Würdigung der Kunst und allen menschlichen Schöpfertums weit aufgerissen, eine Weltsicht, die auf der Gabe und Verpflichtung des menschlichen Wesens gründet, sich selbst im schöpferischen Akt zu transzendieren und sich gerade so zu verwirklichen.

Wie durchschlagend Nietzsche damit auf die Künstlerschaft des damals bevorstehenden zwanzigsten Jahrhunderts gewirkt hat, darüber ließen sich Bände schreiben. GOTTFRIED BENN hat für seine Generation im Blick auf NIETZSCHE das Fazit gezogen, das wohl heute noch bei Vielen in Geltung ist: »Nietzsche, sehen wir heute, inaugurierte den ›vierten Menschen‹, von dem man jetzt so viel spricht, den Menschen mit dem ›Verlust der Mitte‹, die man romantisch wieder zu erwecken sucht. Der Mensch ohne moralischen oder philosophischen Inhalt, der den Form- und Ausdrucksprinzipien lebt. Es ist ein Irrtum, anzunehmen, der Mensch habe noch einen Inhalt oder müsse einen haben. [...] Es ist überhaupt kein Mensch mehr da, nur noch seine Symptome. Nietzsches Vers: ›wer das verlor, was du verlorst, macht nirgends Halt‹ ist nur in diesem Sinne zu deuten, er verlor den Inhalt – nur so gewinnen wir eine ebenbürtige Erklärung für diesen rätselhaften Vers. Zu weitgehende Perspektiven, wird man sagen, auch willkürliche oder schiefe. Aber in diesen fünfzig Jahren sahn wir seltsame Bewegungen, das Absterben und das Aufglimmen neuer Dinge, vor allem: die Erledigung der Wahrheit und die Fundamentierung des Stils. Mit Deutungen kommt man nicht mehr weiter, das Verhängnis arbeitet, die Verwandlung wendet sich her. [...] Ausflüchte wird es dann nicht mehr geben, die Wiederherstellungsversuche der verlorenen Mitte werden wie eine Reformbewegung wirken, wie Mazdaznan. ›Wie ferne mag solche ›Ferne‹ sein – was geht's mich an‹, sagte er, aber er wußte, diese Ferne kommt. Und dann sagte er: ›Traum ist die Welt und Rauch vor den Augen eines ewig Unzufriedenen‹ – nun wurde er, der es sagte, für uns selbst

---

9 F. NIETZSCHE, Die Geburt der Tragödie oder Griechentum und Pessimismus, Die Geburt der Tragödie aus dem Geiste der Musik, in: ders., Werke in drei Bänden, Bd. I (s. Anm. 4), S. (19 f.) 20.

10 F. NIETZSCHE, Aus dem Nachlaß der Achtzigerjahre (s. Anm. 5), S. 481.

11 FRIEDRICH NIETZSCHE, Jenseits von Gut und Böse, Zweites Hauptstück: Der freie Geist, in: ders., Werke in drei Bänden, hg. v. Karl Schlechta, Bd. II, München 1955, S. (589-608) 596.

zum Traum, und wir gehn keinen Schritt unseres Weges mehr ohne die Anbetung dieses Traums.«[12]

Vieles in unserer heutigen kulturellen Szene lässt sich nur auf diesem Hintergrund verstehen. Beschäftigt man sich nicht nur mit der rätselhaften Bilderwelt Max Beckmanns, sondern auch mit seinen Texten, seinen Tagebüchern und Briefen, dann zeigt sich, wie sehr er von der gleichen geistigen Grundlagenkrise durch Nietzsche und den Ersten Weltkrieg geprägt war wie der fast gleichaltrige Benn, wenn er dann auch eine gewisse Distanz zu Nietzsche gewann und mehr auf Arthur Schopenhauer zurückgriff, von dem Nietzsche ausgegangen war, und es zeigen sich frappierende Parallelen zwischen Beckmanns und Benns Lebens- und Denkwegen. Gerade in dieser anfänglichen Parallelität erscheinen die beiden Gestalten von exemplarischer Bedeutung für das Ringen um ein neues Verständnis von Transzendenz unter den geistigen Voraussetzungen ihrer und unserer Zeit, - Versuche, Transzendenz immanent zu begreifen und zu erfahren. Sie waren freilich nicht die Einzigen, die in Bild-, Wort- und Tonkunst von diesem Problem umgetrieben wurden.

Wie aber findet sich die christliche Theologie mit einer derartigen »Modernisierung« des Transzendenzgedankens ab? Widerstreitet nicht der biblische Gottesglaube, auf dem die Kirche aufruht, solcher Reduktion auf eine immanente Transzendenz radikal? Wo bleibt da die Offenbarung des an sich unzugänglichen Gottes, der Karl Barth seine dreizehn Bände der (unvollendeten) »Kirchlichen Dogmatik« und eine Flut anderer Schriften gewidmet hat? Hat denn dem Irrsinn des Dritten Reiches nicht allein eine Theologie widerstanden, die fest in der Gewissheit einer jenseitigen Gotteswelt verankert war, ebenso wie allein eine solche Gewissheit der orthodoxen Kirche Russlands das Überleben in dem mörderischen Grauen der bolschewistischen Schreckensherrschaft ermöglichte? Und würden nicht viele fromme Christen aus dieser Gewissheit heraus jene intellektualistischen Gedankenspiele, die wir skizziert haben, mit Kopfschütteln quittieren, weil sie die Wirklichkeit des Jenseitigen in schlimmen Situationen praktisch erfahren und erlebt haben? Doch schauen wir uns in unserer Gegenwart um: Wie viele Menschen kennen diese Gewissheit? Wie denkt die Mehrheit der Bevölkerung, wie denken vor allem die Intellektuellen darüber? Warum beherrscht in den Ländern der ehemaligen DDR die radikale Entkirchlichung nach wie vor unverändert die gesellschaftliche Szene? Dabei war die gewaltlose Revolution doch gerade von der Kirche aus-

12 G. Benn, Nietzsche – nach fünfzig Jahren (s. Anm. 3), S. 1056 f.

gegangen, jetzt aber stehen die Gemeinden wie Inseln im Meer einer völlig säkularisierten Gesellschaft. Was also gilt?

Nun lassen sich persönliche Erfahrungen nicht bestreiten, und den gläubigen Christen muss das theoretische Transzendenzproblem nicht bekümmern. Es gibt aber genug Christen und religiös suchende Menschen, die – aus welchen Gründen auch immer – auf das denkende Verarbeiten des Glaubens nicht verzichten können. Es ist darum das Wesen der Theologie, also des denkenden Redens vom Göttlichen, sich mit der Denkmöglichkeit dessen zu befassen, was sich eigentlich unserem Zugriff entzieht, aber doch erfahren wird, eben dem Jenseitigen, Transzendenten. Alle systematische Theologie müht sich an dieser Aufgabe ab, freilich in der unterschiedlichsten Weise. Es gibt aber Theologen, die es verstehen, für jenes säkulare Suchen unserer Philosophen und Künstler nach einer immanenten Transzendenz offen zu sein. Einer, dem das in vorbildlicher Weise gelungen ist, ist Paul Tillich (1886–1965), der Zeit- und Altersgenosse von Beckmann und Benn, der wegen seiner antifaschistischen Einstellung 1933 als erster nichtjüdischer Professor sein Amt verlor und in die USA emigrieren musste, wo er die Elite amerikanischer Theologiestudenten für seine philosophische Theologie begeisterte.

Auch er hat als Feldgeistlicher vier Jahre lang den Wahnsinn des Ersten Weltkriegs an der Front miterlebt, und wie bei Beckmann und Benn war dies für ihn ein »Abgrunderlebnis«, die entscheidende Krise, die seine weltanschaulichen und theologischen Vorstellungen umstürzte und zu einer völligen Neuorientierung seines Denkens führte. »Gott« konnte nicht mehr in den herkömmlichen supranaturalistischen Vorstellungen gedacht werden als ein jenseitiges Wesen, das als Weltenlenker nach Belieben in die Weltgeschichte eingreift. Diesen Vorstellungen hatte die Realität der Kriegsgräuel definitiv ein Ende gesetzt. Nicht dass damit die Personalität Gottes undenkbar geworden wäre – Gott kann ja nicht weniger sein als das Geschöpf Mensch! –, aber sie musste neu gedacht werden. Gott war mehr als Person, keine an sich existierende »Persönlichkeit«, er ist die Macht des Seins überhaupt, ist Gott über (dem persönlich vorgestellten) Gott. Als solcher entzieht er sich allen menschlichen Zugriffen, wird aber erfahren als »das, was uns unbedingt angeht«, als die letzte Tiefe von allem, was ist, vor allem auch von uns selber, – eine Tiefe, die uns nicht nur bestätigt, sondern ebenso auch in unserem Haften an der Oberfläche in Frage stellt. Von dieser Tiefe aber lässt sich immer nur im gebrochenen, uneigentlichen Sinn reden, immer nur von unserer menschlichen, personal strukturierten Verfassung aus, daher grundsätzlich in Symbolen, die sich immer selbst relativieren, indem sie über sich hinausweisen auf das Unbedingte selbst.

Von da aus ergibt sich auch ein Zugang zu dem, was Künstler im Schaffen von Kunst an Transzendenz erfahren und was auch dem Betrachter in der Begegnung mit Kunstwerken als Transzendenz begegnen kann. Davon lässt sich reden, »wenn Theologie nicht Rede von Gott als von einem Gegenstand neben anderen bedeutet, sondern – wie es sein muß – als Rede von der Manifestation des Göttlichen in allem Seienden und durch alles Seiende hindurch. Theologie der bildenden Kunst ist dann die Lehre von der Manifestation des Göttlichen in dem künstlerischen Akt und seinen Schöpfungen. [...] Wenn das so ist, ergibt sich eine entscheidende Folgerung, nämlich, daß Kunst nicht religiöse Gegenstände behandeln muß, um religiös zu sein. Kunst kann religiös sein, ob sie sogenannte religiöse oder sogenannte profane Kunst ist. Sie ist religiös, sofern in ihr die Erfahrung letzten Sinnes und Seins zum Ausdruck kommt.«[13] Das gilt auch, wenn es nur die Erfahrung der Abwesenheit einer letzten Antwort ist, die aber als gebieterische Frage nach einer Antwort schreit – für Tillich findet auch der Zweifler in seinem Zweifel seine göttliche Rechtfertigung. Von diesem theologischen Ansatz aus eröffnet sich für den religiös engagierten Liebhaber gerade moderner künstlerischer Schöpfungen ein weites Feld des Verstehens.

2. Das Transzendenzproblem in der geistigen Welt des Malerphilosophen Max Beckmann

Zugang

Das Problem, wie göttliche Transzendenz heute – angesichts total-wissenschaftlicher Welterklärung einerseits, den unendlichen Grausamkeiten und Absurditäten der Realität andererseits – überhaupt noch denkbar sei, war für den Maler Max Beckmann (1884–1950) lebenslang das beherrschende Thema seines Lebens wie seiner Kunst. Dabei hat er sich von der herkömmlichen Theologie radikal emanzipiert, umso mehr aber ist er für nachdenkliche Theologenköpfe eine Herausforderung, den eigenen Glauben zu überdenken. Beckmanns geistige Welt spiegelt sich in seinen Schriften, Reden, Tagebüchern und Gesprächen; auf eine Bildwiedergabe von Werken kann daher in diesem Zusammenhang verzichtet werden.

---

[13] Paul Tillich, Zur Theologie der bildenden Kunst und der Architektur (1962), in: ders., Die religiöse Substanz der Kultur. Schriften zur Theologie der Kultur, hg. v. Renate Albrecht (GW IX), Stuttgart 1967, S. (345-355) 346.

Wesensart

Will man sich Max Beckmann annähern, dann ist ein Blick auf seine spannungsgeladene Wesensart unerlässlich. Wer nicht in Gegensätzen denken kann, für den muss dieser Künstler ein Rätsel bleiben.

Da ist einerseits eine körperlich wie psychisch und geistig ausgeprägte Vitalität, die sich rein physisch schon in seiner bulligen Gestalt kundtat. Ihr entsprach eine »furchtbare Lust zu Excessen«[14], die auch noch »bis zur letzten Arterienverkalkung weiß glühend« bleiben will[15] »Belastet – oder begnadet – mit einer furchtbaren vitalen Sinnlichkeit muss ich die Weisheit mit den *Augen* suchen«, d.h. ästhetisch nicht »ohne den schrecklichen Furor der Sinne für jede Form von Schönheit und Hässlichkeit des Sichtbaren«[16]. Und ebenso gilt das für das Gebiet des Erotisch-Sexuellen, dessen Übermacht er als Last empfindet: »Wie schön wäre das, wenn ich die los wäre. Ich meine die gemeine Sinnlichkeit.«[17] Die gleiche Vitalität ist Beckmann aber auch intellektuell zu eigen, wie seine unhemmbare breit gefächerte Leselust bezeugt, die auch schwierige Texte rasch bewältigt (etwa Kant oder Schopenhauer), und nicht weniger vital ist seine schöpferische Seite: Malen »bis zur Besinnungslosigkeit«[18] und ein Drang, auch unter widrigsten Umständen »größenwahnsinnige Dinge vollbringen zu müssen«[19]. Das ist die eine Seite seines Wesens.

Doch dieser vehementen Vitalität steht nun andererseits eine Depressivität gegenüber, die sich von frühen Jahren an bis in die späte Lebenszeit – dort sogar verstärkt – durchhält. So klagt der junge Beckmann 1903: »Die Sonne will durch die Wolken hindurch, aber ich will sie nicht. Ja, ich

---

14 Max Beckmann, Tagebücher 1940–1950, München ^{2}1984, S. 25. – Bei den Beckmann-Zitaten wurde dessen lässige Interpunktion belassen, die Rechtschreibung aber den heutigen Regeln angepasst, außer in seiner eigenständigen Orthografie von Fremdwörtern.

15 A.a.O., S. 143.

16 Max Beckmann, Über meine Malerei. Rede, gehalten in der Ausstellung »Twentieth Century German Art« in den New Burlington Galleries (21.7.1938), in: ders., Die Realität der Träume in den Bildern. Aufsätze und Vorträge. Aus Tagebüchern, Briefen, Gesprächen 1903–1950, hg. mit Nachwort u. Chronologie v. Rudolf Pillep (Univ.-Bibl. 1069), Leipzig ^{2}1987, S. (134-142) 137.

17 Max Beckmann, Frühe Tagebücher. 1903/04 und 1912/13. Mit Erinnerungen von Minna Beckmann-Tube, hg. u. kommentiert v. Doris Schmidt, München / Zürich 1985, S. 53.

18 A.a.O., S. 110.

19 M. Beckmann, Tagebücher 1940–1950 (s. Anm. 14), S. 132.

will diese graue Wehmut da draußen.«[20] Oder ein Jahr später: »Ob wohl in meinem momentanen Leben einmal ein Abend kommen wird, an dem ich nicht unbefriedigt zu Bett gehen werde. Ich glaube nicht.«[21] »Grau und immer grauer sieht es in mir aus. Ob ich wohl jemals die Freude finden werde. Ich glaube nein.«[22] Er glaubt an »die Schauspielerwollust der Selbsterniedrigung«[23] und wacht morgens auf mit dem Gedanken: »Da bin ich noch. Bin noch wach und möchte nicht geboren seien [sic] und muss doch leben.«[24] Und noch der in seinen letzten Lebensjahren in den USA gefeierte Künstler schreibt ein Jahr vor seinem Tod: »Sah heute in einem Schaufensterspiegel mein eigenes Abbild – oh my – und unerhörter Ekel durchflutete mein Herz – oh schmachvolle Existenz deren Lebenswillen einen immer wieder in den Lebensdreck zieht.«[25]

Einen positiven Aspekt hat diese dunkle Seite aber, sie öffnete ihm den Blick für die Leiden auch der Anderen: »Mein Herz sehnt sich nach Menschen, Menschen die auch leiden wie ich. Denn ich leide auch. Eigentlich immerzu.«[26] In diesem Sinn schreibt Beckmann im letzten Kriegsjahr 1918: »Der Krieg geht ja nun seinem traurigen Ende zu. [...] Wir gehen wohl einer schweren Zeit entgegen. Aber gerade jetzt habe ich fast noch mehr als vor dem Krieg das Bedürfnis, unter den Menschen zu bleiben. In der Stadt. Gerade hier ist jetzt unser Platz. Wir müssen teilnehmen an dem ganzen Elend, das kommen wird. Unser Herz und unsere Nerven müssen wir preisgeben dem schaurigen Schmerzensgeschrei der armen getäuschten Menschen. Gerade jetzt müssen wir uns den Menschen so nah wie möglich stellen. Das ist das einzige, was unsere eigentlich recht überflüssige und selbstsüchtige Existenz einigermaßen motivieren kann.«[27] Dieses Mitgefühl hat ihn die russische Revolution 1918 mit Sympathie betrachten lassen, obwohl er sich nie politisch festgelegt hat. Aber noch zwanzig Jahre später mahnt er in seiner Londoner Rede »Über meine Malerei«: »Der Kon-

---

20 M. Beckmann, Frühe Tagebücher (s. Anm. 17), S. 12.

21 A.a.O., S. 81.

22 A.a.O., S. 97.

23 A.a.O., S. 96.

24 A.a.O., S. 90.

25 M. Beckmann, Tagebücher 1940–1950 (s. Anm. 14), S. 343 f.

26 M. Beckmann, Frühe Tagebücher (s. Anm. 17), S. 84.

27 M. Beckmann, Ein Bekenntnis. Beitrag zu: Schöpferische Konfession (1920), in: ders., Die Realität der Träume in den Bildern (s. Anm. 16), S. (89-91) 90.

takt des Mitgefühls an dem Mitmenschen muss wieder hergestellt werden.«[28]

Diese beiden Seiten – Vitalität und Depressivität – gehen gleichzeitig im Auf und Ab nebeneinander her: »Wenn ich mich auch eben in dem Stadium eines wohlausgebildeten Hypochonders befinde, so kann ich doch nicht leugnen, dass unter dieser misanthropischen Decke doch die Wellen meiner Lebenslust ruhig und sicher dahinfließen und nur auf den Moment warten, wo sie wieder anschwellen und dann unaufhaltsam diese Decke und mich selbst mit wegreißen. Irgendwohin.«[29] Und so muss man fragen: Wie ist Max Beckmann mit dieser extremen manisch-depressiven Spannung seines Wesens, die ihn zu zerreißen drohte, fertig geworden? Und dabei geht es nicht nur um sein ganz persönliches Problem, sondern zugleich um die Auswirkung auf die grundsätzliche weltanschauliche Beurteilung von Dasein überhaupt: Ja oder nein, das Leben lieben oder verachten und bekämpfen, die ihm wohl bewusste Diskrepanz zwischen »törichter Weltenlust und Gottgefühlen, prachtvoller Daseinsbejahung und wütender Weltverschwörung«[30]. Unter diesem Blickwinkel soll im Folgenden Beckmanns geistiger Welt nachgegangen werden, die sich dann in seinem Schaffen niederschlug, dessen Verständnis grundlegend erhellt und den Kontext abgibt für sein Transzendenzbewusstsein.

Liebe

Ganz persönlich löst sich die Spannung in Beckmann zunächst in der Liebe zu einer Frau, einer Liebe, die weit über die Sexualität hinaus eine elementare Vertrauensbindung ist und die ihm eine verlässliche Existenzgrundlage bedeutete. »Einzig ein Weib kann meine einzige interessante Seite zu schwingen bringen. Ist das nicht traurig und lächerlich. Ohne diesen zweiten Menschen bin ich nichts, haltlos, gedankenlos und unruhig.«[31]

Es ist aber noch eine ganz andere Liebe ohne erotische Wurzel, die ihn den Widerspruch zwischen Daseinsverneinung und -bejahung verarbeiten ließ, nämlich eben jenes Mitgefühl mit dem Anderen: »Eigentlich ist es ja sinnlos, die Menschen, diesen Haufen von Egoismus (zu dem man selbst gehört) zu lieben. Ich tue es aber trotzdem. Ich liebe sie mit all ihrer Kleinlichkeit und Banalität. Mit ihrem Stumpfsinn und billiger Genügsamkeit

---

28 M. BECKMANN, Über meine Malerei (s. Anm. 16), S. 139.

29 M. BECKMANN, Frühe Tagebücher (s. Anm. 17), S. 15.

30 Ebd.

31 A.a.O., S. 82.

und ihrem ach so seltenen Heldentum. Und trotzdem ist mir jeder Mensch täglich immer wieder ein Ereignis, als wenn er eben vom Orion heruntergefallen wäre.«[32] Diese Liebe geht aber über das bloß Menschliche weit hinaus und umfasst alles im Sinn einer staunenden und liebenden Ehrfurcht vor dem Geheimnis allen Seins, was dann künstlerisch heißt: Nach all der Erfahrung des Kriegselends »werden wir jetzt hoffentlich zu der *transzendenten Sachlichkeit* kommen, die aus einer tieferen Liebe zur Natur und den Menschen hervorgehen kann«[33]. Diese Liebe hat er als entscheidende Voraussetzung aller künstlerischen Gestaltung seinen Schülern bis zuletzt nahezubringen versucht, wie die Rede im letzten Lebensjahr an seine Freunde in St. Louis nachdrücklich dokumentiert: »Feiert meinetwegen Räusche des Unterbewusstseins oder des Whisky's, - liebt den Tanz, die Freude, die Melancholie und den Tod - ja auch den Tod, als letzten Übergang zu großartig Neuem - vor allem aber liebt, - liebt, - liebt, - vergesst nicht, dass jeder Mensch, jeder Baum, jede Blume ein Individuum ist, welches verdient eingehend studiert und dargestellt zu werden. [...] Wahrheit muss das Werk sprechen. Wahrheit aus Liebe zur Natur und eiserner Selbstdisziplin. [...] Darum sage ich nicht nur zum Künstler, sondern auch zum Beschauer: liebt die Natur von ganzem Herzen und es werden Euch neue und ungeahnte Dinge in der Kunst aufgehen - denn Kunst ist nichts anderes als vollendete Natur.«[34]

Revolte und Protest

Solche Liebe ist freilich nicht selbstverständlich, sie muss auf einem mühsamen Weg durch die Erfahrung des Negativen hindurchgegangen sein: »Suche diesen Weg — und Du wirst die grenzenlose Schönheit der Schöpfung aus dem eigenen ›Ich‹ immer tiefer verstehen, immer mehr lieben, und immer losgelöster werden von all dem, was Dir jetzt noch jämmerlich, traurig oder schrecklich ist«, so belehrt ihn die Stimme der Traumvision, mit der Beckmann 1938 seine große Londoner Rede beschließt.[35] Und es gehört zur Dialektik und Prozesshaftigkeit des Lebens, dass es Phasen gibt, wo der Protest oder gar die Revolte gegen die Bedingungen des Da-

---

[32] M. Beckmann, Ein Bekenntnis (s. Anm. 27), S. 90.

[33] A.a.O., S. 91.

[34] M. Beckmann, Ansprache für die Freunde und die Philosophische Fakultät der Washington University St. Louis (1950), in: ders., Die Realität der Träume in den Bildern (s. Anm. 16), S. (198-201) 199 f.

[35] M. Beckmann, Über meine Malerei (s. Anm. 16), 142.

seins das Feld völlig beherrschen, wie es beim jungen Beckmann vor allem nach den Erfahrungen der Kriegsschrecken der Fall war. Hatte ihn schon vorher die Lektüre Schopenhauers und Nietzsches zum Gott des Christenglaubens in Distanz gebracht (1903: »Blühendes Leben und blühender Tod. Wenn ich mir einmal einen Gott vorstellen müsste so könnte ich ihn famos als Symbol des großen Stumpfsinnns gebrauchen.«[36]), so lässt er jetzt 1920 in seinem Drama »Das Hotel« eine der Gestalten sagen: »Ich hasse dieses Sklavenleben. Ich hasse das Untier, das es erfunden hat. Ich lache über alle, die versuchen, einen Sinn, einen lächerlichen Sinn in diese Cloake zu bringen. [...] Wenn ich an eine Gerechtigkeit denken könnte, so wäre es die, den Erfinder aller dieser Lächerlichkeiten hier vor mir zu haben, ihn an die Gurgel, oder was er hat, zu packen, und ihn so lange zu würgen, bis er aus seiner grässlichen Kehle mir endlich Antwort geben könnte. Warum, Du grinsendes Scheusal, hast Du Dir alle diese Martern für Deine Erfindungen ausgedacht ... Du ekler Zuhälter und grausamer Folterknecht. Schließlich hast Du ja auch die Verantwortung, alter Gauner. Du hast uns doch fabriziert, weil es Dir allein zu langweilig war.«[37] Ein Jahr zuvor hatte er im Gespräch zu seinem befreundeten Verleger Reinhard Piper gesagt: »Es wird sich auch noch ein neues mystisches Gefühl bilden. Mit der Demut vor Gott ist es vorbei. Meine Religion ist Hochmut vor Gott, Trotz gegen Gott. Trotz, dass er uns so geschaffen hat, dass wir uns nicht lieben können. Ich werfe in meinen Bildern Gott alles vor, was er falsch gemacht hat.«[38]

Die schreiendsten Bilder dieser Anklage gegen den Gott der Tradition sind Beckmanns nie vollendete riesige zweite »Auferstehung« (1916–1918, Staatsgalerie Stuttgart) sowie dessen eigentliche Vollendung, Beckmannns grauenhaftestes Bild »Die Nacht« (1918/19, Kunstsammlung NRW Düsseldorf), in der er die im Krieg erfahrene menschliche Bestialität ins private Milieu einer bürgerlichen Dachstube presst, wo nichts als Mord und Folterlust herrscht, – die endgültige Abrechnung mit jenem Gott, dem er ein für allemal den Abschied gegeben hatte. Als Verehrer der Renaissance-Meistermaler hatte er bis dahin noch Motive des christlichen Glaubens – wenn auch in sehr eigener Interpretation – als exemplarische Situationen der conditio humana verwendet (Jesus und die Sünderin, Kreuzigung, Aufer-

---

36 M. Beckmann, Frühe Tagebücher (s. Anm. 17), S. 54.

37 M. Beckmann, »Das Hotel«. Drama (um 1920), Auszug aus dem 1. Akt, in: ders., Die Realität der Träume in den Bildern (s. Anm. 16), S. 95 f.

38 M. Beckmann, Gespräche mit Reinhard Piper, Juli 1919 in Frankfurt (Main), in: ders., Die Realität der Träume in den Bildern (s. Anm. 16), S. (94 f.) 94.

stehung), so verschwinden diese Motive seit jenem Nachtbild für immer aus seinem Werk.

Autonomie

Die Folge dieser Abrechnung ist die schmerzhaft ernüchternde Erkenntnis: »Die Götter sind [...] keine Mächte außerhalb, zu denen wir flehen oder fliehen sollen«[39], der Mensch ist in dieser Welt allein auf sich gestellt. In seinem kunstpolitischen Manifest »Der Künstler im Staat« (1927) hat Beckmann dem neu gewonnenen Selbstbewusstsein klar Ausdruck gegeben: »Der Künstler im neuen Sinn der Zeit ist der bewusste Former der transzendenten Idee. [...], der Künstler im neuen Sinn ist der eigentliche Schöpfer der Welt, die vor ihm nicht existierte. Die neue Idee, die der Künstler und mit ihm zu gleicher Zeit die Menschheit zu formen hat, ist Selbstverantwortung. Autonomie im Verhältnis zur Unendlichkeit. [...] Die ersten Revolutionäre der Menschheit sahen ihre wesentliche Aufgabe darin, *gegen Gott* zu kämpfen. [...] Nun soll uns endlich bewusst werden, dass wir nur immer gegen uns selbst gekämpft haben. Wir haben nichts mehr von außen zu erwarten. Nur noch von uns selbst. *Denn wir sind Gott.* By Jove – noch ein recht unzulänglicher und armseliger Gott – aber immerhin – Gott. (/) Die gesammelten Gehirnproduktionen der Menschheit als eine Einheit gedacht, ist Gott. Ist es immer gewesen. Sie ist das Bewusstsein der Welt, das in dauernder Entwicklung – oder wie ich sagen möchte – Abwicklung begriffen ist. [...] Zerschlagen liegen die alten Götter, unwahr und dunkel führen die alten Kirchen im Dämmerlicht ein trügerisches Scheindasein. (/) Ernüchtert und glaubenslos starrt die zum Mann herangereifte Menschheit in öde Leeren und ist sich ihrer Kraft noch nicht bewusst. [...] Wenn wir uns nicht zu dem Glauben bekennen wollen, einmal im Verlauf der Entwicklung der Menschheit selber Gott, d.h. selber frei zu werden, [...] wird das Ganze der Menschheit von Anfang an eine Farce bleiben. Um diesen Willen zu konzentrieren, müssen wir uns sammeln. [...] *Jetzt wollen wir an uns selber glauben.* Ein jeder Einzelne ist mitverantwortlich an der Entwicklung des Ganzen, um selbst Gott zu sein. Auf nichts sich mehr verlassen als auf sich selbst.«[40]

Theologen mögen diese Aussagen als typische Hybris des sich selbst erhöhenden gottfernen Menschen verurteilen, für Beckmann freilich ist

---

39 M. Beckmann, Tagebücher 1940–1950 (s. Anm. 14), S. 65.

40 M. Beckmann, Der Künstler im Staat (1927), in: ders., Die Realität der Träume in den Bildern (s. Anm. 16), S. (116-121) 116-120.

solches Denken nicht Frucht frecher Selbsterhöhung, sondern das der Menschheit in ihrer Entwicklung schmerzhaft auferlegte Schicksal, offenkundig geworden in der Absurdität des totalen Krieges, die für ihn nur als Beweis der Nichtexistenz jenes Gottes der Wunsch- und Bedürfnisbefriedigung zu verstehen war. Die Religionskritiker seiner Zeit (Feuerbach, Marx, Nietzsche, Freud) waren für Beckmann durch die Geschichte so bestätigt worden, dass es zum »Hochmut« gegenüber dieser Gottesvorstellung gar keine Alternative mehr geben kann. Ja, sollte es einen metaphysischen Hintergrund der Welt geben, so müsste es gerade er sein, der uns auf den Weg der Selbstverantwortung zwingt.

Beckmann hat die geistesgeschichtlichen Wurzeln des Autonomiegedankens sehr wohl gekannt. Er besaß ein umfangreiches philosophisches Wissen, das er sich auch bei schwierigsten Texten mit einem rasch auffassenden Geist aneignete. Sein Sohn Peter hat später des Vaters Bibliothek mitsamt den Unterstreichungen, Randbemerkungen und Kommentaren in den Büchern aufgelistet und veröffentlicht und so dessen geistigen Horizont aufgezeigt. Beckmanns Manifest erinnert an Nietzsches »Zarathustra«, den er sehr wohl kannte, es waren aber zwei andere Denker, die ihn primär prägten und die er am Ende seines Lebens auch seinem Sohn Peter warm ans Herz legte: »Ja, also lieber Peter, ich empfehle Dir etwas von Kant ›Kritik der reinen Vernunft‹ (sehr wichtig) und sehr viel Schopenhauer«[41], und dieser Empfehlung entspricht auch im grafischen Zyklus zu Goethes Faust II die Inschrift in einem aufgeschlagenen Buch, auf das Faust weist, wo links ›Kritik der reinen Vernunft‹ und rechts ›Welt als Wille und Vorstellung‹ zu lesen ist.[42] Diese beiden Werke bedeuten allerdings höchst unterschiedliche philosophische Konzeptionen – die erste mit der Vernunft, die zweite mit dem Willen als Zentrum, mit jeweils höchst unterschiedlichen praktischen Konsequenzen.

Denken I: Kant

Immanuel Kant wurde für Beckmann zentral wichtig, weil er unsere »völlige Unwissenheit in Sachen Metaphysik«[43] unwiderleglich erwiesen und damit die konventionelle Metaphysik philosophisch ausgebootet und ein für allemal ins Reich des Glaubens verwiesen hat – eine Problematik, die

---

41 M. Beckmann, Randbemerkungen zu Büchern, hg. v. Peter Beckmann, in: ders., Die Realität der Träume in den Bildern (s. Anm. 16), S. (209-217) 217.

42 So Peter Beckmann, a.a.O., S. 209.

43 So Peter Beckmann, a.a.O., S. 210.

Beckmann lebenslang umtrieb, denn das menschliche Bewusstsein will ja letzte Erkenntnis, aus der heraus sich die Rätsel des Daseins durchschauen lassen. Aber es ist eben das Schicksal der Vernunft, dass ihr solche letzte Erkenntnis verwehrt ist, nach der sich Beckmann so sehr sehnte: »Nicht mehr nach einem Weibe steht jetzt mein Sinn eigentlich. Sondern nach der Beherrschung alles Denkbaren. Vielleicht ist der Trieb auch nur Ehrgeiz. Der Trieb zum Herrschen. Aber ich will erst alles wissen. Um später mich selbst weiterleben zu können.« (1904)[44] Letztes Wissen also als Schlüssel zum Leben – eben dies ist uns verwehrt! Das hat der junge Beckmann nur mit satirischer Bitterkeit registrieren können, zeigten ihm seine »Studien in der Metaphysik« doch, dass der Mensch »außer seiner brüllenden Daseinsbejahung nichts anderes aufzuweisen hat als das lachend missvergnügte Gefühl des Nichts-wissen-Könnens und trotz allem das Bewusstsein der ungeheueren weltbeherrschenden Lächerlichkeit der Metaphysik«[45].

Immerhin ist es aber nach KANT gerade die Vernunft selber, die da ihre eigenen Grenzen erkennt und das Bedürfnis nach letzten Antworten in den Raum des Glaubens verweist (Kritik der reinen Vernunft, Vorwort zur 2. Auflage: »Ich musste also das Wissen aufheben, um zum Glauben Platz zu bekommen«[46]), und gut kantisch schreibt daher der alte BECKMANN an seinen Sohn: »Denn gerade diese Grenzen sind unser einziger Anhaltspunkt: Prinzip d. *1. Ursache* und Prinzip der *individuellen Regulierung* der Denktätigkeit. – (/) Ersteres könnte die Annahme eines Gottesbegriffs bestätigen. Letzteres die Annahme einer persönlichen Seele. (/) Beide biologisch nicht nachweisbar – aber als unbekanntes X vorhanden und nur durch *ihre Tätigkeit* feststellbar.«[47] Und ebenso gut kantisch im Sinne des Kategorischen Imperativs ist Beckmanns Bemerkung: »Das moralische Prinzip ist nicht zu umgehen und ist seit alter indischer Weisheit über Gnostiker und Essener bis zu Kant und Schopenhauer immer dasselbe und nicht wegzuleugnen.«[48] Wie sich das auf dem Boden kantischer Autonomie auswirken müsste, hat Beckmann in »Der Künstler im Staat« im Hochge-

---

[44] M. BECKMANN, Frühe Tagebücher (s. Anm. 17), S. 99.

[45] A.a.O., S. 23 f.

[46] AA III, 18 / B XXX.

[47] M. BECKMANN, Brief an Peter Beckmann vom 12.12.1949, in: ders., Die Realität der Träume in den Bildern (s. Anm. 16), S. (196-198) 196.

[48] M. BECKMANN, Brief an Elisabeth Kerschbaumer vom 17.7.1949, in: ders., Die Realität der Träume in den Bildern (s. Anm. 16), S. (193 f.) 194.

fühl seines Freiheits- und Selbstbewusstseins angesichts seines damaligen großen Erfolgs in Deutschland höchst optimistisch ausgeführt: »Wenn der Glaube, dass wir selbst entscheiden können, erst einmal festen Fuß in uns gefasst hat, dann wird auch die Selbstverantwortung stärker werden. Nur dadurch, dass das Schwache, Egoistische und sogenannte Böse zurückgedrängt wird zugunsten der gemeinsamen Liebe, die uns ermöglichen wird, *die großen entscheidenden Arbeiten als Menschheit gemeinsam* auszuführen, werden wir die Kraft finden, selbst Gott zu werden. Das heißt, frei zu werden – selbst entscheiden können, ob leben oder sterben. Bewusste Besitzer der Unendlichkeit – frei von Zeit und Raum. (/) Dies ist das Ziel der Menschheit. Neuer Glaube, neue Hoffnung, neue Religion.«[49]

»Neue Religion«, und dabei spielt der Künstler eine entscheidende Rolle, denn »*Die Kunst ist der Spiegel Gottes, der die Menschheit ist*«[50], es fehlt aber noch »*ein neues Kulturzentrum, ein neues Glaubenszentrum*«, das dafür sorgt, »eine *elegante* Beherrschung des Metaphysischen zu erreichen« und dessen Priester ihre Bedeutung »im schwarzen Anzug« zu vertreten haben,[51] wie sich Beckmann im gleichen Jahr stolz selbst inszeniert hat in seinem »Selbstbildnis im Smoking«. Wenige Jahre später freilich änderte sich die Szene dramatisch, und er wurde schmerzhaft darauf gestoßen, dass die verzweifelt von ihm im »Nacht«-Bild dargestellte menschliche Bestialität für lange Jahre noch die beherrschende und seinen deutschen Höhenflug abrupt beendende Realität war.

Mysterium und Glaube

Das Schicksal des letzten Nicht-wissen-Könnens hat Beckmann später nicht mehr so negativ gesehen. Hatte doch schon Kant unternommen, sich den letzten von der Vernunft nicht mehr direkt beantwortbaren Problemen wenigstens mit Hilfe von vernunftgemäßen Extrapolationen, den »Postulaten« (Gott, Freiheit, Unsterblichkeit) anzunähern und damit eine Brücke zwischen Vernunft und Glaube zu schlagen. Dass es in dieser Hinsicht Wesentliches zu sagen geben müsse, darauf kam Beckmann lebenslang – wenn auch oft in Zweifel und Protest schwankend – immer wieder zurück. Wenn unsere conditio humana schon keine beweisbare Erkenntnis der

---

49 M. Beckmann, Der Künstler im Staat (s. Anm. 40), S. 121.

50 A.a.O., S. 118.

51 A.a.O., S. 119.

Transzendenz ermöglicht, so doch eine »metaphysische Unruhe«[52], die zu Beckmanns unaufhörlicher »Suche nach Transzendenz und nach dem Geheimnis ewigen Lebens« führte,[53] – eine Suche, bei der »der *richtige* Weg schon das Ziel« ist.[54] Zwei Jahre vor seinem Tod hat sich Beckmann seinem Sohn gegenüber dazu erhellend geäußert: »Seele und Gott sind meiner Erfahrung nach bei allen Discussionen einfach auszuschalten, bestenfalls kann man von ›Göttern‹ reden aber auch das nur, um unbestimmte Dinge bestimmt zu bezeichnen. *Mysterium* ist der richtige Collektivbegriff, das unbekannte X die einzige ›*Wirklichkeit*‹ die wir feststellen können und die wir Gott od. d. Göttern sei Dank *glücklich* sind zu besitzen. [...] – lassen wir diesen oder diese Herren (die Götter) in Ruhe – sie verdienen es nicht anders – bitte – eine höfliche Verbeugung – ›ja gewiss, irgendwo seid ihr‹ – wir haben es aber *mit uns allein* zu tun und damit basta und darum ›Mysterium‹.«[55]

Diesem Mysterium gegenüber gibt es kein Wissen, nur Glauben, der dann freilich existenzbestimmend ist: »... der Glaube an das *tatsächlich* vorhandene Lebensmysterium – fest wie ein Stein! Dass wir *nichts wissen* ist unsere größte Hoffnung ... ich bin zufrieden, dass ich *nicht weiß*, denn das gibt mir die Sicherheit einer ungekannten Lösung, die der Weg und das Ziel ist.«[56] »Du stehst vor und in einem Mysterium, das Du nicht verstehen kannst und sollst – aber in der Art wie und mit welchem Grad von Ehrfurcht Du dieses Mysterium behandelst, liegt Dein Schicksal begraben.«[57] Und in einem Brief an eine ihn befragende Schülerin schreibt er ein Jahr später: »Das Leben ist keine Lebensversicherung. Jederzeit musst Du gefasst sein auf das unmöglich Schreckliche aber auch auf das Schöne. – Wir wissen nichts, oder vielmehr das einzige was wir wissen ist: dass wir *Nichts* wissen. Darin liegt unser Fluch aber vielleicht auch unsere Größe,

---

52 M. Beckmann, Notizen. Zwischen 1925 und 1930, in: ders., Die Realität der Träume in den Bildern (s. Anm. 16), S. (127 f.) 127.

53 So Mathilde (»Quappi«) Beckmann, Gespräch Ende September 1950 in New York, in: ders., Die Realität der Träume in den Bildern (s. Anm. 16), S. 203.

54 M. Beckmann, Brief an Peter Beckmann vom 27.8.1948, in: ders., Die Realität der Träume in den Bildern (s. Anm. 16), S. (187 f.) 187.

55 M. Beckmann, Brief an Peter Beckmann vom 1.7.1948, in: ders., Die Realität der Träume in den Bildern (s. Anm. 16), S. 187.

56 M. Beckmann, Brief an Peter Beckmann vom 27.8.1948 (s. Anm. 54), S. 187 f.

57 M. Beckmann, Brief an Peter Beckmann vom 22.5.1948, in: ders., Die Realität der Träume in den Bildern (s. Anm. 16), S. 186.

dass wir trotzdem leben [...]. ›Glaube‹ ist alles und will heißen: Ich glaube dass das Leben einen *Sinn* hat und führt zu Resultaten, die voraus zu sehen uns nicht gegeben sind. [...] Also liebes Fräulein Kerschbaumer, leben wir, leben wir weiter, weiter wie Bergarbeiter in einem dunklen Schacht, aber mit einer hellen Lampe, die in tiefe Gänge strahlt und deren Licht aus 2 Elementen besteht ›Glaube‹ u. Bewusstsein.«[58]

So hatte es ihm schon jene »trunkene Vision« im Traum gezeigt, von der Beckmann in seiner Londoner Rede 1931 erzählte, worin ihn der englische Maler WILLIAM BLAKE – einer seiner künstlerischen Gewährsleute – belehrte: »Habe Vertrauen zu den Dingen – sagte er, – lasse Dich nicht schrecken von all dem Entsetzlichen der Welt. Alles ist eingeordnet und richtig und muss seinen Weg gehen um Vollkommenheit zu erreichen — um eine größere – nie ganz zu erreichende Vollkommenheit. Suche diesen Weg — und Du wirst die grenzenlose Schönheit der Schöpfung aus dem eigenen ›Ich‹ immer tiefer verstehen, immer mehr lieben, und immer losgelöster werden, von all dem, was Dir jetzt noch jämmerlich traurig oder schrecklich ist.«[59]

Das alles klingt äußerst positiv, als habe sich der rebellierende Widerstreit in BECKMANNS vom Weltkrieg und seiner eigenen Vitalität verwundeter Seele in jenes »neue mystische Gefühl« geklärt, das er 1919 erwartete.[60] Doch Beckmanns komplexes, Gegensätze in sich austragende Wesen lebte zugleich noch jene ganz andere Seite, die sein Leben zu einem steten Kampfplatz und zu einem dauernden Auf und Ab der einen oder anderen Seite machte. Diese andere Seite ist philosophisch durch den Namen ARTHUR SCHOPENHAUERS gekennzeichnet.

Denken II: Schopenhauer

Schopenhauer hat den vernunftgeprägten kantischen Kopf des Menschen, der als prägendes Subjekt alle Welterfahrung überhaupt erst konstituiert und dem die wahre Realität der Wirklichkeit als »Ding an sich« unbekannt bleibt, mit dessen konkreter Leiblichkeit konfrontiert, in der nicht die Vernunft, sondern der nackte Lebenswille die erste Geige spielt, der die Vernunft nur als sein Werkzeug benützt. Wille zum Sein ist das Wesen des

---

[58] M. BECKMANN, Brief an Elisabeth Kerschbaumer vom 17.7.1949 (s. Anm. 48), S. 193 f.

[59] M. BECKMANN, Über meine Malerei (s. Anm. 16), S. 141 f.

[60] M. BECKMANN, Gespräche mit Reinhard Piper, Juli 1919 in Frankfurt (Main) (s. Anm. 38), S. 94.

»Ding an sich« für Schopenhauer. Dieser metaphysische Wille aber ist ein irrationaler Drang, dessen Streben in den Dingen und also in allem Leben und speziell dem menschlichen allein auf Selbsterhaltung zielt und daher die Ursache allen Daseinskampfes und allen Leidens ist. So hatte schon BUDDHA vor zweieinhalbtausend Jahren das Leben als unaufhörliches Leiden gesehen und als Rezept dagegen das Erlöschenlassen des Lebensdurstes in mönchisch-meditativer Praxis und als Ideal das Sich-Verlieren im Nirwana verkündet. SCHOPENHAUER aber war der wohl nachhaltigste Übersetzer und Propagator dieser fernöstlichen Verneinung des Lebenswillens im Deutschland des 19. Jahrhunderts.

Der dumpfe Lebensdrang als zumeist siegreicher Gegenspieler der ohnmächtigen Vernunft – das war gerade die abgründige Erfahrung BECKMANNS mit sich selber. So bekennt der junge Verliebte im Tagebuch-Gespräch seiner späteren Frau: »o du kluge Jungfrau, was weißt du von Sinnen. Was weißt du von solchen entwürdigenden Tagen an welchen jeder Atemzug jeder Blick und jeder Schritt heißes tierisches Verlangen ist nur nach dem Weibe, nach dem anderen Geschlecht. Wo unser objektives Gefühl Gemeinheit auf Gemeinheit constatiert und oft gar nicht mehr ist und ganz verloren geht. (/) Ja, es ist das Leben, die große treibende Kraft, aber sie ist nicht schön wenn man allein ist.«[61] Dabei ist charakteristisch für Beckmann, dass er nicht die Sexualität als solche beklagt – wenige Zeilen später bezeichnet er sie als »trotz allem Ekelhaften zu schön dafür«[62]–, sondern ihre ekelhaft knechtende Macht, die ihm sein höchstes Gut, die Freiheit raubt. Und der Ekel davor beseelt auch noch den 62-Jährigen, wenn er seinem Tagebuch den wütenden Ausbruch anvertraut: »Der kalte Zorn herrscht in meiner Seele. Soll man denn nie von dieser scheußlichen vegetativen Körperlichkeit los kommen. Sollen alle unsere Taten immer nur lächerliche Belanglosigkeiten im Verhältnis zum grenzenlosen Universum bleiben. – Eins ist uns wenigstens noch frei. Hass – Zorn und innerlicher [sic] Gehorsam aufkündigen den widerwärtigen unbekannten Gesetzen die über uns verhängt sind seit Endlosigkeit in namenloser schauerlicher Unfreiheit des Willens. – Nichts bleibt uns als Protest – Protest und Hochmut, des elenden Sklaven – die einzige innerliche Freiheit – und mit der zu leben ist.«[63]

---

61 M. BECKMANN, Frühe Tagebücher (s. Anm. 17), S. 40.

62 Ebd.

63 M. BECKMANN, Tagebücher 1940–1950 (s. Anm. 14), S. 168.

Wie aber ist diese verabscheute Lust- und Sklavenwelt zu vereinbaren mit jenem so positiv gedeuteten Urgeheimnis? Wie soll beides zusammengehen ohne dass ein sensibler Mensch davon zerrissen wird? Lebenslang hat Beckmann mit diesem Problem gerungen und Denkwege aus diesem Dilemma gesucht. Einen wichtigen Impuls gab ihm dabei Schopenhauer selbst mit seinem Rückgriff auf buddhistische Lehre, wodurch Beckmann auf die Fährte fernöstlichen Denkens gesetzt wurde, mit dem er sich intensiv beschäftigte.

Philosophie Indiens

So hat Beckmann unter anderem die große dreibändige Philosophiegeschichte Indiens von Paul Deussen (1894–1908 erschienen) akribisch durchgeackert. Obwohl er sich über die Erkenntnisse seiner Lektüre kaum äußert, lässt sich doch aus vielen Bemerkungen entnehmen, wie sehr ihm das altindische Denken vor allem des Brahmanismus entgegen kam. Da ist zum einen ein philosophischer Gottesbegriff ohne personalistische Züge, das absolute »Brahman« als Weltgrund und Weltgeist, in das wir einbeschlossen sind und das sich in unserer eigenen Geistigkeit als »Atman«, als Teilhabe am göttlichen »Selbst« spiegelt. Dass wir aber die Einheit von Atman und Brahman nicht unmittelbar erkennen, liegt daran, dass sich der unbedingte Weltgrund in eine bedingte »Schöpfung« entfaltet hat, sodass die materiell-physische Existenz durch ihre vordergründige täuschende Realität – die »Maya« – unseren Geist blind macht für die wahre Wirklichkeit. Es gilt daher, den Vorhang der Maya aufzureißen und unser wahres, göttliches Ich, das große »Selbst«, den Atman, im Einklang mit dem ewigen Brahman, zu erkennen.

Kennt man diesen religionsgeschichtlichen Hintergrund, dann erschließen sich plötzlich zentrale Aussagen Beckmanns ganz natürlich, so gerade in seiner Londoner Rede: »Da wir immer noch nicht genau wissen, was nun eigentlich dieses ›*Ich*‹, welches im ich und Du in seinen verschiedenen Emanationen zum Ausdruck kommt, eigentlich ist, muss alles getan werden, um das ›*Ich*‹ immer gründlicher und tiefer zu erkennen. – Denn das ›*Ich*‹ ist das größte und verschleiertste Geheimnis der Welt. – [...] Nun – ich glaube an das ›*Ich*‹ in seiner ewigen und unvergänglichen Form, dessen Wege in unbegreiflicher Weise unsere Wege sind.«[64] Ähnlich hat sich Beckmann zehn Jahre später geäußert im ersten seiner »Drei Briefe an eine Malerin«, 1948 als Vorlesung in New York gehalten: Wenn wir als Maler

---

64 M. Beckmann, Über meine Malerei (s. Anm. 16), S. 140.

Dinge künstlerisch gestalten wollen, erfordert das die »tiefste Ehrfurcht vor der *Erscheinung*«, auf diesem Grund aber »können wir dann mit der allergrößten Anstrengung vielleicht dazu gelangen, uns selbst zu finden – uns selbst zu sehen im Kunstwerk. Denn schließlich mündet alles Streben und Suchen doch darin, sich selbst zu finden. Das echte Selbst, von dem wir nur ein schwacher Abglanz sind.«[65] Auf diesem Hintergrund werden auch die vielen Selbstbildnisse Beckmanns als immer erneute Anläufe zur Selbst-Erkenntnis verständlich.

Diese indische Atman-Lehre bildete zusammen mit Kant und Schopenhauer das Grundgerüst von Beckmanns geistiger Welt. Doch war damit freilich noch nicht jenes existenzielle Problem gelöst, *warum* wir in die täuschende Realität der Maya eingeschlossen und damit der Macht und Destruktivität des rabiaten Daseinswillens ausgeliefert sind. Das indische Denken behalf sich mit der Lehre von der Wiederverkörperung der Seelen nach dem Gesetz des Karma, jener kosmischen Vergeltungsmacht, die je nach Lebensgestaltung die Wiedergeburt auf den verschiedenen Daseinsebenen und im Idealfall das Ende des Kreislaufs im Aufgehen im ewigen Brahman regelte. Beckmann spielte durchaus auch mit diesem Gedanken, doch auch damit war das Rätsel des Ursprungs dieser Irrtumswelt immer noch nicht gelöst. So blieb er weiterhin auf der Suche nach einer befriedigenden Antwort.

Esoterik: Theosophie und Gnosis

Vom Studium der indischen Philosophie angestoßen, stieß Beckmann auf die umfassende (in deutsch) vierbändige »Geheimlehre« von Helena Petrovna Blavatsky, der Mitgründerin der damals einflussreichen »Theosophischen Gesellschaft«, und damit auf die Theosophie. Das Werk, das zur »Erkenntnis höherer Welten« führen will und ägyptische wie indische Esoterik mit Spiritismus, Okkultismus und antiker Mythologie synkretistisch vereingt, hat ihn lange Jahre intensiv beschäftigt und ihm die Welt der Esoterik und der Mythologie in ihren vielfachen Facetten eröffnet, von denen ihn besonders die jüdische Kabbala, entscheidend aber die antike Gnosis beeindruckten.

Was in der Gnosis seinem Denken so reizvoll entgegenkam, war ihr fundamentaler Antagonismus zwischen der ewigen, geistigen Welt und der irdisch-materiellen Wirklichkeit, der ja die Gnostiker dahin führte, dass sie

---

65 M. Beckmann, Drei Briefe an eine Malerin. Vortrag, gehalten am 3. Februar 1948 in Stephens College, Columbia, Missouri, in: ders., Die Realität der Träume in den Bildern (s. Anm. 16), S. (180-185) 182.

die Schöpfung nicht Gott, sondern einem untergeordneten satanischen Dämon, dem Demiurgen, zuschrieben. Hier endlich fand BECKMANN, was er suchte: eine Erklärung für den erbärmlichen Zustand der irdischen Welt, in dem der Geist, in Leiblichkeit versklavt, den dämonischen Weltherrschern ausgeliefert ist, die den Menschen vor allem durch die Trennung der Geschlechter in ihrer Abhängigkeit halten, wobei der Mann durch die verführerischen Reize des Weiblichen immer neu von seiner eigentlichen geistigen Bestimmung abgehalten wird. Dieses Geschlechterproblem durchzieht das ganze Schaffen Beckmanns als eines seiner Grundmotive. In der Aussage: »Liebe – in animalischem Sinne ist eine Krankheit, aber eine Lebensnotwendige, die zu überwinden ist«[66] kommt Beckmanns gnostisches Lebensgefühl klar zum Ausdruck.

Freilich war Beckmann Skeptiker genug, um die konkreten Formen dieser antiken Weltanschauung als mythologisches Gedankenspiel – jedoch mit tiefem Wahrheitsgehalt – zu relativieren, wie sein Tagebucheintrag 1949 zeigt: »Las viel über Gnostiker – einzige amüsante Kosmogonie die ich kenne.«[67] Jedenfalls gab ihm diese Mythologie die Gelegenheit, seinen ganzen Frust und Zorn über die irdische Knechtsexistenz an einer mythisch-transzendenten Instanz – dem oder den Demiurgen – auszulassen, ohne das letzte Geheimnis des ewigen Grundes anzutasten. So drückt es seine Klage noch ein halbes Jahr vor seinem Tod aus: »Schon fühle ich die Dämonen die lachend das junge Holz [des Wotan-Speeres; W.Z.] mir in der Hand zersplittern, bin ich doch nur zum Zeugen meiner eigenen Ohnmacht geboren – zur Abendunterhaltung schrecklicher und unbekannter Wesen die sich ihre Langeweile würzen mit dem Leid unserer Unwissenheit und Sterblichkeit – wird ein neuer Vorhang zurückgezogen von neuen Bildern ungöttlicher Grausamkeit?«[68] Im gleichen Sinn notiert er resigniert: »Der Geist des Bösen (Daseinslust) ist stark – bitte die verschiedenen Demiurgen mich nicht weiter zu quälen«[69], und mahnt sich selber: »Denn nimmer vergiss die Unsichtbaren die hinter Dir stehen und mitleidig oder ängstlich lächeln«[70].

---

66 M. BECKMANN, Über meine Malerei (s. Anm. 16), S. 138.

67 M. BECKMANN, Tagebücher 1940–1950 (s. Anm. 14), S. 327.

68 A.a.O., S. 392.

69 A.a.O., S. 342.

70 A.a.O., S. 166.

Welttheater

Dann aber wird diese Dämonie der irdischen Wirklichkeit logischerweise von Beckmann doch immer wieder direkt auf den letzten Urgrund zurückgeführt: »›Das Ganze‹ ist eine ungeheure Selbstbespiegelung. Aufgemacht, um *sich* – ›den Atman‹ – ›das Selbst‹ immer wieder neu zu genießen. – (/) Und es muss zugegeben werden, dass der Trick – sich in männlich und weiblich zu teilen, ein wirklich fabelhaftes und ›fast‹ nicht zu erlöschendes Reizmittel ist, um immer wieder an die Candare geschleift zu werden.«[71] Und in diesem Sinn äußerten sich auch die »Götter« in der Traumvision der Londoner Rede: »Wir spielen Verstecken, wir spielen Verstecken über tausend Meere. Wir Götter wir Götter in Morgenröte um Mittag und in schwarzer Nacht. (/) Ihr seht uns nicht, – Ihr könnt uns nicht sehen, doch seid Ihr ich. Drum lachen wir so schön [...].«[72]

Diese Götter spielen, so wie auch der hinduistische Gott Schiwa die Welt in seinem spielerischen Tanz schafft und zerstört, und sie zwingen uns mitzuspielen – damit ist ein Generalthema bezeichnet, unter dem das ganze Schaffen Beckmanns steht: der Gedanke des göttlichen Welttheaters zur Ergötzung seines verborgenen Regisseurs, worin jeder seinen zeitgebundenen Part zu spielen hat. Daher sind Theaterbühne, Varieté und Zirkus durchgehende Motive in Beckmanns Werk. Und was ist das zeitweise herrschende Thema des Karnevals anderes als ein gesellschaftliches Theaterspiel? Kein Wunder, dass Beckmann hin und her gerissen ist zwischen der Faszination von diesem reizvollen Spiel und abgrundtiefer Verzweiflung an seinem Sinn: »Ach Gott ja, man bejammert immer die Lüste des Fleisches. Mein Gott was hätten wir denn sonst noch, wenn nicht wenigstens die Illusion des Wunsches vorhanden wäre. Das Eine und absolute Néant. Schließlich sind die Wünsche nach Gott und Unsterblichkeit auch nichts anderes als Glaubensillusionen – sicher ist nichts. ([...] /) Ich bin immer erstaunt und wundere mich, noch die Kraft zu haben, irgend etwas zu wünschen, denn im Prinzip ist man als ›vernünftiger‹ Mensch überzeugt, dass alles Unsinn ist.«[73] Er besucht, wo immer es geht, theatralische Vorführungen und freut sich an ihnen, doch gleichzeitig lauert im Hintergrund die Resignation: »Zustand der größten Hoffnungslosigkeit – und die Beziehung zum Ur-Alten ist schleierhafter denn je«[74] oder: »Todesangst?

---

71 A.a.O., S. 139.

72 M. Beckmann, Über meine Malerei (s. Anm. 16), S. 141.

73 M. Beckmann, Tagebücher 1940–1950 (s. Anm. 14), S. 182 f.

74 A.a.O., S. 61.

Mais oui – und auch ein etwas groteskes Gefühl wie eine fast fremde Verantwortlichkeit für das in mir vorhandene positive Element. Die letzte Position war völlige Verzweiflung an irgend einem Sinn der Welt.«[75]

Deutlich ist allerdings, dass in den letzten Lebensjahren bei abnehmender Gesundheit – trotz der jetzt enormen Erfolge seiner Kunst, die ihn in Amerika zum deutschen Picasso erhoben – die depressiv-resignativen Äußerungen Beckmanns zunehmen. Dagegen steht aber wieder, dass sein letztes Werk, das Argonauten-Triptychon, vollendet am Tag vor seinem Tod, eine verheißungsvolle Ermutigung für die junge Generation zum Aufbruch der Meerfahrt in neues Land auf der Suche nach dem »Goldenen Fließ« ist, dem Sinnbild der Lebenserfüllung. Bis zuletzt also sehen wir Beckmann zerrissen im Spannungsfeld zwischen Ja und Nein. Er selbst war sich dieser Oszillation voll bewusst und hat sie in seinem Werk künstlerisch gestaltet, ja, er hat diese Zwiespältigkeit als Teil des All-Einen gesehen, wie er in seiner Londoner Rede eindrücklich bekennt: »Zwiespältige Träume – laufen sie mir durcheinander [...] – Eros und *nicht* mehr sein wollen. – Alle diese Dinge bestürzen mich wie Tugend und Verbrechen – schwarz und weiß – ja – schwarz und weiß, das sind die beiden Elemente mit denen ich zu tun habe. Das Glück oder Unglück will es, dass ich nicht nur weiß – nicht nur schwarz sehen kann. Eines allein wäre viel einfacher und eindeutiger. [...] Ich kann nicht anders als mich in Beiden zu realisieren. Nur in Beiden, schwarz und weiß, – sehe ich wirklich Gott als eine Einheit, wie er es sich als großes ewig wechselndes Welt-Theater immer wieder neu gestaltet. – (/) So bin ich denn fast ohne zu wollen von formalen Prinzipien auf transcendente Ideen geraten. – Eine Angelegenheit die durchaus nicht mein ›Fach‹ ist. Trotzdem schäme ich mich dessen nicht.«[76]

Transzendenz und Mal-Kunst

Damit hat Beckmann seine Kunst in letzte metaphysische Zusammenhänge einbezogen. Dem entspricht, dass er seine innere Gegensätzlichkeit dadurch bewältigte, dass er manisch Werk um Werk schuf, meist mehrere gleichzeitig nebeneinander her. So hat er es schon 1920 in seinem »Bekenntnis« selbst bezeugt: »Nichts hasse ich so, wie Sentimentalität. Je stärker und intensiver mein Wille wird, die unsagbaren Dinge des Lebens festzuhalten, je schwerer und tiefer die Erschütterung über unser Dasein in mir brennt, um so verschlossener wird mein Mund, um so kälter mein

75 A.a.O., S. 99.

76 M. Beckmann, Über meine Malerei (s. Anm. 16), S. 136.

Wille, dieses schaurig zuckende Monstrum von Vitalität zu packen und glasklarer [sic] scharfe Linien und Flächen einzusperren, niederzudrücken, zu erwürgen. [...] Das Wichtigste ist mir die Rundheit, eingefangen in Höhe und Breite. Die Rundheit in der Fläche, die Tiefe im Gefühl der Fläche, die Architektur des Bildes. (/) Frömmigkeit! Gott? O schönes, viel gemissbrauchtes Wort. Ich bin beides, wenn ich meine Arbeit so gemacht haben werde, dass ich endlich sterben kann. Eine gemalte oder gezeichnete Hand, ein grinsendes oder weinendes Gesicht, das ist mein Glaubensbekenntnis [...].«[77]

So wird ihm Malen zur Religion und eine Sammlung seiner Werke zu einer Kirche: »Das ist ja meine verrückte Hoffnung, die ich nicht aufgeben kann und die trotz allem stärker ist in mir als je. Einmal Gebäude zu machen zusammen mit meinen Bildern. Einen Turm zu bauen, in dem die Menschen all ihre Wut und Verzweiflung, all ihre arme Hoffnung, Freude und wilde Sehnsucht ausschreien können. Eine neue Kirche.«[78] Und im gleichen Sinn ermutigt er fast dreißig Jahre später seine amerikanischen Schüler: »Der Wille zur Gestalt trägt auf alle Fälle einen Teil der Erlösung in sich, die Sie suchen. Der Weg ist hart und das Ziel endlos, – aber es ist ein Weg.«[79]

Worin aber besteht genau das Erlösende im Akt der Malerei? Das hat Beckmann in seiner Londoner Rede 1938 und zehn Jahre später in den »Drei Briefen an eine Malerin« programmatisch dargelegt; es wird freilich erst auf dem uns deutlich gewordenen geistigen Hintergrund voll verständlich. Ausgangspunkt ist Beckmanns Metaphysik des Raumes: »Raum – *Raum* – und nochmals *Raum* – die unendliche Gottheit die uns umgibt und in der wir selber sind. (/) Dies suche ich zu gestalten durch Malerei.«[80] »Denken Sie daran, dass Raumvertiefung im Kunstwerk – auch in der Plastik, die jedoch mit anderen Mitteln arbeiten muss – immer das Entscheidende ist. Raum, dessen wesentliche Bedeutung identisch ist mit Individualität, oder das, was die Menschen Gott nennen. Denn im Anfang war der Raum, diese unheimliche und nicht auszudenkende Erfindung der Allgewalt. (/) *Zeit* ist eine Erfindung des Menschen. *Raum* ist der Palast der Götter. Aber wir wollen nicht abschweifen in Metaphysik oder Philosophie. Nur nicht vergessen, dass die Dinge der Erscheinung im Raum etwas gött-

---

77 M. BECKMANN, Ein Bekenntnis (s. Anm. 27), S. 89 f.

78 A.a.O., S. 91.

79 M. BECKMANN, Drei Briefe an eine Malerin (s. Anm. 65), S. 185.

80 M. BECKMANN, Über meine Malerei (s. Anm. 16), S. 135.

lich Gegebenes sind [...]. Tiefste Ehrfurcht vor der *Erscheinung* und ihre Wiederholung oder Darstellung in Tiefe, Höhe und Breite des Bildraums ist notwendig. Dem Gesetz der Fläche folgend, [...] können wir dann mit der allergrößten Anstrengung vielleicht dazu gelangen, uns selbst zu finden – uns selbst zu sehen im Kunstwerk. Denn schließlich mündet alles Streben und Suchen doch darin, sich selbst zu finden. (/) Das echte Selbst, von dem wir nur ein schwacher Abglanz sind.«[81]

Noch deutlicher beschreibt er das Geheimnis der malerischen Gestaltung, das ihr religiösen Charakter verleiht, in der Londoner Rede mit den Sätzen: »Nun, Imagination des Raumes, das ist mein Traum. Die Abänderung des optischen Eindrucks der Welt der Objekte durch eine transcendente Mathematik der Seele. [...] Höhe — Breite — und Tiefe in die zweidimensionale Fläche zu verwandeln ist mir stärkstes Zaubererlebnis, aus der mir eine Ahnung jener vierten Dimension entsteht, die ich mit meiner ganzen Seele suche.«[82] Und eben diese Bemühung um die letzte Tiefe der Raumdimension ist es, was Beckmann inmitten der damaligen Kunstrichtungen – Impressionismus, Expressionismus, abstrakte Kunst – zum nicht einzuordnenden Außenseiter macht und was ihn deren Werk als »Kunstgewerbe oder Ornament« empfinden lässt, dem eben jene metaphysische Qualität abgeht.[83] Wer sich aber so dem unendlichen Ich des Raumes stellt – im Sinne des brahmanistischen Atman –, der kann in der künstlerischen Raumgestaltung eben sein eigenes Abbild und damit sein eigentliches Selbst finden bzw. ist auf dem Weg dahin. Und dann mag es auch gelingen, in dem so Gestalteten »Typen zu bilden, die uns Heutigen das sein könnten, was denen damals ihre Götter und Helden gewesen sind«[84].

Von hier aus erschließt sich die ganze so undurchdringlich erscheinende Symbolwelt in Beckmanns Bildern. Denn künstlerisch gestaltet sprechen dann die so alltäglichen Erscheinungen eine ganz eigene Sprache, in der sich jene hintergründige und an sich unaussprechbare Wirklichkeit kundgibt. Die Dinge werden so zum »Dingsymbol«, wie Friedhelm Wilhelm Fischer aufgezeigt hat: »Das Dingsymbol tritt aus der Sphäre der Gegenstandswelt heraus und nimmt mythische Gestalt und Existenz an«,

---

81 M. Beckmann, Drei Briefe an eine Malerin (s. Anm. 65), S. 181 f.

82 M. Beckmann, Über meine Malerei (s. Anm. 16), S. 138 f.

83 A.a.O., S. 139.

84 M. Beckmann, Gedanken über zeitgemäße und unzeitgemäße Kunst. Eine Erwiderung, März 1912, in: ders., Die Realität der Träume in den Bildern (s. Anm. 16), S. (38-42) 41.

was Beckmann freilich erst seit 1930 im vollen Sinn gelungen ist.[85] Kerzen, Früchte, Blumen, Vorhänge, Türen, Musikinstrumente, Fische, Vögel – man kann die Aufzählung beliebig weiter treiben –, ganz zentral aber Meer und Himmel und Horizont, sie gewinnen im Bild ihr ganz eigenes Leben und schließen sich nahtlos an die mythischen Gestalten der Überlieferung an, die in Beckmanns Werk mehr und mehr an Gewicht gewinnen. So entsteht ein neu gestalteter Kosmos, der sich allerdings erst auf dem Hintergrund der geistigen Welt Beckmanns voll erschließt.

Für den Künstler selber aber wird die schöpferische Hingabe an den unendlichen Raum, der doch alle Qualitäten und Möglichkeiten des Seienden einschließlich des Bewusstseins in sich enthält, zur Vergewisserung seines Anteils am Unendlichen, dem All-Einen. Und so schließt er seine letzte Rede, im Jahr seines Todes an die alten Freunde in St. Louis gerichtet, mit den Worten: »Immer ist die Kunst neben Religion und Wissenschaft die Helferin und Befreierin auf dem Wege der Menschheit gewesen. Sie befreit durch die *Form* die vielen Zwiespältigkeiten des Lebens und lässt uns manchmal hinter den dunklen Vorhang blicken, der die unsichtbaren Räume verhüllt, in denen wir vereint einst sein werden.«[86] Denn die Kunst eröffnet den Weg in die religiöse Tiefendimension der Realität: »Ich suche aus der gegebenen Gegenwart die Brücke zum Unsichtbaren – ähnlich wie ein berühmter Kabbalist es einmal gesagt hat: ›Willst du das Unsichtbare fassen,– dringe so tief Du kannst ein – in das Sichtbare‹ – (/) Es handelt sich für mich immer wieder darum die Magie der Realität zu erfassen, und diese Realität in Malerei zu übersetzen. – Das Unsichtbare sichtbar machen durch die Realität. – Das mag vielleicht paradox klingen, – es ist aber wirklich *die Realität* – die das eigentliche Mysterium des Daseins bildet!«[87]

Transzendenz in der Immanenz erfahrbar zu machen – dieses philosophische und theologische Grundproblem unserer Zeit hat Max Beckmann in hartnäckiger Suche lebenslang in seiner Welt- und Kunstauffassung für sich zu lösen versucht: Nicht nihilistische Auflösung oder bequeme Verdrängung von Transzendenz, aber auch keine von der Realität abgetrennte Transzendenz in einem jenseitigen Himmel wird dem Mysterium des Daseins gerecht. Dieses Mysterium heißt uns vielmehr immanente Transzen-

---

85 Friedhelm Wilhelm Fischer, Max Beckmann – Symbol und Weltbild. Grundriß zu einer Deutung des Gesamtwerks, München 1972, S. 78.

86 M. Beckmann, Ansprache für die Freunde und die Philosophische Fakultät der Washington University St. Louis (s. Anm. 34), S. 200 f.

87 M. Beckmann, Über meine Malerei (s. Anm. 16), S. 135.

denz in der Tiefe unserer Wirklichkeit zu suchen und zu erfahren und im schöpferischen Prozess der künstlerischen Gestaltung andeutungsweise sichtbar zu machen, im Ringen um eine »*transzendente Sachlichkeit*«[88]. Schade, dass Max Beckmann und Paul Tillich, gleichzeitige Exilsgenossen im »Land der unbegrenzten Möglichkeiten«, sich dort nie begegnet sind – ich denke, sie hätten sich sehr gut verstanden und einander – und damit auch uns – viel zu sagen gehabt.

Max Beckmann: Wichtigste Lebensdaten

1884	12.2. Geburt in Leipzig als drittes Kind des Müllers und Mühlenagentur-Betreibers Carl Beckmann
1884–1900	Schulzeit in Leipzig, Pommern, Braunschweig und Niedersachsen 1895 Tod des Vaters ab 1896 Maltätigkeit
1900–1903	Kunstschule Weimar
1903–1904	Reisen und Aufenthalte in Frankreich, Holland, Italien
1904–1915	*Berlin*
1905	preisgekröntes Bild »Junge Männer am Meer«
1906	Heirat mit der Pfarrerstocher Minna Tube
1907	Florenz, Villa Romana
1908	Geburt des Sohnes Peter
1912	Kontroverse mit Franz Marc über die »neue Malerei«
1913	Erste Ausstellung in den USA. Höhepunkt seines Vorkriegsruhms
1915	als freiwilliger Sanitätssoldat in Flandern. Psychischer Zusammenbruch
1915–1933	*Frankfurt am Main* Reisen nach Paris (dort eigene Wohnung), Holland, Österreich
1918	zweite »Auferstehung« (unvollendet geblieben)
1918–1919	»Die Nacht«
1921	Dramen
1925-1933	Lehrtätigkeit an der Städelschule/Kunstgewerbeschule Frankfurt
1925	Scheidung von Minna Tube (Opernsängerin, Engagement in Graz)

[88] M. Beckmann, Ein Bekenntnis (s. Anm. 27), S. 91.

	Verheiratung mit Mathilde (»Quappi«) von Kaulbach
1932	NS-Hetzkampagne gegen Beckmann
	Beginn des ersten Triptychons »Abfahrt« (»Departure«)
1933–1937	*Berlin*
1933	fristlose Entlassung aus der Städelschule
1937	Beckmann in der Ausstellung »Entartete Kunst«
1937–1948	*freiwilliges Exil in Amsterdam*, hohe Maltätigkeit, internationale Anerkennung
1938	bedeutende Rede in London: »Über meine Malerei«
1947–1948	USA: Zeitlich begrenzter Lehrauftrag an der Art School der Washington University in St. Louis/Missouri
1948–1950	*USA*: Endgültige Übersiedlung nach Erhalt des Einreisevisums, Professur an der Art School des Brooklyn Museums 26.12. 1950 Vollendung des letzten (9.) Triptychons »Die Argonauten«
1950	27.12. Tod in New York

3. Das Transzendenzproblem in Gottfried Benns geistiger Welt und Parallelen zu Beckmann

Zugang

Nach dem anfänglichen Skandal der ersten Veröffentlichung von Gedichten in ihrer brutalen Anstößigkeit fand GOTTFRIED BENN (1886–1956) in der Folge zu Versen von betörendem Zauber, der ihn zu einem der ersten Köpfe der expressionistischen Dichterszene machte. Freilich bedeutete sein kurzes Engagement für das eben installierte Dritte Reich 1933/34 – auf die geistige Motivation dazu kommen wir noch zu sprechen – eine katastrophale Abwertung und Distanzierung vonseiten der antifaschistisch gesinnten Elite der Literatenwelt, während ihn eben dieses Regime wegen seines Bekenntnisses zum Expressionismus alsbald ächtete und 1938 mit Schreibverbot belegte, sodass er sich in den medizinischen Heeresdienst zurückzog, damals noch ein Hort des inneren Widerstandes gegen Hitler. So saß er ein Jahrzehnt lang doppelt einsam zwischen allen Stühlen, was freilich seine literarische Produktion für den Schreibtisch nicht hinderte, im Gegenteil. Als er damit nach dem Ende des nationalsozialistischen Spuks samt den Kriegs- und Nachkriegswirren an die Öffentlichkeit trat, fand er eine Leserschaft, die nach der kulturellen und poetischen Dürre der vergangenen Jahre seine Sprache wie einen Rauschtrank aufsog, der eine neue Welt auftat, zumal seine melancholische Grundstimmung gut zu den damaligen bedrückenden Lebensumständen einer Trümmerwelt passte. Entsprechend erhob sich seine Anerkennung bis zum Gipfel des höchsten Adelsdiploms deutscher Literatur, dem Büchnerpreis 1951.

Diese für manche doch recht überraschende Anerkennung erklärt sich nicht nur aus der literarischen Qualität von Benns Lyrik und Prosa, sondern auch dadurch, dass er mit seinem Denken den Nerv seiner Zeit getroffen hat, – darin Max Beckmann ähnlich. Zu ihm ergeben sich überhaupt bei näherem Zusehen – ungeachtet aller Unterschiede – sowohl im anfänglichen Lebensweg wie in Kunstauffassung und Weltsicht frappierende Parallelen: Beide, fast gleichaltrig, sind durch dieselben Prägungen und Krisen ihrer Zeit gegangen und haben unter ähnlichen geistigen Voraussetzungen zu ihren – dann freilich sehr verschiedenen – Lebenswegen gefunden. Dem Verfasser schien es lohnend, diesem geistigen Phänomen unter theologischem Blickwinkel nachzugehen.

Lebenswege

Beide stammen aus gutbürgerlichen Elternhäusern, Beckmann freilich aus einem nur formell kirchlichen im Unterschied zu Benn, der aus einem dezidiert pietistisch geprägten Pfarrhaus stammt: Sein Vater war einst kurzzeitig Kindererzieher im Blumhardt'schen Haus in Bad Boll gewesen, und noch der vom Vater zur Theologie bestimmte Gottfried, der sich vehement gegen den Geist und die enge Frömmigkeit seines Elternhauses auflehnte, suchte Christoph Blumhardt auf mit der Bitte, er möge sich bei seinem Vater für den heiß gewünschten Wechsel zum Medizinstudium einsetzen – offenbar mit Erfolg. Während sich der junge Gottfried von seinem in Kirchenkreisen hochgeachteten, aber ziemlich autoritären Vater und damit zugleich von dessen religiöser Welt unter heftigsten Auseinandersetzungen emanzipierte (eine hasserfülltere und verächtlichere Abrechnung mit einem Vater als in dem nachgelassenen Gedicht »Pastorensohn«[89] – noch 1922! – lässt sich kaum ausmalen), hat sich Beckmann an seinen ziemlich materialistisch eingestellten Vater, einen erfolgreichen Geschäftsmann mit Erfindergeist und Naturliebe, durchaus gern erinnert. (Übrigens finden wir beim alten Benn dann doch ein gewandeltes und gerechteres Urteil über seinen Vater.)

So unterschiedlich also an diesem Punkt die häusliche Situation der beiden jungen Männer war, ganz parallel war dann aber das Ergebnis ihrer weltanschaulichen Entwicklung: Beide hatten offenbar ein Gespür für die

---

[89] Gottfried Benn, Pastorensohn, in: ders., Gedichte (Anhang) (GW in acht Bänden, hg. v. Dieter Wellershoff, Bd. 2), Wiesbaden 1968, S. 416 f.

»Endzeitlichkeit« der geistigen Welt ihrer Zeit und fanden in NIETZSCHE den Gewährsmann für eine dem neuen Jahrhundert angemessene Weltsicht (den BECKMANN später aber durch SCHOPENHAUER ersetzte). GOTTFRIED BENNS bis ins hohe Alter ungebrochene Verehrung für NIETZSCHE und seine Aufhebung der alten Metaphysik kam ja schon anfangs zu Wort. Im Unterschied zu BECKMANN fand BENN aber schon vor der durch den Ersten Weltkrieg ausgelösten Krise zum elementaren schöpferischen Ausbruch der neu gewonnenen Lebenseinstellung, nämlich in seiner ersten Gedichtsammlung 1912 unter dem Titel »Morgue«, die in der damaligen literarischen Welt einen Skandal auslöste, und tatsächlich wird man WALTER LENNIGS Charakteristik Recht geben müssen, wenn er sie einen »Geysir von Daseinsekel und Zivilisationshaß«[90] nennt, wie etwa solche Zeilen belegen:

»Die Krone der Schöpfung, das Schwein, der Mensch –
[...] meint ihr, um solch Geknolle wuchs die Erde
von Sonne bis zum Mond –? Was kläfft ihr denn?
Ihr sprecht von Seele – Was ist eure Seele?
Verkackt die Greisin Nacht für Nacht ihr Bett –
schmiert sich der Greis die mürben Schenkel zu,
und ihr reicht Fraß, es in den Darm zu lümmeln,
meint ihr, die Sterne samten ab vor Glück ...?
Äh! – Aus erkaltendem Gedärm
spie Erde wie aus anderen Löchern Feuer,
eine Schnauze Blut empor –:
das torkelt
den Abwärtsbogen
selbstgefällig in den Schatten.«[91]

Das entspricht in seiner Drastik und Radikalität dem grausamen Kulminationspunkt von BECKMANNS kritischer Entwicklung in seinem Gemälde »Die Nacht« (1918/19). BENN hat vierzig Jahre später diese Phase selbstkritisch so charakterisiert: »Es muß eine schwere Krankheit gewesen sein, jetzt ist sie ausgeheilt. Ist sie ausgeheilt?«[92]

---

90 WALTER LENNIG, Gottfried Benn in Selbstzeugnissen und Bilddokumenten (RoMo 71), Reinbek bei Hamburg [11]1976, S. 32.

91 GOTTFRIED BENN, Der Arzt, in: ders., Gedichte (GW in acht Bänden, hg. v. Dieter Wellershoff, Bd. 1), Wiesbaden 1960, S. (11-13) 12.

92 GOTTFRIED BENN, Frühe Lyrik und Dramen (Vorbemerkung) (1952), in: ders., Vermischte Schriften (GW in acht Bänden, hg. v. Dieter Wellershoff, Bd. 7), Wiesbaden 1968, S. (1865-1868)1865 f.

Die nächste Parallele zwischen BECKMANN und BENN ist mit dem Ersten Weltkrieg gegeben. Beide haben das Grauen der Front und der Lazarette erlebt, beide als medizinisch tätige Soldaten: BECKMANN als freiwilliger Sanitäter, BENN als Militärarzt. Und beide hat das erlebte Elend so mitgenommen, dass es zu einer schweren Krise führte, die in beiden Fällen den soldatischen Einsatz beendete. Beide waren durch ihre Sensibilität vorbelastet, BECKMANN durch seine zu Depressionen neigende Veranlagung, BENN durch eine Persönlichkeitsstruktur, die er – der Mediziner – selber als »schizoid« einordnete und die zu »Regressionstendenzen, Zerlösung des Ichs«[93], »Depersonalisation«[94] neigte und ihn befähigte, scheinbar kalt Dinge, die ihn gefühlsmäßig bedrohten, von sich abzuspalten, womit sie freilich nicht aus der Welt waren, sondern um so mehr im Untergrund rumorten. Doch damit sind wir schon über die Parallelität der Lebenswege hinaus bei den Gemeinsamkeiten der Wesensart dieser beiden Künstler. Was die Lebenswege anbetrifft, hören von nun an die Gemeinsamkeiten ohnehin auf, abgesehen davon, dass beide ihre Verfemung im Dritten Reich erfahren mussten. Im Unterschied zu BECKMANN hatte BENN allerdings das NS-Regime anfänglich begrüßt – ein fataler Irrtum, wie er bald darauf merkte und später auch zugab.

Wesensart

Bei BECKMANN war die Schilderung seiner Wesensart mit den Worten eingeleitet: »Will man sich Max Beckmann annähern, dann ist ein Blick auf seine spannungsgeladene Wesensart unerlässlich. Wer nicht in Gegensätzen denken kann, für den muss dieser Künstler ein Rätsel bleiben.« Dieser Satz lässt sich nahtlos auf GOTTFRIED BENN übertragen. Und es ist zunächst die gleiche Polarität zwischen Vitalität und Depressivität wie bei BECKMANN.

Die Vitalität, die sich in zahllosen Liebesbeziehungen BENNS neben und außerhalb seiner drei Ehen äußerte, hat sein Biograf WERNER RÜBE – mit Einblick in die diesbezüglichen Dokumente – mit den Worten beschrieben: »Um es deutlich zu sagen: Seine Triebbedürfnisse waren exorbitant. Und erleichtert legen wir die in langen Jahren gesammelten Notata und Register des schönen Geschlechts aus der Hand: Bereits summari-

---

93 GOTTFRIED BENN, Lebensweg eines Intellektualisten (1934), in: ders., Autobiographische Schriften (GW in acht Bänden, hg. v. Dieter Wellershoff, Bd. 8), Wiesbaden 1968, S. (1885-1934) 1914.

94 GOTTFRIED BENN, Epilog und lyrisches Ich (1928), in: a.a.O., S. (1873-1880) 1875.

sches Überblicken läßt Staunen und Schwindel zurück.«[95] Im Unterschied zu BECKMANN aber hat BENN diesen Sachverhalt als Mediziner und Naturwissenschaftler nicht als moralische Belastung oder Einschränkung seiner Freiheit betrachtet, sondern als Tatsache akzeptiert und gelebt, wie die Zeilen an eine seiner Lieben zeigt: »Ich denke an Sie, wie an ein kleines rotes Rosenblatt, das ich zwischen den Lippen trug u. auf dem ich ein Balaleikaliedchen summte. Sind Sie darüber böse?«[96] Die Antwort auf diese Frage hat der Biograf mit dem Satz gegeben: »Und die Frauen waren ihm dankbar dafür«[97], denn er erwies sich immer als hinreißender Gentleman. Dass seine Vitalität sich aber genauso vitalen geistigen Ausdruck schuf, beweisen die acht Bände seiner »Gesammelten Werke« zur Genüge.

Doch das ist – wie bei BECKMANN – nur die eine Seite. Die andere, wie bei jenem die depressive, hat BENN selber mehrfach benannt und beschrieben: »Unterhaltlich bin ich kein Matador, ging nie auf Fêten, nicht aus Ablehnung, sondern aus einem physiologischen Grunde, der mein ganzes Leben so beherrschte, daß ich ihn erwähne: eine Müdigkeit von hohen Graden, eine gehirnliche Schwere innerer und äußerer Art, die ich geradezu als Widerstand gegen Eindrücke bezeichnen muß – ich versuchte es mit allen Mitteln zu bekämpfen, aber meistens vergeblich.«[98] Davon spricht er im »Roman des Phänotyp« (als Phänotyp bezeichnet Benn sich selbst als das gewordene Individuum, den »Existentiellen«, im Unterschied zu seiner feststehenden genetischen Ausstattung, dem Genotyp) an einer Stelle, die er später (in »Doppelleben«) zitiert und kommentiert: »*Es brennen die Bilder, ihr unerschöpflicher beschirmter Traum. Sie entführen. Der körperliche Blick reicht nur über den Platz bis an die Burgen – aber die Trauer reicht weiter, tief in die Ebene hinein, über die Wälder, die leeren Hügel, in den Abend, das Imaginäre, sie wird nicht mehr heimkehren, dort verweilt sie, sie sucht etwas, aber es ist zerfallen, und dann muß sie Abschied nehmen unter dem Licht zerbrochener Himmel – diese aber entführen, führen weit und führen heim.* (/) Man beachte: am Schluß wird dann zurückgegangen auf die Stimmung des Phänotyps, die momentane, in diesem Fall seine eigene Melancholie, das ist sein Aggregatzustand in dieser Stunde, das deckt sich mit dem Überblick über die Bilder – flüchtig die Ekstase, Arien des Glücks

---

95 WERNER RÜBE, Provoziertes Leben. Gottfried Benn, Stuttgart 1993, S. 301.

96 A.a.O., S. 249.

97 A.a.O., S. 250.

98 GOTTFRIED BENN, Doppelleben (1950), in: ders., Autobiographische Schriften (s. Anm. 93), S. (1935-2038) 2035.

und Arien der Verdammnis, alles Augenblicke nur, nahe das Ende, alle diese Frauen dahin, ihr Glanz, ihre Liebe, ihre glühenden oder sich senkenden Wege –: Aber nun ist es erlebt, der Rausch zu Ende, das Stück ist fertig. Kann man das anders ausdrücken? Ich sage: nein!«[99]

Melancholie angesichts des Nichts

Aber diese Melancholie war nicht nur eine »momentane« »in dieser Stunde«, es war die Grundstimmung von Benns ganzem Leben und Schaffen, und sie ist ein wesentliches Element des Zaubers, der von seinen Versen ausgeht, denn die Trauer über unsere Vergänglichkeit kennen wir alle, mag sie auch nicht unser beherrschendes Grundgefühl sein. Schon die Menge der entsprechenden Gedichtüberschriften weist darauf hin, (z.B. Abschluss, Aprèslude, Aster, Chaos, Du übersiehst dich nicht mehr, Entwurzelungen, Letzter Frühling, Melancholie, Schädelstätten, Schutt, Tristesse, Valse triste, Verlorenes Ich, Verzweiflung, Wer allein ist –). Exemplarisch stehen für diese strukturelle Trauer jene bekannten Verse – eine der bewegendsten Schöpfungen Benns (entstanden 1946):

»Rosen

Wenn erst die Rosen verrinnen
aus Vasen oder vom Strauch
und ihr Entblättern beginnen,
fallen die Tränen auch.

Traum von der Stunden Dauer,
Wechsel und Wiederbeginn,
Traum – vor der Tiefe der Trauer:
blättern die Rosen hin.

Wahn von der Stunden Steigen
aller ins Auferstehn,
Wahn – vor dem Fallen, dem Schweigen:
wenn die Rosen vergehn.«[100]

Benns konstitutionelle Melancholie wurde noch weiter verstärkt durch seine Einstimmung in Nietzsches Entgötterung der Welt, die uns einen vorgegebenen positiv motivierenden metaphysischen Hintergrund raubt und uns in heroische oder verzweifelte Einsamkeit angesichts des unaufhörli-

---

99 A.a.O., S. 2000 f.

100 Gottfried Benn, Rosen, in: ders., Gedichte (s. Anm. 91), S. 237.

chen, letztlich sinnlosen Zyklus von Werden und Vergehen versetzt. In diesem Sinn dichtet Benn:

> »Schutt, alle Trümmer
> liegen morgens so bloß,
> wahr ist immer nur eines:
> du und das Grenzenlos – [...]
> komm, alle Skalen tosen
> Spuk, Entformungsgefühl –
> komm, es fallen wie Rosen
> Götter und Götter-Spiel.«[101]

Das will bestanden werden:

> »Mann – du alles auf Erden, [...]
> keine Götter mehr zum Bitten
> keine Mütter mehr als Schoß –
> schweige und habe gelitten,
> sammle dich und sei groß!«[102]

Denn es gilt, das Nichts und die Sinnlosigkeit der Raum-Zeit zu bestehen:

> »Räume, Räume, Räume, die verdammen,
> Stunden, Stunden, da das Letzte weicht,
> Träume, Träume rufen sie zusammen,
> bis das Nichts auch diese Bilder bleicht.«[103]

Es ist nun für Benn aufschlussreich, dass diese Entgötterung nicht wie bei Beckmann eine Revolte gegen die alte Gotteswelt auslöst. Ein glühender Protest wie in den Zeilen von »Fleisch«: »Aufbruch und Zerfall ... / brüllt denn ihr, Fleisch, nicht Lachen Wuts empor: / Dies Gelbgestinke hat uns Gott gedacht«[104], typischerweise einem »Jüngling« in den Mund gelegt, steht völlig vereinzelt da. Vielleicht deswegen, weil Benn diesen Gott in seinem Vater repräsentiert sah, sodass seine wutvolle Emanzipation von ihm eine eigene Bestreitung jenes Gottes überflüssig machte, – er ist für Benn einfach erledigt und abgetan. Allerdings kann er gelegentlich metaphorisch auf ihn zurückgreifen als auf den vergangenen Traum einer noch ganzheitlichen Weltsicht, die aber für uns verloren ist und nichts als den

---

[101] Gottfried Benn, Schutt, in: a.a.O., S. 64 f.

[102] Gottfried Benn, Mann –, in: a.a.O., S. 180.

[103] Gottfried Benn, Träume, Träume –, in: a.a.O., S. (172 f.) 173.

[104] Gottfried Benn, Fleisch, in: a.a.O., S. (33-38) 37.

Menschen zurücklässt, der vom quälenden Ringen mit dem Nichts gezeichnet ist:

»Suchst du die Zeichen des Alten
Ur-Alten vor Berg und Tal,
Wandel der Gestalten,
Anbruch menschlicher Qual, [...]

ach, nur im Werk der Vernichter
siehst du die Zeichen entfacht:
kühle blasse Gesichter
und das tiefe: Vollbracht.«[105]

Ja, dieses Nichts ist es, was für Benn als Naturwissenschaftler und philosophischem Kopf als letztes Ergebnis der abendländischen Geistesarbeit anstelle der alten Metaphysik zurückbleibt, und das nicht nur für die erkennende Ratio, sondern ebenso für den Rausch der schöpferischen Lust, denn in ihr begegnet die Seele einer Sphinx, und in deren Gesicht erblickt sie »am Grunde nur Strömendes hin und her, eine Ambivalenz zwischen Bilden und Entformen, Stundengötter, die auflösen und gestalten, sie erblickt etwas Blindes, die Natur, erblickt das Nichts. Dies Nichts, das wir hinter allen Gestalten sehen, allen Wendungen der Geschichte, den Begriffen, hinter Stein und Bein. Das wäre die Lage des Ich, ich habe sie nicht beschönigt.«[106] Für Benn ist dieses Ergebnis ein nicht mehr weiter zu bestreitendes Faktum, eine Selbstverständlichkeit.

Man hat ihn daher immer wieder als »Nihilist« bezeichnet und kritisiert. Was das reine Faktum unserer rationalen Erkenntnis anbetrifft, wäre dagegen nichts einzuwenden. Aber Benn hält diese Klassifizierung zu Recht für wenig sinnvoll und inhaltsleer, denn für unseren Sprachgebrauch hat der Begriff eine negative Bedeutung und bezieht sich gewöhnlich auf die meist negativen Folgen dieser Anschauung für das menschliche Verhalten, aber das ist ein Irrtum: »Es kommt nämlich darauf an, *was man aus seinem Nihilismus macht*«[107], und eben hier ist die Stelle, wo Benns Kritik am Zeitgeist des 19. und 20. Jahrhunderts einsetzt, die ihn 1932 einen Text unter der Überschrift »Nach dem Nihilismus« verfassen lässt, ursprünglich »Der Nihilismus und seine Überwindung« betitelt. Im glei-

---

105 Gottfried Benn, Suchst du –, in: a.a.O., S. 137.

106 Gottfried Benn, Akademie-Rede (1932), in: ders., Reden und Vorträge (s. Anm. 3), S. (995-1003) 1001.

107 G. Benn, Doppelleben (s. Anm. 98), S. 2025.

chen Jahr entstehen noch weitere Texte dieser Art, ohne die Benn in seinem Wesen nicht zu verstehen ist.

Überwindung des Nihilismus

BENNS Zauber der Lyrik lässt seine Verehrer oft vergessen, dass er mit Leib und Seele Naturwissenschaftler war, was ihn auch wesenhaft von BECKMANN unterscheidet. Die Medizin war sein Brotberuf, den er ganz ernst nahm und in seiner Sachlichkeit auch von Andern ernst genommen sehen wollte: Es gibt, schreibt er im Lebensrückblick 1949, »etwas, das ich über alles hasse: Dilettantismus, bei einem Mann gibt es überhaupt keine Entschuldigung dafür. Ich war also auch in der Medizin immer up to date. Ich bin fachärztlich zuständig für drei Spezialgebiete: Pathologie (ich war Leiter eines kleinen pathologischen Instituts), dann für Dermatologie und Venerologie und drittens [...] auch für Versorgungsmedizin. In allen diesen drei Disziplinen habe ich wissenschaftliche Arbeiten verfaßt, die in den entsprechenden Fachzeitschriften und Büchern veröffentlicht wurden, und zwar keine geisteswissenschaftlichen Feuilletons dazu, sondern nüchterne statistische, kasuistische Elaborate«[108].

Freilich war er gleichzeitig der künstlerisch-poetische und philosophische Kopf, der dieses Nebeneinander in seiner Widersprüchlichkeit bewusst als »Doppelleben« (so der Titel seines Rechenschaftsberichts 1949) wahrnahm und auslebte. Gedanklich hat er sich allerdings bemüht, die beiden Seiten miteinander zu verbinden, und sein großes Vorbild dafür war ihm lebenslang JOHANN WOLFGANG GOETHE, den er daher zu dessen hundertstem Todesdatum 1932 in einem bedeutenden Aufsatz als Naturwissenschaftler würdigte.[109] Dabei hebt er einerseits Goethes damalige Modernität hervor, in der er die Evolution längst vor DARWIN vorgedacht hatte (die berühmte Entdeckung des Zwischenkieferknochens), wie er auch die Beschreibung der Natur schon durch Experimente ergänzte. (In der Farbenlehre musste er in der Folge freilich NEWTON das Feld überlassen). Aber er vertrat gleichzeitig eine Naturwissenschaft, die, »auf das höchste Altertum gegründet«, für BENN das ganze abendländische Denken über die Natur in eine unüberbietbare Synthese fasste: »Noch einmal die ungetrennte Existenz, der anschauende Glaube, die Identität von Unendlichkeit

---

[108] A.a.O., S. 2004.

[109] GOTTFRIED BENN, Goethe und die Naturwissenschaften, in: ders., Essays und Aufsätze (GW in acht Bänden, hg. v. Dieter Wellershoff, Bd. 3), Wiesbaden 1968, S. 724-762.

und Erde, noch einmal das antike ›Glück am Sein‹«[110]. »Noch nie hatte sich die Natur innerhalb ihrer zu uns gehörigen Regionen [...] mit einem solchen Ausdruck an ein menschliches Sein gebunden, und zwar sowohl in bezug auf ihre naturalistische Kraft wie in bezug auf ihr Symbol. Es geschah in dem Augenblick, als die menschliche Rasse zum letztenmal mit einem alten Blick, mit einem alten Gedanken über die Erde sah, noch die Schwingen gebreitet, doch schon zum Flug bereitet, dem Abflug nah. Es schlägt sich ein Bogen, es zieht sich eine metaphysische Spannung von des Thales Primärvorstellung: alles ist Wasser, das heißt alles ist Eins, zu jenem Hymnus über die Natur aus dem Jahr 1782 und zu der Vorstellung der Urphänomene, die Goethes ganzes Schaffen durchzieht: die Spannung der Anschauung gegenüber der Analyse, der Idee gegenüber der Erfahrung, der Größe gegenüber dem Beweis.«[111]

»Zum letztenmal« und »dem Abflug nah« – in der Tat: Goethe war sich klar, dass seine ganzheitliche Sicht den naturwissenschaftlichen Tendenzen seiner Zeit widersprach, der Tendenz, vom Menschen als Subjekt der Wissenschaft abzusehen und nur das reine analysierbare und manipulierbare Objekt gelten zu lassen, was zu einem bloßen sinnlosen Haufen von Einzelwissen führen musste, nur noch Material zur geschäftlichen Verwertung. »Lass uns so viel als möglich an der Gesinnung halten, in der wir herankamen«, zitiert Benn den fast Achtzigjährigen aus einem Brief an Zelter, »›wir werden, mit vielleicht noch wenigen, die letzten sein einer Epoche, die so bald nicht wiederkehrt‹«, und Benn kommentiert: » – ja, die nicht wiederkehrte, der Physikalismus siegte, Newton Imperator, Darwin Rex, und die progressive Zerebration, unter welchem Begriff die Anthropologie das Menschheitsschicksal verzeichnet, [...] nun rührte sie an des Daseins unendlicher Kette und trug den Fortschritt vor«[112], und mit ihm lösen sich die Bande, die bisher die Menschen als Menschen zusammenhielten: »Es entstand das Weltbild, dem jede Spannung zu einem Jenseits, jede Verpflichtung gegenüber einem außermenschlichen Sein fehlte«[113], woraus Benn die Prognose ableitet: »Das Zeitalter des Kapitalismus und des synthetischen Lebens hat erst begonnen. [...] Die Welt wird von den Reichen gemacht, und sie wird schön gemacht. Der Name des Stückes ist

---

[110] A.a.O., S. 759.

[111] A.a.O., S. 757.

[112] A.a.O., S. 759.

[113] Gottfried Benn, Nach dem Nihilismus (1932), in: ders., Essays und Aufsätze (s. Anm. 109), S. (713-723) 715.

Aprèslude.«[114] Das Bild des einst erlösungsbedürftigen und damit auf Tiefe angelegten Menschen wird nun zeitgemäß umgemalt: »Der Mensch ist gut, sein Wesen rational, und alle seine Leiden sind hygienisch und sozial bekämpfbar, dies einerseits und andererseits die Schöpfung sei der Wissenschaft zugänglich, aus diesen beiden Ideen kam die Auflösung aller alten Bindungen, die Zerstörung der Substanz, die Nivellierung aller Werte, aus ihnen die innere Lage, die jene Atmosphäre schuf, in der wir alle lebten, von der wir alle bis zur Bitterkeit und bis zur Neige tranken: Nihilismus.«[115].

Dieser Nihilismus ist es, gegen den Benn so entschieden, engagiert und anthropologisch begründet und darum so sympathisch protestierte. Denn »der Mensch will die Einheitlichkeit des Bewußtseins fühlen, in ihr leben, sich ihrer erfreuen, sie allein bestätigt ihm seine Herkunft und seine Stunde«[116]. Und eben für diese Einheitlichkeit steht ihm Goethe, der sie noch einmal in einer umfassenden Rundsicht vertrat, wobei freilich die Natur die Einheit stiftende Rolle des früheren christlichen Gottes übernommen hatte. Und so stellt Benn die leidenschaftliche Frage: »Haben wir noch die Kraft, [...] dem wissenschaftlich determinierenden Weltbild gegenüber ein Ich schöpferischer Freiheit zu behaupten, haben wir noch die Kraft, nicht aus ökonomischen Chiliasmen und politischen Mythologemen, sondern aus der Macht des alten abendländischen Denkens heraus die materialistisch-mechanische Formwelt zu durchstoßen und aus einer sich selbst setzenden Idealität und in einem sich selbst zügelnden Maß die Bilder tieferer Welten zu entwerfen?«[117]

Geist

Auch Benn protestiert also. Es ist aber im Vergleich zu Max Beckmann charakteristisch, wie sich bei ihm die Motivation verlagert hat: Der Protest richtet sich nicht mehr gegen einen als allzumenschlich vorgestellten und knechtend empfundenen Gott, sondern gegen einen Zeitgeist, der in szientistischem Wahn auf seinem Weg nichts als eine sinnlose Wüste von analysierten Details zurücklässt und so das eigentlich Menschliche verrät.

---

114 Gottfried Benn, Der Ptolemäer. Berliner Novelle (1947), in: ders., Prosa (GW in acht Bänden, hg. v. Dieter Wellershoff, Bd. 5), Wiesbaden 1968, S. (1377-1429) 1392 f.

115 G. Benn, Nach dem Nihilismus (s. Anm. 113), S. 718.

116 G. Benn, Der Ptolemäer (s. Anm. 114), S. 1417.

117 G. Benn, Nach dem Nihilismus (s. Anm. 113), S. 713.

Hier erweist sich Benn doch als getreuer Sohn protestantischen Pfarrhausgeistes, der, wenn auch nicht mehr von der spezifisch christlichen, so doch von der abendländisch-kulturellen Überlieferung geprägt, nach dem Einheit und Sinn stiftenden Ganzen fragt und es in zeitgemäßer neuer Form zu bewahren sucht. Die Frage ist freilich, ob Benns Protest bloßer und letztlich unfruchtbarer Selbstzweck war, und wenn nicht, was er jenem Nihilismus entgegenzusetzen hatte, was also bei ihm die Rolle des einstigen Gottes und der verlorenen Mitte übernahm?

Doch Benn hat eine Antwort, sie ist beschlossen in dem Begriff »Geist«, freilich nicht mehr von der Materie isoliert wie in der theologischen und teilweise philosophischen Tradition, sondern ganzheitlich gegründet in der Materie, in der Schöpfung selbst, mit Bezug auf den Menschen also in dessen Körperlichkeit. Die Entgötterung des Himmels bedeutet für Benn daher nicht die Aufhebung von Transzendenz überhaupt, diese ist vielmehr in die Immanenz eingegangen. Und dies denkt Benn gerade als Naturwissenschaftler. Das hat er in seinem Essay »Der Aufbau der Persönlichkeit« 1930 entfaltet, dem er – und damit ist schon seine Ausrichtung benannt – den Untertitel »Grundriß einer Geologie des Ich« gegeben hat[118]. Als Evolutionsbiologe zeichnet er die Entwicklung der Persönlichkeit nach, deren biologische Grundlage »nicht, wie eine frühere wissenschaftliche Periode annahm, das Großhirn, sondern der ganze Organismus« ist[119], nämlich das Blutdrüsensystem, in dem der Genotyp – das genetische Fundament – festgelegt ist, während das Großhirn, »der Sitz und das Aktionszentrum der menschlichen Intelligenz«[120], sich erst später auf dieser Basis als für den Phänotyp, die Individualität zuständig, aufgebaut hat.

»Meine Herren,« wendet er sich 1920 an Marburger Studenten, »die Biographie des Ich ist nicht geschrieben, aber wo Sie sich in die Geschichte des Verhältnisses von Welt und Ich vertiefen, sehen Sie mit großer Deutlichkeit diese Entwicklung vor sich: die Erstarkung des Gefühls der Selbständigkeit des individuellen Subjekts. Das Ich, sich zunächst durchaus in die äußere Welt hineinstellend, in seinem Bewußtsein anfangs kaum die Stellung der eigenen Person und der es umgebenden Lebewesen in seinem Weltbild unterscheidend, sammelt und konzentriert allmählich das subjek-

---

[118] Gottfried Benn, Der Aufbau der Persönlichkeit. Grundriß einer Geologie des Ich (1930), in: ders., Essays und Aufsätze (s. Anm. 109), S. 652-668.

[119] A.a.O., S. 659.

[120] Ebd.

tive Lebensgefühl zu der Bewußtheit von einer individuellen Existenz.«[121] Dann entwickelt sich dieses Ich in der abendländischen Geschichte, gipfelnd in KANT, »zu dem heutigen Bewußtsein im Sinne des Trägers der rein phänomenalen Welt«[122], und »Nun steht es da, dies Ich, Träger alles erlebten Inhaltes, allem erlebbaren Inhalt präformiert. Anfang und Ende, Echo und Rauchfang seiner selbst, Bewußtsein bis in alle Falten, Apriori experimentell evakuiert [...]. Erloschenes Auge, Pupille steht nach innen, nirgends mehr Personen, sondern immer nur das Ich [...].«[123]

Damit ist aber der Sieg des reinen Großhirn-Menschen vorgezeichnet, der alles objektiviert und analysiert und das Ganze in bloße Details zersplittert, die nur noch der utilitaristischen Verwertung dienen, - eben jener Mensch des modernen Nihilismus, gegen den sich BENN so leidenschaftlich wehrt. Denn dieser Mensch hat vergessen, woraus er sich gebildet hat und was noch immer machtvoll in uns lebt. Denn »wir tragen die Reste und Spuren früherer Entwicklungsstufen in unserem Organismus, wir beobachten, wie diese Spuren realisiert werden im Traum, in der Ekstase und bei gewissen Zuständen der Geisteskranken«, - »Vorstufen unseres heutigen Ich«[124], und eben diese Phänomene zeigen: Über alle Wendungen der Evolution hinweg, verzeichnet »geistig im Gedächtnis der Menschheit, den Urmythen, Ursagen, Urepen« parallel zu den körperlichen Rudimenten, »in immer neuen spontanen Entwicklungstrieben: halb Kausalität und halbe Schöpfung, halb geologische Notwendigkeit und halber Akt der Transzendenz -: so vollzog sich die epileptoide Mischung unserer Persönlichkeitsentstehung. (/) Mag nun auch heute der menschliche Geist als ein anderes Prinzip als das des Lebens erscheinen, mag er diesem Prinzip entgegenstehen, [...] -: in der Persönlichkeit ist er für immer mit dem Körper verbunden, [...] immer stoßen wir auf diesen Körper, seine unheimliche Rolle, das Soma, das die Geheimnisse trägt, uralt, fremd, undurchsichtig, gänzlich rückgewendet auf die Ursprünge, beladen mit Erbgut rätselhafter und unerklärlicher Zeiten und Vorgänge, [...] und ewig natürlicher Regulator der Norm: das Biologische als Richterin der Wahrheit: das Prinzip von Nietzsches orgiastischer Philosophie; der Organismus

---

[121] G. BENN, Das moderne Ich (1920), in: ders., Essays und Aufsätze (s. Anm. 109), S. (569-584) 580.

[122] Ebd.

[123] A.a.O., S. 581.

[124] G. BENN, Der Aufbau der Persönlichkeit (s. Anm. 118), S. 662.

als der große Konstrukteur der Erkenntnis bei Goethe«[125]. (Man sieht: Der Mediziner Benn hat die Ausweitung der Psyche als Trägerin des Geistes ins Unbewusste hinein durch die Fachkollegen Freud und Jung nicht nur gekannt, sondern in sein eigenes Denken aufgenommen.)

Geist, das ist eben für den Naturwissenschaftler Benn jenes Bewusstsein, das nicht nur die Großhirntätigkeit bezeichnet, sondern sich aus dem gesamtorganischen Grundstock speist. Gewiss, dieser Geist will und muss mit seinen naturhaften Antrieben auf produktive Weise fertig werden, muss das Leben gestalten – eben das ist die Leistung des Großhirns –, aber er kann und darf seine Wurzeln nicht vergessen, in denen er noch an die große Ganzheit reicht: »Die große Sache – das ist immer der ungelöste Rest. Die große Sache, von jeher, niemals anders und immer sie: der Glaube an Jenes über den Schlünden jedes Abgrunds und hinter den Sternen jedes Himmels, mehr als das Sein und mehr als das Vergehn«[126], eben jener Grund, in dem für Benn alles wahrhaft Schöpferische, und in erster Linie die Kunst wurzelt.

Geistes-Phasen

»Die große Sache« im »Gefühl der fremden Herkunft, das unser eigentliches Wesen ist«[127] – sie drückt sich zu allererst als die Sehnsucht nach der Erfüllung unserer fragmentarischen Existenz im Urerlebnis des transzendenten Einen und Ganzen aus. Wenn es aber um die Erfahrbarkeit solcher Erfüllung geht, gibt es verschiedene Wege dahin. Im Denken Benns lassen sich in dieser Hinsicht und im Zusammenhang mit seinem konkreten Lebensweg vier Phasen erkennen, die man abstrahierend mit den Begriffen Regression, wortschöpferische Präsenz, Progression und Isolation überschreiben kann.

1. Phase: Regression

Zurück zu den Ursprüngen! Das war Benns Anliegen in der ersten Lebenshälfte bis zu den späten Zwanzigerjahren, und aus diesen Ursprüngen speist sich dann das Erleben der Gegenwart in Lust wie Trauer:

---

125 A.a.O., S. 665 f.

126 Gottfried Benn, Heinrich Mann zum sechzigsten Geburtstag (1931), in: ders., Essays und Aufsätze (s. Anm. 109), S. (691-701) 699.

127 Gottfried Benn, Roman des Phänotyp. Landsberger Fragment (1944), in: ders., Prosa (s. Anm. 114), S. (1324-1376) 1354.

»Ja, singe nur das Eine,
das Eine ist so tief:
die Rettung sie alleine
des Hirn ins Regressiv:
die Fjorde und die Sunde
im taumelnden Vergeh –
singe die alte Stunde,
die alte Sage der See.«[128]

Das Meer als das archetypische Symbol dieser Erfüllung, dauernd taucht es in Benns Texten auf – wieder eine nicht zufällige Parallele zu Max Beckmanns Schaffen. Benn bringt es religionsgeschichtlich in den Zusammenhang mit Lévy-Bruhls »participation mystique«: »Aufgabe und Berufung des großen Mannes, des Dichters« ist es, dass er »die Perspektive seiner Herkunft und Verantwortung weiterrückt bis dahin, wo die logischen Systeme ganz vergehn, sich tiefer sinken läßt in einer Art Rückfallfieber und Sturzgeburt nach innen, Niederem bis er in jene Sphären gelangt, von denen der berühmteste und befugteste Forscher der intellektuellen und soziologischen Zusammenhänge, Lévy-Bruhl in Frankreich, folgendes sagt: ›[...] die logische Denkweise kann niemals die Universalerbin der prälogischen Geistesart sein‹, [...] denn: ›dies ist tiefer und kommt von weiter her‹, und: ›die Seele trachtet nach Tieferem als der Erkenntnis, nach etwas Tieferem, das ihr Ganzheit und Vollendung gibt‹ – also bis in jene Sphären, wo in der Totalität uralt die Sphinxe stehn, wo das Denken [...] das Naturalistische des Meeres hat [...], wo es die Woge ist, wo es das Meer ist, es hat die Wirklichkeit des Meeres, aber das Meer ist eine Wahrheit – nein, es ist ein Traum«[129].

Drastisch hat 1914 der junge Benn diese Wahrheit in seiner Szene »Ithaka« gestaltet und seinem alter ego Rönne die Worte in den Mund gelegt:

»Unendlichkeiten öffnen sich: eine mächtige Großhirnrinde übergestülpt trottet etwas dahin; [...]. (/) Aber wegen meiner hätten wir Quallen bleiben können. Ich lege auf die ganze Entwicklungsgeschichte keinen Wert. Das Gehirn ist ein Irrweg. [...] (/) Wohin? Wohin? Wozu der lange Weg? Um was soll man sich versammeln? [...] (/) Es geht etwas in einem vor. Ich fühle nur noch das Gehirn. Es liegt wie eine Flechte auf meinem

---

[128] Gottfried Benn, Was singst du denn –, in: ders., Gedichte (Anhang) (s. Anm. 89), S. (428 f.) 429.

[129] Gottfried Benn, Zur Problematik des Dichterischen (1930), in: ders., Essays und Aufsätze (s. Anm. 109), S. (628-645) 638 f.

Schädel. Es erregt mir eine von oben ausgehende Übelkeit. Es liegt überall auf dem Sprung: gelb, gelb: Gehirn, Gehirn. [...]

O so möchte ich wieder werden: Wiese, Sand, blumendurchwachsen, eine weite Flur. In lauen und in kühlen Wellen trägt einem die Erde alles zu. Keine Stirne mehr. Man wird gelebt. [...] (/) Es hat das Mittelländische Meer gegeben; vor unvordenklichen Zeiten; aber es gibt es immer noch. Vielleicht war das das Menschlichste, das es gegeben hat? [...] (/) O es rauscht wie eine Taube an mein Herz: lacht – lacht – Ithaka! – Ithaka! ...–«[130]

Die Szene endet dann mit der Ermordung des verkopften und verhassten Medizinprofessors, der die nihilistische Wissenschaftswelt repräsentiert, unter den Schlussworten: »Unser Blut schreit nach Himmel und Erde und nicht nach Zellen und Gewürm. Ja, wir treten den Norden ein. Schon schwillt der Süden die Hügel hoch. Seele, klaftere die Flügel weit; ja, Seele! Seele! Wir wollen den Traum. Wir wollen den Rausch. Wir rufen Dionysos und Ithaka! –«[131]

Was hier in expressionistischem Furor herausgeschleudert wird, bleibt ein wesentliches Motiv durch Benns ganzes Schaffen hindurch, freilich in poetisch abgeklärtem Stil. Exemplarisch dafür – schon im Titel – das Gedicht »Trunkene Flut« (1927), das mit der Strophe beginnt:

»Trunkene Flut,
trance- und traumgefleckt,
o Absolut,
das meine Stirne deckt,
um das ich ringe,
aus dem der Preis
der tiefen Dinge,
die die Seele weiß.«[132]

Rausch, Trunkenheit, Traum – das ist freilich nicht nur Gefühlswallung, sondern hat je nachdem ganz physische Ursachen, die in der damaligen Zeit noch nicht so wie heute unter strengstem Verdikt standen: Drogen. Benn macht keinen Hehl daraus, dass er – wenn auch nur kurze Zeit 1916 im Ersten Weltkrieg – auf diese Weise Momente erlebt hat, die alle Nor-

---

[130] Gottfried Benn, Ithaka (1914), in: ders., Stücke aus dem Nachlaß. Szenen (GW in acht Bänden, hg. v. Dieter Wellershoff, Bd. 6), Wiesbaden 1968, S. (1469-1479) 1475 f. 1478.

[131] A.a.O., S. 1479.

[132] Gottfried Benn, Trunkene Flut, in: ders., Gedichte (s. Anm. 91), S. (60 f.) 60.

malerfahrung übersteigen, also transzendent genannt werden könnten. Sein Gedicht »Kokain« (1917) gibt davon kompetente Kunde:

> »Den Ich-Zerfall, den süßen, tiefersehnten,
> den gibst du mir: schon ist die Kehle rauh,
> schon ist der fremde Klang an unerwähnten
> Gebilden meines Ichs am Unterbau. [...]
>
> Ein laues Glatt, ein kleines Etwas, Eben –
> und nun entsteigt für Hauche eines Wehns
> das Ur, geballt, Nicht-seine beben
> Hirnschauer mürbesten Vorübergehns.«[133]

Ich-Zerfall – ja, aber nicht einfach Auflösung, sondern Erleben eines anderen, heileren Ich gerade in diesem Zerfall, wie es in großartiger Kürze und Prägnanz die Bitte an »Betäubung, Aconite« ausspricht: »O gib in Giftempfängnis / das Ich, dem Ich vorbei.«[134]

2. Phase: Wortschöpferische Präsenz

Die Sehnsucht nach rauschhafter Erlösung des Ich von sich selbst – dem »moi haïssable«[135] – in der Regression zur Transzendenz des Ur-Einen fand ihren Ausdruck in Benns frühen Dichtungen und Texten, ohne dass allerdings der dichterische Schöpfungsprozess selbst zum Thema geworden wäre. Das aber geschieht in der zweiten Hälfte der Zwanzigerjahre, dokumentiert in der kurzen Einleitung zu seiner »Gesammelten Prosa« von 1928, überschrieben »Epilog und lyrisches Ich«[136].

Dass einem schöpferischen Geist die bloße ins Chaotische gleitende Passivität mit ihrer immer nur momentanen rauschhaften Erfüllung auf Dauer nicht genügen kann und nach einer handfesteren Realisation verlangt, ergibt sich von selbst. »[...] immer dies Simultane, hin und her zwischen Stabilisation und dem Fraglos-Weiten, zwischen Begriff und Absolutem hin und her ... (/) Wie soll man da leben?« – ja, das war die Frage, die Benn verzweifelt umtrieb und die ihn 1922 an einen Punkt totaler Resignation brachte: »siebenunddreißig Jahre und total erledigt, ich schreibe

---

133 Gottfried Benn, Kokain, in: a.a.O., S. 52.

134 Gottfried Benn, Betäubung, in: a.a.O., S. 120.

135 Gottfried Benn, Das späte Ich (1921), in: a.a.O., S. (55 f.) 55.

136 G. Benn, Epilog und lyrisches Ich (s. Anm. 94).

nichts mehr«[137]. Doch dann: »Einige Jahre später. Neue Arbeiten, neue Versuche des lyrischen Ich. Digestive Prozesse, heuristische Kongestionen, transitorische monistische Hypertonien zur Entstehung des Gedichts. Ein Ich, mythen-monoman, religiös, [...] – ein neues ICH, das die Götter erlebt: substantivistisch suggestiv.«[138] Das war 1927 (veröffentlicht 1928). Was war geschehen?

Benn war sich der transzendenten Macht des Wortes bewusst geworden – darin ein begnadeter, freilich säkularisierter Sohn eines lutherischen Pfarrhauses. Er hat es im furiosen Finale jener Einleitung ausgedrückt, die ein Schlüsseltext zu seinem Verständnis ist und uns ins Zentrum unserer Fragestellung nach der Möglichkeit immanenter Transzendenzerfahrung führt:

»Worte, Worte – Substantive! Sie brauchen nur die Schwingen zu öffnen und Jahrtausende entfallen ihrem Flug. [...] (/) Ach, immer wieder in diese Glut, in die Grade der plazentaren Räume, in die Vorstufe der Meere des Urgesichts: Regressionstendenzen, Zerlösung des Ich! Regressionstendenzen mit Hilfe des Worts, heuristische Schwächezustände durch Substantive – das ist der Grundvorgang, der alles interpretiert: [...] ›Komm, alle Skalen tosen Spuk, Entformungsgefühl‹ – das ist der Blick in die Stunde und die Glücke, wo die ›Götter fallen wie Rosen‹ – Götter und Götterspiel. (/) Schwer erklärbare Macht des Wortes, das löst und fügt. Fremdartige Macht der Stunde, aus der Gebilde drängen unter der formfordernden Gewalt des Nichts. Transzendente Realität der Strophe voll von Untergang und voll von Wiederkehr: die Hinfälligkeit des Individuellen und das kosmologische Sein, in ihr verklärt sich ihre Antithese, sie trägt die Meere und die Höhe der Nacht und macht die Schöpfung zum stygischen Traum: ›Niemals und immer.‹«[139]

Ein paar Jahre später (1934) hat Benn seine Erfahrung noch einmal in Worte gefasst, jetzt aber wesentlich nüchterner und profaner:

»Zerfetzt der innere Mensch, zerfetzter als je der äußere von Würmern und Granaten [...]. Die Götter tot, die Kreuz- und die Weingötter, mehr als tot [...]. Was aber gehalten und erkämpft werden muß, das ist: der Ausdruck, denn ein neuer Mensch schiebt sich herein, nicht mehr der Mensch als affektives Wesen, als Religiosität, Humanität, kosmische Paraphrase, sondern der Mensch als nackte formale Trächtigkeit. Eine neue Welt hebt

---

[137] A.a.O., S. 1877.

[138] Ebd.

[139] A.a.O., S. 1879 f.

an, es ist die Ausdruckwelt. [...] Nichts, aber darüber Glasur [...]. (/). Keine Welten mehr zu leben, keine Wirklichkeiten mehr zu fühlen, keine Erkenntnisse mehr zum Glauben, dabei ewig gereizt der in diesen Breiten nächst dem Hunger brutalste Trieb, die Einheit des Denkens herzustellen, dieser Trieb nach Definition, qualvoller als der Hunger und erschütternder als die Liebe, kehrend sich gegen das sogenannte eigene Ich.«[140].

Ja, was war geschehen? Drei Ausdrücke in diesen Texten sind Schlüssel zum Verstehen. Zuerst »*die formfordernde Gewalt des Nichts*«, wobei klar ist, dass Benn als Kenner von Philosophie und Religionsgeschichte dieses Nichts nicht als mathematische Null versteht, sondern als das Nichts der Mystiker, jenes Ur-Eine, über das sich nichts mehr sagen lässt und das doch alle Vielheit in sich trägt und aus sich entlässt wie das hinduistische Brahman und die buddhistische Leere, das Nichts Meister Eckharts und des Angelus Silesius. In diese Gesinnungsgemeinschaft ordnet sich Benn selbst ein, wenn er schreibt: »Soweit ich die viertausend Jahre Menschheit übersehe, gibt es zwei Typen neurologischer Reaktion. Gespalten an der Empfindlichkeit gegen das Verhältnis des Ganzen und der Teile, repräsentiert durch die Irritabilität gegen den Begriff der Totalität. [1.;W.Z.] Primat des Ganzen, τὸ ἓν καὶ πᾶν, zufälliges Spiel der Formen, schmerzlich und zentripetal: Inder, Spekulative, Introvertierte, Expressionisten, und [2.; W.Z.] rühriges Absolut des Individuellen mit dem Begriff als Registratur: Kasuistiker, Aktivisten, ethisch und muskelbepackt; *ich halte zu der Reihe der Totalen*, der Chaoisten«[141]. Und in diesem Sinn kennzeichnet er sein Wesen im Unterschied zum religiösen Glauben: »Ich finde Gebet und Demut arrogant und anspruchsvoll, es setzt ja voraus, daß ich überhaupt etwas bin, aber gerade das bezweifele ich, *es geht nur etwas durch mich hindurch.*«[142]

Nur von diesem hindurchgehenden »Etwas« her ist zu verstehen, dass dieses Nichts »fordernd« an uns herantreten kann, – uns, die wir als schöpferische Wesen teilhaftig sind der schöpferischen Potenz des Ur-Einen: Form fordernd, Gestaltung fordernd, uns herausfordernd, dieses so sinnlos erscheinende ewige Spiel von Werden und Vergehen, von Glück und Leid, von Sein und Nichtsein auszudrücken, sei es in Bildern wie bei Beckmann, sei es in Worten wie bei Benn. »*Ausdruck*«, »*Ausdruckswelt*« – das ist neben dem »Nichts« die zweite Wortgrupe, in der sich jene Erfahrung spiegelt

---

[140] G. Benn, Lebensweg eines Intellektualisten (s. Anm. 93), S. 1908.

[141] G. Benn, Epilog und lyrisches Ich (s. Anm. 94), S. 1874; Hervorhebung W.Z.

[142] G. Benn, Doppelleben (s. Anm. 98), S. 2026; Hervorhebung W.Z.

und die fortan den cantus firmus in Benns Denken bildet. Und schließlich drittens der »*Reiz, die Einheit des Denkens herzustellen*« und der »Trieb nach Definition«, also die Mächtigkeit jener Forderung des »Nichts« nach Form und Ausdruck. Dass über das altgriechische ἕν καὶ πᾶν (»Ein und Alles«), identisch mit dem erfüllten Nichts, nichts Weiteres mehr gesagt werden kann, wird man einem »Ungläubigen« nicht verdenken können. Aber dass er selbst es als ein Transzendentes im Akt seiner schöpferischen Wortgestaltung erlebt hat (»transzendente Realität der Strophe«[143]), ist offenkundig. Hatte Benn bisher eine Transzendenzerfahrung des Geistes in der Regression gesucht, so richtet er sich nun auf die Gegenwart aus: Wortschöpferische Präsenz.

Kann man in diesem Zusammenhang von Inspiration reden? Zwar berichtet Benn über die Entstehung der Rönne-Texte, wie hier »ein Anregen geheimer Sphären« geschah, »das Individuelle versank, und eine Urschicht stieg herauf, an Bildern reich und panisch«[144], aber im Wesentlichen hat er immer nur vom »artistischen«, also dem bewusst kunstvoll schaffenden Antrieb gesprochen und den Begriff Inspiration vermieden. Doch Lennig, der Benn persönlich als Freund kannte, wird wohl Recht haben mit seinem Urteil: »Aber nach seinen eigenen Theorien ist bei ihm selbst wohl kaum ein Gedicht oder etwas von der dichterischen Prosa entstanden. Die in Brüssel abgefaßten *Rönne*-Stücke zum Beispiel waren jeweils ein innerer Sturm von Stunden und Tagen, etwas drängte hervor und verschwand wieder, ganz rätselhaft und hinterher kaum mehr zu begreifen ... auch mündlich hat er mir das etliche Male versichert«[145], das heißt: Benn »stand mit dem Kugelschreiber in der Hand wohl allemal der Inspiration etwas näher als dem künstlerischen Laboratoriumsbetrieb«[146].

3. Phase: Progression

Die nächste Phase dauerte nur ein gutes Jahr lang, war allerdings für Benn persönlich und seine damalige literarische Reputation fatal. Es war sein positives Engagement 1933/34 für das neue »Dritte« Reich. Von Benns geistiger Position aus lässt sich sein fundamentaler Irrweg zwar erklären,

---

143 G. Benn, Epilog und lyrisches Ich (s. Anm. 94), S. 1880.

144 G. Benn, Lebensweg eines Intellektualisten (s. Anm. 93), S. 1896.

145 W. Lennig, Gottfried Benn (s. Anm. 88), S. 156.

146 A.a.O., S. 157.

dennoch bleibt seine Blindheit der Realität des Nationalsozialismus gegenüber unfasslich.

Benns Entdeckung des »lyrischen Ichs« hatte für ihn das Problem des Verhältnisses des Geistes zum Leben neu beantwortet. Waren Leben und Geist bisher praktisch unverbunden nebeneinander gestanden wie Realität und Traum, so trat jetzt der Geist im schöpferischen Akt bewusst produktiv ins Leben, wenn auch nicht ins Alltagsleben, sondern nur in die eigene künstlerische Existenz. Damit war freilich eine Möglichkeit eröffnet, auf dieser Schiene weiterzudenken. In welcher Richtung, das zeigt ein für Benns damaliges Denken zentral wichtiger Text bereits aus dem Jahr 1932, der Schluss seiner Schrift »Nach dem Nihilismus«. Ausgangspunkt ist sein verzweifelter Kampf gegen den naturwissenschaftlichen und philosophischen Materialismus, dem die spezifisch menschliche Tiefe fehlt (»Nihilismus«) und gegen den daraus erwachsenen Wissenschaftsbetrieb:

»Eigentlich, und damit stoßen wir in die Zukunft vor, ist heute aller Materialismus reaktionär, sowohl der der Geschichtsphilosophie wie der in der Gesinnung: nämlich rückwärts blickend, rückwärts handelnd, denn vor uns liegt ja schon ein ganz anderer Mensch und ein ganz anderes Ziel. Ein Ziel, vor dem der Mensch als reiner Trieb- und Lustpfleger ja schon eine ganz verdämmernde Theorie bedeutet. [...] Alle diese Angriffe gegen den höheren Menschen, die wir nun achtzig Jahre lang mitangehört haben, [...] das ist ja schon ausgesprochen altmodisch, platt und geistig unbeschenkt. Es gibt nur den höheren, das heißt den tragisch kämpfenden Menschen, nur von ihm handelt die Geschichte, nur er ist anthropologisch vollsinnig, die reinen Triebkomplexe sind es ja nicht. Es wird also doch der Übermensch sein, der den Nihilismus überwindet, allerdings nicht der Typ, den Nietzsche ganz im Sinne seines neunzehnten Jahrhunderts schildert. Er schildert ihn als neuen, biologisch wertvolleren, als rassemäßig gesteigerten, vitalistisch stärkeren, züchterisch kompletteren, durch Dauer und Arterhaltung gerechtfertigteren Typ, er sieht ihn *biologisch positiv*, das war Darwinismus. Wir haben inzwischen die *bionegativen* Werte studiert, Werte, die die Rasse eher schädigen und sie gefährden, die aber zur Differenzierung des Geistes gehören, die Kunst, das Geniale, die Auflösungsmotive des Religiösen, das Degenerative, kurz alles, was die Attribute des Produktiven sind. Wir setzen also heute den Geist nicht in die Gesundheit des Biologischen ein, nicht in die Aufstiegslinie des Positivismus, sehen ihn allerdings auch nicht in einer ewig schmachtenden Tragödie mit dem Leben, sondern *setzen ihn als dem Leben übergeordnet ein*, ihm konstruktiv überlegen, als formendes und formales Prinzip: Steigerung und Verdichtung – das scheint sein Gesetz zu sein. Aus dieser gänzlich transzendenten Einstellung ergibt sich dann vielleicht eine Überwindung, nämlich eine artistische Ausnutzung des Nihilismus [...]. Alle die verlorenen Werte verloren sein zu lassen, alle die ausgesungenen Motive der theistischen Epoche ausgesungen sein zu lassen, und alle Wucht des nihilistischen Gefühls, alle Tragik des nihilistischen Erlebnisses in die formalen und konstruktiven Kräfte des Geistes zu legen, bildend zu züchten eine für Deutschland ganz neue Moral und Metaphysik der Form. Manches deutet ja darauf hin, daß wir vor einer ganz allgemeinen entscheidenden anthropologischen Wendung stehn, banal gesagt: Verlagerung von Innen nach Außen, Verströmen der letzten arthaften Substanz in die Gestaltung, Überführung von Kräften in Struktur [...], daß wir *biologisch* einer Wiedererweckung der Mythe entgegengehn und *kortikal* einem Aufbau durch Entladungsmechanismen und reine Expression. [...] Der uralte, der ewige Mensch, der primäre Monist, entflammt vor seinem Endbild, [...] erhebt sich noch einmal zu einer letzten Formel: der konstruktive Geist. (/) ›Eine antimetaphysische Weltanschauung, gut, – aber dann eine artistische‹, dies Wort aus dem ›Willen zur Macht‹ bekäme dann einen wahrhaft finalen Sinn. Es bekäme dann für den Deutschen den Charakter eines ganz ungeheuren Ernstes [...]: das Ziel, der Glaube, die Überwindung hieße dann: das Gesetz der Form. Es bekäme dann für ihn den Charakter einer volkhaften Verpflichtung [...]. Ja, die gezüchtete Absolutheit der Form [...], ja nur aus den letzten Spannungen des Formalen [...] könnte sich eine neue *ethische* Realität bilden – *nach* dem Nihilismus!«[147]

Welch ein radikaler Wechsel gegenüber dem Klima der früheren Regression und Flucht in den Traum von Rausch und Mythos, gegenüber dem unter der Vormacht des Lebens leidenden Geist, – jetzt geradezu eschatologischer Aufbruch zur Progression in eine Zukunft, in der der Geist *über* das Leben herrscht und eine neue Welt der Form schafft und den alten Traum des Joachim von Fiore vom »dritten Reich« (nämlich des Geistes nach dem des Vaters und des Sohnes) erfüllt. Es ist, wie wenn ein Mensch die Kindheit hinter sich lässt und nach der Selbstwerdung in der Pubertät jetzt sein Leben gestaltet auf das Ziel einer neuen, besseren Welt hin. Nicht zufällig taucht am Schluss der verräterische Begriff »Glaube« auf, der beim frühen Benn undenkbar gewesen wäre. Ein geradezu endzeitlich-prophetisches Pathos tut sich hier kund, das glühend »die zivilisatorische Endepoche der Menschheit« erwartet, die gemäß dem »Gesetz von einer formfordernden Gewalt des Nichts« »die Epoche eines großartig halluzinatorisch-konstruktiven Stils sein wird, in dem sich das Herkunftsmäßige, das Schöpfungsfrühe noch einmal ins Bewußtsein wendet, indem sich noch

---

147 G. Benn, Nach dem Nihilismus (s. Anm. 113), S. 720-723.

einmal mit letzter Vehemenz das einzige, unter allen physischen Gestalten, *metaphysische Wesen* darstellt: der sich durch Formung an Bildern und Gesichten vom Chaos differenzierende Mensch.«[148]. Also Einheit von Geist und Leben unter der Ägide des Geistes, in der der mit dem Sein einige mythische Urmensch seine fröhliche Auferstehung feiert und so die Sehnsucht des frühen Benn unter dem neuen Vorzeichen transzendent erfahrener Kreativität erfüllen wird. Und dies alles bereits 1932, also noch bevor jener Messias eines dann doch ganz anderen »Dritten Reiches« die Bühne beherrschte!

Es ist hier nicht der Ort, die nun folgende fatale Verstrickung Benns in jenes Regime weiter auszuführen. Hier geht es allein darum, Benns geistige Gemengelage in dieser Situation zu erkennen, die ihn einerseits in jenem Aufbruch die Erfüllung seines Traumes sehen ließ und ihn andererseits im gleichen Moment blind machte für die fundamentalen Widersprüche in dieser Bewegung zu seinen ureigensten Auffassungen, etwa von der eben beschworenen »Bionegativität« des Geistes. Nein, das Rätsel dieser Blindheit ist nicht zu lösen. Aber um so mehr lässt sich die verzweifelte Ernüchterung begreifen, die Benn schon ein Jahr später ergriff und ihn für den Rest seines Lebens davon heilte, vom Geist je wieder eine Erneuerung des realen Lebens zu erwarten: »... Ich lebe mit vollkommen zusammengekniffenen Lippen, innerlich und äußerlich. Ich kann nicht mehr mit. Gewisse Dinge haben mir den letzten Stoß gegeben. Schauerliche Tragödie!« schreibt er im August 1934 an Ina Seidel, und an dieselbe wenig später: »Der Geist und die Kunst kommt nicht aus sieghaften, sondern aus zerstörten Naturen, dieser Satz steht für mich fest und auch, dass es eine Verwirklichung nicht gibt. Es gibt nur die Form und den Gedanken.«[149]

4. Phase: Isolation im Doppelleben

»Er hatte keine Illusionen mehr. [...] Er wurde der radikale Skeptiker, dem die Geschichte als ein sinnloser, mörderischer Prozeß erscheint, und der nicht mehr an eine Verwirklichung des Geistes in der Welt glaubt«, so bilanzierte Dieter Wellershoff, der Herausgeber der »Gesammelten Werke«, die letzte Phase der Geisterfahrung des Dichters von 1934 an bis zu

---

148 G. Benn, Akademie-Rede (s. Anm. 106), S. 1002 f.

149 W. Lennig, Gottfried Benn (s. Anm. 88), S. 120.

seinem Tod 1956[150]. Es war noch einmal eine Wendung um 180 Grad. Doch hören wir BENN selbst:

»Das, was lebt, ist etwas anderes als das, was denkt, dies ist eine fundamentale Tatsache unserer Existenz und wir müssen uns mit ihr abfinden«, urteilt er im Rückblick auf seine zweite Lebenshälfte, »Doppelleben« überschrieben[151]. »Kurz, Denken und Sein, Kunst und die Gestalt dessen, der sie macht, ja sogar das Handeln und das Eigenleben von Privaten sind völlig getrennte Wesenheiten – ob sie überhaupt zusammengehören, lasse ich dahingestellt. (/) Ich bin also Dualist, Anti-Synthetiker [...], mein Streben nach Einheit beschränkt sich auf das jeweilig in meinen Händen zur Bearbeitung befindliche Blatt – ›heute und hier‹, wie es in ›Pallas‹ [Athene; W.Z.] heißt, ihr Befehl an Odysseus; keine Allgemeinheiten, keine Meerfahrten – heute und hier holst du den Bogen des Philoktet!«[152] In den Weltlauf, die Geschichte »eingreifen, aufhalten, Revolution machen oder sich erschießen lassen«, das ist nicht (mehr) seine Sache, die »existentiellen Gründe« dafür liegen »in meinem persönlichen Unglauben an eine Bedeutung der geschichtlichen Welt. Ich habe es nicht weiter gebracht, etwas anderes zu sein als ein experimenteller Typ, der einzelne Inhalte und Komplexe zu geschlossenen Formgebilden führt, der unter Einheit von Leben und Geist nur das gemeinsame sekundäre Resultat verstehen kann: Statue, Vers, hinterlassungsfähiges Gebilde – ich gehe das Leben an und vollende ein Gedicht. Alles, was sonst das Leben betrifft, ist fragwürdig und unbestimmt; eine Verbindung mit dem Religiösen empfinden wir nicht mehr als tatsächlich, von der Verbindung mit dem sogenannten Nationalen ganz zu schweigen, als tatsächlich empfinden wir nur seine Fügung in ein ausdrucktragendes ästhetisches Werk. Die biologische Spannung endet in Kunst. Kunst aber hat keine geschichtlichen Ansatzkräfte, sie hebt die Zeit und die Geschichte auf«[153].

So kommt Benn zu dem Schluss: »Heute und hier, keine Allgemeinheiten und siderischen Dränge – das ist eine gute Grundlage für Doppelleben, und mein eigenes Doppelleben war mir nicht nur immer sehr angenehm, ich habe es sogar mein Leben lang bewußt kultiviert.«[154] »Doppelleben in

---

150 DIETER WELLERSHOFF, Nachwort des Herausgebers zu den Essays und Vorträgen, in: G. Benn, Reden und Vorträge (s. Anm. 3), S. (1158-1172) 1171.

151 G. BENN, Doppelleben (s. Anm. 98), S. 1994.

152 A.a.O., S. 2002.

153 A.a.O., S. 1994 f.

154 A.a.O., S. 2002.

dem von mir theoretisch behaupteten und praktisch durchgeführten Sinne ist ein bewußtes Aufspalten der Persönlichkeit«[155], in der Sprache des »Ptolemäers«: »das Äußere ein Earl, das Innere ein Paria, niedrig, zäh, gefeit und sie dürfen jedes Fleisch essen«[156]. Solches Doppelleben machten jetzt nach 1934 noch dazu Benns äußere Verhältnisse doppelt notwendig: Von seinen einstigen Verehrern als Verräter abgetan, vom NS-Regime immer heftiger verfemt (1938 Ausschluss aus der Reichsschrifttumskammer und Schreibverbot), gab es bei schwindender Arztpraxis nur noch den Rückzug in den militärärztlichen Dienst, von dem er einst ausgegangen war, ein inneres Exil, das ihm aber das Überleben bis zum Zusammenbruch des Dritten Reiches 1945 ermöglichte. Danach widmete er sich wieder seiner ärztlichen Praxis, und vorher wie nachher konnte kein Mensch, mit dem er beruflich zu tun hatte, in ihm mehr sehen als den fachkompetenten medizinischen Handwerker, kaum vorstellbar eine Identität mit jenem Dichter gleichen Namens, von dem man in der Literatur oder der Presse las. Dieser Dichter war ja auch gleichsam eine andere Person, eben die vor der Öffentlichkeit verborgene zweite Person des Doppellebens, der Mönch in der Isolation der Eremitenklause, in der der Geist transzendente Wirklichkeit annahm in der Formung von Sprache zu Gedicht oder Prosa, freilich immer nur momentan wie ein Blitzeinschlag.

Gewiss, in den letzten acht Jahren kam er durch die Publikation seiner »Gesammelten Werke« wieder ans Licht der Öffentlichkeit, stieg sogar zur verärgerten Überraschung der alten literarischen Garde zu höchstem Ruhm und Preis auf – an seiner inneren Einstellung und Isolation änderte sich dadurch nichts. Die Zeitgeschichte ging ihn nichts mehr an, der Ehrenrummel um ihn widerstrebte ihm, sein Wirken galt allein dem Ruf des Geistes im Wort.

Transzendenz und Transzendenzerfahrung

Welch zentrale Bedeutung der Begriff Transzendenz bei Benn hat, erhellt seine Selbstcharakteristik als Sohn eines generationenalten protestantischen Pfarrhauses: »Fanatismus zur Transzendenz«, das hat er sich selbst bescheinigt und hat es unter dieser Überschrift 1931 in einem kurzen Text näher erläutert: »So gewiß ich mich früh von den Problemen des Dogmas, der Lehre der Glaubensgemeinschaft entfernte, da mich nur die Probleme der Gestaltung, des Wortes, des Dichterischen bewegten, so gewiß habe ich

---

[155] A.a.O., S. 2004.

[156] G. Benn, Der Ptolemäer (s. Anm. 114), S. 1428.

die Atmosphäre meines Vaterhauses bis heute nicht verloren: in dem *Fanatismus zur Transzendenz*, in der Unbeirrbarkeit, jeden Materialismus historischer oder psychologischer Art als unzulänglich für die Erfassung und Darstellung des Lebens abzulehnen. Aber ich sehe diese Transzendenz ins Artistische gewendet, als Philosophie, als Metaphysik der Kunst. Ich sehe die Kunst die Religion dem Range nach verdrängen. Innerhalb des allgemeinen europäischen Nihilismus, innerhalb des Nihilismus aller Werte, erblicke ich keine andere Transzendenz als die Transzendenz der schöpferischen Lust. (/) [...] Ich sehe [...], daß die Religionen der Götter zunichte gehn, während der Sozialismus längst nicht alle Tränen trocknet, und daß *nur die Kunst* bestehen bleibt als die eigentliche Aufgabe des Lebens, seine Idealität, seine metaphysische Tätigkeit, zu der es uns verpflichtet.«[157] – FRIEDRICH NIETZSCHE hätte das nicht besser sagen können.

Nun muss sich der Theologe allerdings fragen, ob der Begriff Transzendenz bei dieser Wendung in die künstlerische Schöpfertätigkeit hinein noch in seiner eigentlichen Bedeutung am Platz ist. In diesem Sinn sollten wir BENN in seinen eigenen Zeugnissen über seine Kunstauffassung noch genauer zu Wort kommen lassen, und dazu gibt es wichtige Texte. Einen ersten finden wir als Abschluss seines frühen Lebensrückblicks 1934 (»Lebensweg eines Intellektualisten«), den er unter die Überschrift »Lehre« stellt. Und diese bilanzierende »Lehre« aus den frühen Werkfiguren Rönne und Pameelen »lautet: es gibt keine Wirklichkeit, es gibt das menschliche Bewußtsein, das unaufhörlich aus seinem Schöpfungsbesitz Welten bildet, umbildet, erarbeitet, erleidet, geistig prägt. In dieser Fähigkeit gibt es Grade und Stufen, vor allem Vorstufen. Die oberste aber lautet: es gibt nur den Gedanken, den großen objektiven Gedanken, er ist die Ewigkeit, er ist die Ordnung der Welt, er lebt von Abstraktion, er ist die Formel der Kunst.«[158] Auf den künstlerischen Schöpfungsprozess angewendet und in Erläuterung eines Rönne-Zitats heißt das: »*Wenn man aber lehrte, den Reigen sehen und das Leben formend überwinden, würde da der Tod nicht sein der Schatten blau, in dem die Glücke stehen* – diese frühe Rönne-Lehre, die wäre das Prinzip, das nie den Stoff verlässt (Stein, Ton, Wort) und doch nur der Schöpfung folgt und ihrem transzendenten Ruf«[159]. Was aber besagt dieser transzendente Ruf der Schöpfung? Es ist er Ruf dazu, dass der Mensch »die

[157] GOTTFRIED BENN, Fanatismus zur Transzendenz (1931), in: ders., Vermischte Schriften (s. Anm. 92), S. 1691 f.

[158] G. BENN, Lebensweg eines Intellektualisten (s. Anm. 93), S. 1934.

[159] A.a.O., S. 1932.

allein den höchsten Völkern der menschlichen Art eingeborene Macht«, nämlich die Macht der freien schöpferischen Gestaltung, »zum Kanon erhöbe, konstruierte und formal erarbeitete Dinge aus sich herauszustellen, sich in ihnen zu lösen, Qual und Dränge in ihnen zu erlösen, sie dann persönlich zu verlassen, sie dann sich selber zu überlassen, aber so geladen mit arthafter Spannung und so weittragendem und unzerstörbarem Sinn, daß andere Geschlechter dieser Menschenart noch nach Jahrtausenden an ihnen die Epochen messen und in ihnen sich, ihre Rätsel, ihr ewig verschleiertes Wesen, ihr ganzes katastrophenunterlagertes Sein bindend erkennen. Schauer und Geheimnis noch einmal hier vor dem letzten Verfall«, nämlich dem »der letzten nihilistischen Zerstörungen«[160].

In einem kleinen, nicht einmal datierten Text (wohl zwischen 1940 und 1945 entstanden) hat Benn diese »Lehre« in weniger literarisch ambitioniertem Stil und ins Persönliche gewendet noch einmal für weitere Kreise verständlich gemacht. Er ging dabei von dem eigenen Pessimismus aus, der den schöpferischen Menschen angesichts des unaufhörlichen Wechselspiels des Nichts befällt, das im Persönlichen wie im Gesellschaftlichen alles Zeitliche zum Abtreten verurteilt. Doch der Künstler steigt durch seine Arbeit aus diesem Abgrund: »Das angefertigte Werk ist eine Absage gegen Zerfall und Untergang. Selbst wenn dieser schöpferische Mensch sich sagt, selbst wenn er weiß, auch die Kulturkreise enden, auch der, zu dem er gehört – der eine endet und der andere tritt in den Zenit, und darüber steht das Unaufhörliche reglos und wahrscheinlich im Wesen nicht menschlich –, der schöpferische Mensch sieht dem ins Auge und sagt sich, in dieser Stunde liegt auf mir das unbekannte und tödliche Gesetz, dem muß ich folgen, in dieser Lage muß ich mich behaupten, ihr mit meiner Arbeit entgegentreten und ihr Ausdruck verleihen. (/) Ich meine, hier spielt sich etwas ab, das außerhalb des Persönlichen liegt, und man muß, um der Transzendenz dieses Vorgangs gerecht zu werden, das wunderbare Wort von Malraux aus seiner ›Psychologie der Kunst‹ zitieren, daß nämlich am Tage des Gerichts nicht die einstigen Formen des Lebens, sondern die Statuen die Menschheit vor den Göttern vertreten.«[161] Benn hat dieses Malraux'sche Wort schon Jahre vorher in die Verse gefasst:

»Form nur ist Glaube und Tat,
die einst von Händen berührten,

---

160 A.a.O., S. 1932 f.

161 Gottfried Benn, Marginalien, in: ders., Essays und Aufsätze (s. Anm. 109), S. (951-963) 962.

doch dann den Händen entführten
Statuen bergen die Saat.«[162]

In diesen Texten hat BENN das Innerste seines künstlerischen Schaffens ausgesprochen und zugleich den ihm eigenen transzendenten Charakter, und von da aus wird plötzlich klar, warum die Bibelstelle aus dem Johannesprolog »Im Anfang war das Wort« (Joh 1,1) für ihn eine so zentrale Bedeutung hatte, schriftlich dokumentiert z.B. als fünfter Punkt seiner Rückblicks-Summa[163], aber auch ganz persönlich vertreten, wie sein Biograf WALTER LENNIG erfuhr[164]. Dieses Wort ist ja eben jener genannte zum Ausdruck gestaltete Ur-Gedanke, der »die Ewigkeit« und »die Ordnung der Welt« ist[165], also der schöpferische Urgrund, freilich nicht mehr dualistisch als Person vorgestellt, sondern im Sinne des allumfassenden griechischen ἕν καὶ πᾶν, des monistischen Ein und Alles oder auch des fernöstlichen Ur-Einen, das »Nichts« als Quelle von Allem was ist. Wie intensiv auch BENN – wieder eine Parallele zu BECKMANN – die Metaphysik des fernen Ostens beschäftigt hat, bezeugen nicht nur einzelne Aussagen, sondern auch das Sinnieren des »Ptolemäers« über sein Faible für Asiatisches: »Asiatisches durchkreuzte sehr häufig meine individuelle Penetranz [...].«[166]

Diesem transzendent-immanenten Ur-Wort widmete BENN das von PAUL HINDEMITH vertonte Oratorium »Das Unaufhörliche«: Es ist jenes »große Gesetz« »in Schöpfungen, in Dunkelheiten –: / und keiner kennt die Stimme, die es rief«[167]. Metaphorisch freilich kann Benn von diesem Urgrund manches Mal noch in personalisierter Form sprechen: »Der Gott«[168], »Der Dunkle«[169], oder einfach nur »Er«[170]. Doch als wäre damit schon zuviel gesagt, mahnt er:

---

162 GOTTFRIED BENN, Leben – niederer Wahn, in: ders., Gedichte (s. Anm. 91), S. 134.

163 G. BENN, Doppelleben (s. Anm. 98), S. 2021 f.

164 W. LENNIG, Gottfried Benn (s. Anm. 88), S. 144 f.

165 G. BENN, Lebensweg eines Intellektualisten (s. Anm. 93), S. 1934.

166 G. BENN, Der Ptolemäer (s. Anm. 114), S. 1417.

167 GOTTFRIED BENN, Aus dem Oratorium: Das Unaufhörliche, in: ders., Gedichte (s. Anm. 91), S. (141-147) 141. 147.

168 GOTTFRIED BENN, Interieur, in: ders., Gedichte (Anhang) (s. Anm. 89), S. 439.

169 GOTTFRIED BENN, Der Dunkle, in: ders., Gedichte (s. Anm. 91), S. 252-254.

170 GOTTFRIED BENN, Auferlegt, in: a.a.O., S. 293.

»Schließlich im Grenzenlosen
eint sich Wahrheit und Wahn, [...]

dein aber ist das Schreiten,
dein ist die Grenze, die Zeit,
glaube den Ewigkeiten,
fordre sie nicht zu weit«,

und dann der Auftrag, zu dem dieses Grenzenlose ruft unter dem Bann der Zeit:

»aus ihrer halben Trauer,
rosen- und trümmerschwer,
schaffe den Dingen Dauer –
strömt es vom Mittelmeer.«[171]

»Schaffe den Dingen Dauer«: Die »Transzendenz der schöpferischen Lust« wird jetzt also zur Aufgabe mit dem Ziel, sich dem Strom der Zeit entgegenzustemmen und als Abglanz des geheimnisvollen und im Geheimnis verborgen bleibenden schöpferischen Urgrunds Malzeichen der ewigen Dauer zu schaffen.

Lässt sich das mit dem herkömmlichen christlichen Gottesglauben vereinbaren? Der österreichische, von Benn hoch angesehene Schriftsteller Alexander von Lernet-Holenia, ein bewusster Christ, hat 1952 Benn in einem offenen Brief »zum gemeinsamen Zwiegespräch« aufgefordert und ihn – mit Benns eigenen Worten – »in wahrhaft brüderlicher Weise« aufgerufen, »doch zum Glauben hinzufinden [...] und zu Gott«[172]. Es ehrt Benn hoch, dass er seinem Herausforderer in gleicher brüderlicher Weise geantwortet hat – soweit ich sehe, der einzige Text, in dem sich Benn offen und um Verständnis bemüht sich über seine Stellung zum christlichen Glauben geäußert hat, jedem Anderen hätte er auf solch ein Ansinnen hin wohl überhaupt nicht oder nur mit arrogantem Spott geantwortet. Hier also die Kernaussagen von Benns Antwort:

»[...] niemand ist ohne Gott, das ist menschenunmöglich, nur Narren halten sich für autochthon und selbstbestimmend. Jeder andere weiß, wir sind geschaffen, allerdings alles andere liegt völlig im Dunklen. Die Frage ist also gar nicht, ob Gott oder Nicht-Gott, die Frage ist nur, ob man Gott in sein Leben verarbeitet, ob man ihn verwertet, ihn unmittelbar für seine Le-

---

171 Gottfried Benn, Mittelmeerisch, in: a.a.O., S. 223.

172 Gottfried Benn, Erwiderung an Alexander Lernet-Holenia, in: ders., Vermischte Schriften (s. Anm. 92), S. (1763-1769) 1768.

bensart benötigt. Er verlangt es bestimmt nicht, [...] er sagt nicht: verzweifelt ohne mich, macht Kotau vor mir, [...] er sagt nicht: Ihr dürft nicht allein fertig werden, demütigt euch vor mir [...]. Diese Distanz zu Gott, wie sie mir vorschwebt, ist eine reine Ehrfurcht vor dem großen Wesen. Ihn fortgesetzt mit Blicken und Lippen anzustarren, ist in meinen Augen ein großer Frevel, es setzt ja voraus, daß wir überhaupt für ihn etwas sind, während meine Ehrfurcht annimmt, er geht nur mit etwas, einem geringen Etwas, durch uns hindurch, und dann geht es auch zu etwas anderem.«[173]

Eine schöne Brücke hin zu einem frommen Menschen des alten Glaubens. Und eine tiefgründige Art, jene Transzendenz zu benennen, an der der Mensch teil hat: Nicht er transzendiert auf Gott hin, sondern der Eine transzendiert auf uns hin, freilich mit einem »geringeren Etwas«, nämlich seinem schöpferischen Geist, dann aber »durch uns hindurch, und dann geht es auch zu etwas anderem«. Dieses Hindurchgehen trifft uns dann – in herkömmlicher Sprache – als »Offenbarung«, als Aufblitzen der Transzendenz in unserer dunklen Immanenz, wie es Benn in lapidarer Kürze in eines seiner wunderbarsten Gedichte gefasst hat:

»Ein Wort, ein Satz –: aus Chiffren steigen
erkanntes Leben, jäher Sinn,
die Sonne steht, die Sphären schweigen
und alles ballt sich zu ihm hin.

Ein Wort – ein Glanz, ein Flug, ein Feuer,
ein Flammenwurf, ein Sternenstrich –
und wieder Dunkel ungeheu dann dann er,
im leeren Raum um Welt und Ich.«[174]

Gottfried Benn: Wichtigste Lebensdaten

1886	2.5. Geburt als erstes von acht Kindern des Pastors Gustav Benn und seiner aus der französischen Schweiz stammenden Frau Caroline geb. Jequier in Mansfeld, Kreis Westpriegnitz in Preußen (heute Polen)
1886–1903	Kindheit und Jugend in Sellin/Neumark in Preußen (heute Polen) Besuch des Friedrichs-Gymnasiums in Frankfurt/Oder
1903–1910	*Studium*
1903–1905	Theologie und Philologie in Marburg und Berlin

173 A.a.O., S. 1768 f.

174 GOTTFRIED BENN, Ein Wort (1941), in: ders., Gedichte (s. Anm. 91), S. 208.

1905–1910	Medizin an der Kaiser-Wilhelm-Akademie für das militärärztliche Bildungswesen in Berlin
1911–1912	*Militärarzt in Prenzlau.* Abschied vom Militär aus Gesundheitsgründen
1912–1914	*Berlin*
1912	Medizinische Promotion und Approbation als Arzt, Tätigkeit als Pathologe und Serologe in einem Krankenhaus Erstes Gedichtheft mit »Morgue« – literarischer Skandal Liebesbeziehung mit der Dichterin Else Lasker-Schüler
1913	Leitung des Pathologischen Instituts am Städtischen Krankenhaus
1914	als Schiffsarzt nach Amerika, Heirat mit Edith Osterloh
1914–1917	*Militärarzt im Ersten Weltkrieg an der Front,* dann in der Etappe in Belgien
1915	Geburt der Tochter Nele
1916	die Rönne-Prosa als eigenes Heft
1917	»Gesammelte Gedichte« unter dem Titel »Fleisch« Ausscheiden aus dem Militärdienst aus Gesundheitsgründen
1917–1935	*Selbstständiger Facharzt für Haut- und Geschlechtskrankheiten in Berlin* weitere Veröffentlichungen (1922 »Gesammelte Schriften«)
1922	Tod seiner Frau Edith geb. Osterloh
1931	Uraufführung des Oratoriums »Das Unaufhörliche« in der Musik von Paul Hindemith
1932	Mitglied in der Preußischen Akademie der Künste, Abteilung Dichtung
1933–1934	Engagement für das neue NS-Regime, jedoch Ablehnung wegen seiner Rechtfertigung des Expressionismus, Angriffe
1935–1945	*Rückzug in den ärztlichen Militärdienst*
1935–1937	in Hannover
1937–1943	in Berlin
1938	Heirat mit Herta von Wedemeyer Ausschluss aus der Reichsschrifttumskammer, Schreibverbot
1943–1945	Oberstarzt in Landsberg an der Warthe
1945–1956	*Wieder freier Arzt in Berlin*
1945	Freitod seiner Frau Herta geb. von Wedemeyer wegen russischer Besatzungsgräuel
1946	Heirat mit Ilse Kaul
1948–1950	umfangreiches Spätwerk, hohe Anerkennung
1951	Verleihung des Büchnerpreises
1956	7.7. Tod in Berlin

Max Beckmann und Gottfried Benn – ein poetischer Rückblick

Sie sind sich nie begegnet und sind wie Brüder doch,
von frommer Hand gesegnet, darauf ins Werdejoch:
Denkexplosionen-Lichter: Kant, Schopenhauer, dann
Nietzsche, der Allzernichter – ein unlenkbarer Bann.
Jetzt krieg- und notgebeutelt als Sanitäter, Arzt,
der Tod kommt ungescheitelt, fleischfressend, blutverharzt.
Da dampft der Kinderglaube zischend durchs Druckventil,
brüht Noahs Friedenstaube, die tot vom Himmel fiel.
Ins Unermessne flüchten die alten Himmel fort,
einsam in deinen Süchten bleibt Ich dein letzter Hort:
Du kannst nur überleben, wenn du das Elend bannst,
wenn du dein Wüten, Beben in Formen fassen kannst
in Bildern oder Worten, in Statuen, in Gedicht.
Doch sag', von welchen Orten kommt dir solch Schöpferlicht,
kommt dir dein rasend Schaffen? Welch Genius treibt dich an,
dem Nichts mit Kunst als Waffen zu treten in die Bahn?
Ein transzendentes Blitzen springt hoch in deinem Werk –
aus welchen hohen Zitzen saugst du dir solche Stärk'?
Der alte Gott entflohen aus Welt und Himmelsraum,
jedoch aus welchen Lohen kommt dir dein Schaffenstraum?
In andern Dimensionen, dem Aug' und Ohr versperrt,
scheint doch ein Sinn zu wohnen, von unsrem Sinn verzerrt,
ein wunderhehres Rauschen, ein ferner Widerhall,
drin alle Dinge bauschen sich auf zu einem Ball,
zu einem runden Ganzen trotz Qual und Todeskrampf,
und alle Dinge tanzen in spielerischem Kampf.
Das bleibt uns sonst verborgen, im Blitz der Kunst jedoch
schießt auf ein neuer Morgen – im Rätselbild zwar noch,
in schaurigen Ikonen, mit Schrecken anzuschaun,
in Versen, darin wohnen die Trauer und das Graun.
Doch auseinander streben der Brüder Wege jetzt:
Das Spiel von Tod und Leben hat *Benn* zutiefst verletzt.
Der Jenseitsblitz im Worte erweckt das Sehnen nur
zur Urzeitlebenspforte, frei von des Denkens Spur,
zu Volks- und Menschheitsgründen, zum Abgrundschweigen dann,
das Mystiker uns künden und Ferner Osten sann.
Doch herrscht im Zeitgefunkel, im irren Weltenspiel
im Tanz von Licht und Dunkel die Nacht allein als Ziel.
Zwar hebt von Todesreichen der Geist im Wort sich ab,
setzt gottgleich Ausdruckszeichen gegen das Nichts im Grab:

Den Dingen Dauer schaffen im künstlerischen Wort,
dem Tode sie entraffen, gegen das Nichts ein Hort!
Mag dann in Augenblicken der Uralleinheit Ton
das tapfre Herz beglücken – es bleibt Resignation,
der Stempel unsrer Dauer bleibt Nichtung, Untergang –
Heroenmut und Trauer prägt darum Benns Gesang.
Auch *Beckmann* spürt: Die hohe Glut unsrer Schöpferlust
flammt aus der Ursprungslohe, erhellt den finstren Frust.
Doch blitzt ihm auf ein letztes Vertrauen und Bejahn,
ein Jenseits-Ja-vernetztes Nein zum Verzweiflungswahn.
Selbst wenn der Geist belebt sich am Bann des Todeshalls, –
im Schöpferakt erhebt sich die Gegenmacht des Alls,
die Formkraft der Geschicke, die letzten Sinn uns gibt,
macht, dass trotz Tod und Tücke ein Mensch, was da ist, liebt.

Personenregister

Die kursiv gedruckten Seitenzahlen beziehen sich auf die Anmerkungen.

Autorenverzeichnis

Bauschke, Martin, Dr. theol., ist Leiter des Büros der Stiftung Weltethos in Berlin.

Pfüller, Wolfgang, Dr. theol. habil., ist Pfarrer der Evangelischen Kirche in Mitteldeutschland.

Rössler, Andreas, Dr. theol., ist Pfarrer der Evangelischen Landeskirche in Württemberg.

Schmidt-Leukel, Perry, Dr. theol., ist o. Professor für Religionswissenschaft und Interkulturelle Theologie an der Evangelisch-Theologischen Fakultät der Westfälischen Wilhelms-Universität Münster.

Zager, Werner, Dr. theol., ist apl. Professor für Neues Testament am Fachbereich Evangelische Theologie der Johann Wolfgang Goethe-Universität Frankfurt am Main und Leiter der Evangelischen Erwachsenenbildung Worms-Wonnegau.

Zoller, Wolfram, ist Oberstudienrat und Pfarrer der Evangelischen Landeskirche in Württemberg.